말썽 많은 교회의 회복

말썽 많은 교회의 회복

발행일	2020년 11월 12일

지은이	황원선		
펴낸이	손형국		
펴낸곳	(주)북랩		
편집인	선일영	편집	정두철, 최승헌, 윤성아, 이예지, 최예원
디자인	이현수, 김민하, 한수희, 김윤주, 허지혜	제작	박기성, 황동현, 구성우, 권태련
마케팅	김회란, 박진관, 장은별		
출판등록	2004. 12. 1(제2012-000051호)		
주소	서울특별시 금천구 가산디지털 1로 168, 우림라이온스밸리 B동 B113~114호, C동 B101호		
홈페이지	www.book.co.kr		
전화번호	(02)2026-5777	팩스	(02)2026-5747

ISBN	979-11-6539-460-8 03230 (종이책)	979-11-6539-461-5 05230 (전자책)

이 도서의 국립중앙도서관 출판예정도서목록(CIP)은 서지정보유통지원시스템 홈페이지(http://seoji.nl.go.kr)와
국가자료공동목록시스템(http://www.nl.go.kr/kolisnet)에서 이용하실 수 있습니다.
(CIP제어번호: CIP2020047484)

고린도전·후서 강해

말썽 많은 교회의 회복

황원선 지음

"사도 바울의 편지에 비춰보는
21세기 한국 교회의 자화상"

북랩 book Lab

서 문

고린도 교회는 성령의 은사도, 문제도 많았던 교회였다. 사도 바울이 2차 전도 여행 중에 1년 반 정도 머무르며 개척하고 사역하였으며, 3차 전도 여행 중에도 방문했던 교회로, 각종 성령의 은사를 다 체험하였지만(고전 1:7, 1:12, 1:14), 영적으로 성숙한 교회는 아니었고(3:1), 각종 문제와 씨름하고 있는 교회였다.

고린도 교회가 가진 문제는 교회 안의 파당, 성령의 은사를 잘못 사용하여 생긴 여러 혼란, 교회 안에서 발생한 심각한 성적 범죄 행위, 성도 간의 고소 사건, 잘못된 성찬식, 예수님 부활에 대한 오해, 심지어는 그들에게 복음을 처음 전한 사도 바울의 사도적 신분에 대한 의혹 등 참으로 다양하였다.

사도 바울은 고린도전서와 고린도후서, 그리고 잃어버린 또 한 편의 편지를 보내서(고후 2:4, 2:9, 7:8) 고린도 교회의 문제를 해결하려고 시도하였다. 물론 그가 편지만 쓴 것은 아니고, 2차 전도 여행 후에도 최소한 두 번 더 방문하여 제반의 문제를 다루었다(고후 12:14, 행 20:2-4).

고린도 교회를 위한 사도 바울의 기도와 편지와 방문과 포기하지 않는 관심과 노력은, 항상 크고 작은 문제가 있기 마련인 지역 교회를 목양하는 이 시대의 목자에게 많은 것을 시사(示唆)한다. 또한, 그가 기록한 고린도전·후서는 교회 안에서 어떤 일들이 진정한 문제이며, 그 문제를 어떻게 다루어야 할 것인지를 보여준다.

이 시대의 조국 교회가 현실적으로 당면한 문제는 하나님의 은혜에 대한 잘못된 이해와 그로 말미암은 믿음 행위의 약화, 더 나아가서 교회 안의 심각한 도덕적 문제, 교회 안의 파벌 문제 등으로 고린도 교회가 가진 문제와 상당히 겹치는 부분이 있다. 물론 이 외에도 동성애 합법화 시도, 여러 이단들의 공격, 이슬람의 공격적 선교 등 외적인 문제와 급격한 전환기 현상을 보이는 대한민국 정치에 대해 교회는 어떻게 반응할 것인가 하는 질문에도 직면하고 있다. 성경은 대부분의 문제에 직접적으로 대답해줄 것이다. 그리고 고린도전·후서는 위의 문제에 대한 최소한의 해답을 제공한다.

필자는 두 번 교회를 개척하면서 고린도전·후서를 강해할 기회가 있었다. 고린도전·후서를 공부하며 교회를 향한 하나님과 바울의 심정을 조금이나마 느껴볼 수 있는 특권을 누렸다. 하여 이때 얻은 깨달음을 본서에 옮겨 놓는다.

본서는 강해 설교 형식으로 구성되었다. 따라서 선택된 본문을 연구하고, 그 본문의 주요 논지와 그 논지를 지지하는 대지들을 명확하게 제시하려는 시도를 하였다. 이를 통해 독자는 각 본문의 주요 내용과 그 논리적 흐름을 이해하는 데 도움을 받을 것이다. 그리고 각 본문을 분석한 전체 구조와 대지를 참고하며 예화 등을 첨가하면, 새로운 설교문을 작성하는 데도 용이하리라고 생각한다.

아무쪼록 본서가 하나님의 나라를 건설하고 확장하는 데 일조하기를 기도한다. 또한, 섬기는 교회 안에서 날마다 눈물과 기도와 여러 가지 사역으로 분투하는 목사님과 교회 지도자들, 성도들이 고린도전·후서를 이해하는 데 작은 도움이 되기를 우리 주님의 이름으로 기원(祈願)한다.

2020년 8월
백석대학교 목양동 연구실에서
황원선 교수

추천사

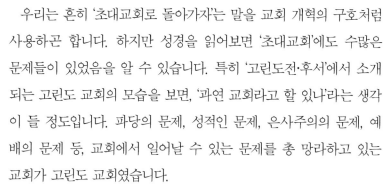

　우리는 흔히 '초대교회로 돌아가자'는 말을 교회 개혁의 구호처럼 사용하곤 합니다. 하지만 성경을 읽어보면 '초대교회'에도 수많은 문제들이 있었음을 알 수 있습니다. 특히 '고린도전·후서'에서 소개되는 고린도 교회의 모습을 보면, '과연 교회라고 할 있나'라는 생각이 들 정도입니다. 파당의 문제, 성적인 문제, 은사주의의 문제, 예배의 문제 등, 교회에서 일어날 수 있는 문제를 총 망라하고 있는 교회가 고린도 교회였습니다.

　고린도전·후서는 이런 말썽 많은 교회를 향한 바울의 사랑과 눈물의 편지입니다. 바울은 이 편지에 교회를 향한 질책과 책망을 넘어 하나님으로 말미암는 소망과 기대를 써내려갔습니다. 그렇기에 고린도전·후서에서 우리는 교회의 문제뿐만 아니라, 이 문제의 근본적인 해결책이 어디에 있는지를 발견하게 됩니다. 무엇보다도 교회를 향한 하나님의 사랑의 마음이 이 서신들에 담겨 있습니다.

　황원선 교수님은 이 사랑의 서신과 씨름한 결과를 한국 교회 앞에 내놓았습니다. 〈말썽 많은 교회의 회복〉이라는 제목이 보여주듯 황 교수님은 고린도 교회의 '문제'보다도 '회복'에 관심을 두고 있습니다. 아무리 문제가 많고 말썽이 많다고 하더라도 하나님께서 포기하시지 않기에, 교회에 희망이 있다는 메시지가 저자의 따뜻한 필체와 더불어 전해집니다. 고린도 교회를 향하여 애통하는 마음을 품고 편지를 썼던 바울의 심정이 이 강해집을 통해 생생히 전달되고 있습니다.

저자는 신학 교수이시지만, 목회 현장에서 성도들과 나누었던 통찰과 깨달음들을 이 책에 담아냈기에, 목회자들뿐만 아니라 일반 성도님들도 고린도전·후서의 핵심과 적용점을 이해하고 파악하는 데 큰 도움을 얻으실 수 있으리라 기대합니다. 부디 이 강해집을 통해서, 고린도전·후서에 담긴 교회와 성도를 향한 하나님의 심정을 우리 모두가 헤아릴 수 있게 되길 소망합니다.

삼일교회
송태근 목사

추천사

이 책의 추천사를 쓰는 저에게 두 가지 큰 기쁨이 있습니다. 하나는 이 책이 고린도전·후서에 대한 강해서라는 사실이요 다른 하나는 이 책의 저자로 인함입니다.

당시 고린도 교회는 오늘의 한국 교회가 안고 있는 여러 문제들과 유사한 문제들을 가지고 있었던 교회였으며 그래서 고린도전·후서는 오늘 우리가 당면하고 있는 문제들을 어떻게 바라보고 해결할 수 있는지 가장 잘 보여줄 수 있는 책이라 할 수 있습니다. 당시 고린도 교회는 교회 안에 있는 분파주의의 문제, 다양한 성령의 은사를 그릇되이 사용하는 문제, 교회 안에서 일어난 성적인 범죄 행위, 성도들 서로 간에 있었던 고소 사건, 성찬에 대한 오해와 잘못된 관행, 부활에 대한 오류, 심지어 그들에게 복음을 전한 사도 바울의 사도권에 대한 공격 등 다양한 문제들을 안고 있었는데 이는 오늘 조국 교회의 여러 아픔들과도 많이 연결되는 문제들입니다. 저자는 고린도전·후서를 탁월한 학문성과 뛰어난 목회적 통찰로 잘 강해해 놓음으로써 이런 문제들에 대한 바울의 권면을 잘 이해할 수 있을 것이며 오늘 조국 교회의 여러 아픔들에 대한 적절한 조언과 해결책도 만나게 될 것입니다. 은혜를 오해하는 데서 오는 행실의 약화, 교회 안의 심각한 도덕적인 문제 등으로 신음하는 조국 교회에 많은 도전과 귀한 대안이 될 것을 믿어 의심치 않습니다.

이 책을 저술하신 저자에 대한 이야기를 하지 않을 수 없습니다. 저자이신 황원선 교수님이자 목사님은 저에게 생명의 은인 같은 분이십니다. 대학 시절 진학을 하면서 서울로 올라와서 만났던 잊을 수 없는 귀한 분들이 계셨는데 저자는 그 분들 가운데 한 분이십니다. 많은 것들이 낯설고 불편하던 그 시절에 선배님을 통해 받은 사랑의 빚은 도저히 갚을 수 없을 만큼 크고 중한 것이었습니다. 가난해서 생활 자체가 힘들었던 시절에 갚을 수 없을 정도의 큰돈을 주저 없이 저에게 주신 일과 자주 사랑 가득한 얼굴로 저를 맞아주시며 사랑해 주셨던 선배님의 모습이 아직도 제 기억에 선합니다. 유학을 가신 후 틈나는 대로 편지로 사랑을 전해주시고, 한 번은 속히 학업을 마치시고 직장을 구해 저를 미국으로 불러 유학을 시킬 수만 있다면 다른 소원이 없다는 선배님의 편지글은 유학이 막연히 다른 사람들의 세계라고만 여기던 저에게 새로운 소망을 주었고 유학을 위하여 기도하며 사모함을 갖게 해 주었습니다. 이 책을 읽는 이들마다 이런 선배님의 따뜻하고 사랑 넘치는 마음을 어렵지 않게 헤아릴 수 있을 것입니다. 말썽 많은 교회였지만 그 교회의 회복을 기대하며 따뜻한 마음으로 고린도전·후서를 쓴 바울처럼 선배님의 조국 교회를 향한 많은 사랑이 읽는 이들의 마음을 위로하고 새로운 용기로 삶을 살 힘을 전달해 줄 것이라 믿습니다.

책의 충실한 내용과 저자의 귀하고 출중한 성품이 함께 잘 어울려 이 책을 읽는 모든 독자들에게 큰 유익을 줄 것이므로 조금의 주저함도 없이 적극 추천드립니다.

남서울 교회 담임 목사

화종부 목사

차 례

1부

고린도전서

제1장
교회의 소망
고린도전서 1장 1-9절

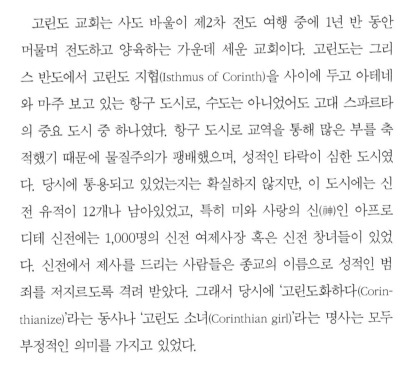

고린도 교회는 사도 바울이 제2차 전도 여행 중에 1년 반 동안 머물며 전도하고 양육하는 가운데 세운 교회이다. 고린도는 그리스 반도에서 고린도 지협(Isthmus of Corinth)을 사이에 두고 아테네와 마주 보고 있는 항구 도시로, 수도는 아니었어도 고대 스파르타의 중요 도시 중 하나였다. 항구 도시로 교역을 통해 많은 부를 축적했기 때문에 물질주의가 팽배했으며, 성적인 타락이 심한 도시였다. 당시에 통용되고 있었는지는 확실하지 않지만, 이 도시에는 신전 유적이 12개나 남아있었고, 특히 미와 사랑의 신(神)인 아프로디테 신전에는 1,000명의 신전 여제사장 혹은 신전 창녀들이 있었다. 신전에서 제사를 드리는 사람들은 종교의 이름으로 성적인 범죄를 저지르도록 격려 받았다. 그래서 당시에 '고린도화하다(Corinthianize)'라는 동사나 '고린도 소녀(Corinthian girl)'라는 명사는 모두 부정적인 의미를 가지고 있었다.

바울이 떠난 후, 주변의 영향을 많이 받던 이 교회 안에 여러 가지 문제들이 생겼고, 그 같은 소식이 사도 바울에게 전달되었다. 구체적으로 그 문제들은 성적인 범죄 행위(5-6장), 많은 초자연적인 은사들을 받았으나 오히려 그 은사들 때문에 생긴 성도들의 혼란(3장, 12장, 14장), 파당싸움(1-3장), 성도들끼리 고소하는 사건(6장), 성찬식을 잘못하는 일(11장), 예수님 부활에 대한 잘못된 가르침(15장) 등이다. 또한 특이한 문제 중 하나는, 어떤 이상한 자들이 교회 안에 들어와서 바울이 참사도냐 아니냐 하는 논쟁을 불러일으킨 것이었다(4장).

사도 바울은 제3차 전도 여행 중에 소아시아 혹은 지금의 터키 에베소에 2년 반 정도 머물면서 사역을 했는데, 그 기간 중—기원후 약 54-55년경—에 고린도 교회의 여러 문제를 다루기 위하여 편지를 썼다.

1. 발신자와 수신자

이 편지의 발신자는 사도 바울이다.

> 1절: "하나님의 뜻을 따라 그리스도 예수의 사도로 부르심을 입은 바울과 및 형제 소스데네는"

사도 바울은 하나님께서 복음을 전하고 교회를 세우는 사도로 자신을 세우셨다는 사실을 명확하게 인식하고 있었다. 자신의 정체성, 자신의 신분에 관한 명확한 인식이 있었다. 그래서 사도 바울

말썽 많은 교회의 회복

은 자신의 사도성 문제에 관해 의심하는 성도들이 있는 고린도 교회에 보내는 편지의 서두에, 나는 "하나님의 뜻을 따라" 사도가 되었다고 담대하게 선포하고 있는 것이다.

이 편지의 수신자는 고린도 교회이다.

> 2절: "고린도에 있는 하나님의 교회 곧 그리스도 예수 안에서 거룩하여지고 성도라 부르심을 입은 자들과 또 각처에서 우리의 주 곧 저희와 우리의 주 되신 예수 그리스도의 이름을 부르는 모든 자들에게"

"하나님의 교회"라는 표현은 교회의 소유자가 하나님이시라는 사실을 명확하게 하고 있다. 교회의 구성원은 교회 안에서 자기의 뜻이나 의지보다는 하나님의 뜻을 실현할 수 있도록 최선을 다해서 성경을 읽고 기도하고 노력하여야 한다.

교회의 구성원은 예수님께서 십자가에서 흘리신 보혈로 말미암아 깨끗해지고, 성도 즉 '거룩한 자들'이라고 불리는 사람들이다. 다른 말로 표현하면 '예수님을 구원자와 주인으로 믿고 받아들이고 구원을 받은 사람들'이다.

"또 각처에서 우리의 주 곧 저희와 우리의 주 되신 예수 그리스도의 이름을 부르는 모든 자들에게"라는 구절을 통해 사도 바울은 고린도 교인뿐만 아니라, 고린도 주변에서 예수님을 믿은 다른 이들에게도 인사를 하고 있다.

2. 인사

3절: "하나님 우리 아버지와 주 예수 그리스도로 좇아 은혜와 평강이
있기를 원하노라."

은혜의 근원은 하나님과 예수님이시다. 곧 하나님과 예수님으로
부터 은혜가 내려온다. 은혜가 있으면 개인의 심령과 성도들 간의
인간관계에 평강이 있다. 그리고 이런 은혜가 있으려면, 우리 모두
가 "주 예수 그리스도" 즉, 주인이신 예수 그리스도에게 종으로서
순종하고 섬기는 삶을 살아야 한다. 한 사람은 예수님께 철저하게
순종하고, 또 한 사람은 불순종하고 다른 길로 가는 삶을 살면, 두
사람 사이에 평강이 있기가 어렵다. 성숙한 사람이 그저 참는 것만
이 방법이다.

3. 하나님께 감사

4절: "그리스도 예수 안에서 너희에게 주신 하나님의 은혜를 인하여
내가 너희를 위하여 항상 하나님께 감사하노니"

사도 바울의 믿음이 놀라운 것은 여러 가지 심각한 문제가 많은
고린도 교회의 긍정적인 면을 보고 하나님께 감사를 드린다는 것이
다. 그리고 그 감사의 구체적 이유가 5-7절에 나온다.

말썽 많은 교회의 회복

5-7절: "5 이는 너희가 그의 안에서 모든 일 곧 모든 구변과 모든 지식에 풍족하므로, 6 그리스도의 증거가 너희 중에 견고케 되어, 7 너희가 모든 은사에 부족함이 없이 우리 주 예수 그리스도의 나타나심을 기다림이라."

바울은 먼저 고린도 교인들이 복음을 전하는 "구변"을 하나님에 대한 감사 제목으로 삼았다. 예수님을 믿는 사람들은 말재주가 생긴다. 복음을 효과적으로 전할 수 있도록 하나님께서 주시는 재주이다. 그런데 이 말재주는 전도를 비롯한 선한 일에 쓰도록 조심해야 한다. 자칫하면 우리는 자신을 내세우거나 다른 이들을 해치는데 이 말재주를 쓸 수도 있기 때문이다.

그리스도의 증거가 고린도 교인들 중에서 견고하게 되었다는 것은, 고린도 교인들이 바울이 떠난 이후에도 신앙생활을 하는 것이 바로 사도 바울이 전한 복음이 진리라는 것을 증거하는 근거 중 하나가 되었다는 것이다.

고린도 교인들은 초자연적인 은사들을 많이 받았다. 이 회중에는 모든 은사가 다 나타났다. 그리고 이들은 예수 그리스도의 재림을 고대하며 생활했다. 사도 바울은 이런 신앙 태도를 칭찬하고 있다.

현대의 그리스도인들도 예수님께서 마치 내일 재림하실 것처럼, 오늘을 경건하고 열심으로 살아야 한다. 그러나 만약 내일 오시지 않아도 낭패하지 않도록 주님을 의지하여 장기적 계획을 세우고 사는 것이 필요하다. 이것이 성도들의 올바른 생활 태도이다.

4. 하나님의 약속

8절: "주께서 너희를 우리 주 예수 그리스도의 날에 책망할 것이 없는 자로 끝까지 견고케 하시리라."

고린도 교인들은 여러 가지 문제가 많았다. 그러나 사도 바울은 궁극적으로 이 교인들이 하나님의 은혜와 섭리로 말미암아, 견고해 지고 성숙해질 것을 믿음으로 바라고 있다. "책망할 것이 없는 자"가 된다는 것은 거의 온전해질 것이라는 의미이다.

9절: "너희를 불러 그의 아들 예수 그리스도 우리 주로 더불어 교제케 하시는 하나님은 미쁘시도다."

사도 바울이 많은 문제를 가진 고린도 교인들의 궁극적인 영적 성숙을 기대했던 것은 그들을 구원하신 하나님께서는 약속을 철저하게 지키시고 우리가 신뢰할 만한 분이시기 때문이다. 참고로 빌립보 교인들에게는 "너희 속에 착한 일을 시작하신 이가 그리스도 예수의 날까지 이루실 줄을 우리가 확신하노라"(빌립보서 1:6)라고 하였다.

즉, 하나님께서 참으로 구원하신 사람들은 하나님께서 어떻게 해서라도 성화되고 성장하고 성숙하도록 인도하시고 채찍질하시고 주관하신다는 것이다.

말썽 많은 교회의 회복

아무리 문제가 많아도 복음과 성경을 떠나지 않고 붙잡고 있는 교회와 성도들은 소망이 있다.

각 성도들이 지금 당장은 여러 가지 죄악과 문제를 가지고 있어도, 하나님께서는 각 사람의 신앙 성장을 위한 좋은 계획과 소망을 가지고 계신다. 그리고 우리 조국 교회가 아무리 문제가 많아 보여도, 예수 그리스도의 복음과 성경의 진리를 포기하지 않고 간직하는 한 다시 일어나는 때가 있을 것이다.

제2장
예수님의 교회
고린도전서 1장 10-17절

문제가 많은 고린도 교회에 하나님의 주권적 섭리가 있을 것을 믿고 감사를 먼저 한 사도 바울은 이제 교회의 문제들을 구체적으로 다루기 시작한다. 그가 제일 처음 언급한 것은 파당 문제이다. 고린도 교회는 최소 네 개의 파당을 가지고 있었다.

먼저 '바울파'이다. 고린도 교회는 바울이 대략 1년 반 동안 고린도에서 전도하고 새 신자들을 양육하여 세운 교회이다(행 18:11). 이 바울파는 아볼로파, 베드로파가 생겨난 것에 대한 반작용으로 만들어진 것으로 보인다. 교회 안에 아볼로파와 베드로파가 발생하자, '우리는 교회의 오리지널 창립파이며, 초대 지도자 바울을 철저하게 따르는 자들'이라고 주장하는 사람들의 등장한 것으로 짐작된다.

다음은 '아볼로파'이다. 아볼로는 북아프리카 알렉산드리아 출신으로(행 18:24), 당시 지중해 세계에서 동경의 대상이었다. 가장 창의적인 대학이 있었던 도시가 바로 알렉산드리아였던 만큼, 아볼로는

말썽 많은 교회의 회복

알렉산드리아 출신답게 대단히 박식하고, 언변이 탁월하며, 열정적인 지도자이자 설교가였다. 요즘 말로 하면 카리스마가 대단한 지도자라 할 수 있겠다.

> 행 18장 24-26절: "24 알렉산드리아에서 난 아볼로라 하는 유대인이 에베소에 이르니, 이 사람은 학문이 많고 성경에 능한 자라. 25 그가 일찍 주의 도를 배워 열심으로 예수에 관한 것을 자세히 말하며 가르치나, 요한의 세례만 알 따름이라. 26 그가 회당에서 담대히 말하기를 시작하거늘 브리스길라와 아굴라가 듣고 데려다가 하나님의 도를 더 자세히 풀어 이르더라."

이런 그가 의도하지 않았음에도, 고린도 교회 안에는 그를 추종하는 아볼로파 혹은 지적인 엘리트파가 생겨났던 것이다.

다음은 '베드로파'이다. 사도 베드로는 고린도 교회를 방문한 적이 있었던 것으로 보인다. 그리고 사도 베드로의 제자들도 고린도 교회를 방문해서 고린도 교회 성도들을 가르쳤던 적이 있었던 것으로 추측된다. 그런데 이 제자들은 대부분 유대인들이었고, 아직 구약 율법의 문화적 영향에서 완전히 벗어나지 못한 사람들이 있었던 것으로 보인다. 그래서 복음과 율법의 관계를 충분히 잘 이해하지 못하는 가운데, 고린도 교회 성도들에게 유대인들의 문화를 하나님 말씀의 일부로 오해하게 하는 약간은 율법적 신앙 스타일을 가르친 것으로 보인다. 이 때문에 고린도전서 8장과 10장에 우상 앞에 바쳐진 제물을 가지고 서로 논쟁하는 고린도 교인들의 이야기가 등장하게 되는 것이다.

마지막으로 '예수파'이다. 예수파는 당시에도 있었고, 현대 교회 속에서도 가끔 발견이 된다. 아볼로파, 베드로파, 바울파가 생겨나니까, 이제 모든 파를 거부하는 무파(無派) 내지는 무교회주의 같은 반작용으로 생겨난 파가 있었던 것이다. 이런 파의 특징은 개인주의와 반권위주의 성향을 가지게 된다. 이것은 또 다른 극단이다.

이들은 '교회에 인간 지도자들이 뭐 그리 중요하느냐?'고 반문한다. 예수 그리스도만을 지도자로 모시고, 그분으로부터 직접 말씀을 받고, 음성을 듣고, 그분의 인도하심을 받으면 된다는 것이다. 이들은 상당한 영적 확신과 체험을 이야기하는 가운데, 다른 그리스도인들로 하여금 '우리는 이등(Second class) 그리스도인이 아닌가?' 하는 회의와 열등감을 품게 하는 경향이 있다. 영적 엘리트파가 생겨난 것이다. 그리고 이들은 교회의 영적 지도자들의 권위를 별로 인정하지 않기 때문에, 교회 전체 모임에 꾸준히 참석하거나 순종하는 일 등을 소홀히 하는 경향이 있다. 예수님을 따르는 일이 잘못되었다기보다는 교회 안에서 인간 지도자들의 권위를 전적으로 무시하는 것이 옳지 못하다는 것이다.

이런 여러 파에 대한 사도 바울의 반응은 세 가지이다. 그는 예수 그리스도의 통일성과 예수 그리스도의 십자가와 예수 그리스도의 주인되심을 주장한다.

1. 예수 그리스도의 통일성

13절 상: "그리스도께서 어찌 나뉘었느뇨? …"

말썽 많은 교회의 회복

예수 그리스도를 마음에 모신 사람들은 예수 그리스도의 머리만 모시고, 몸은 모시지 않은 것은 아니라는 것이다. 예수 그리스도께서 우리 마음에 들어오시되, 머리와 한 발만 들여놓으시고, 나머지 발은 우리 마음 문밖에 남겨두시는 법이 없다는 것이다. "예수께서 나누시지 않으셨다면, 그의 몸을 이루는 교회도 나누어질 수가 없다. 그는 한 몸을 가지고 계신다."는 것이다.

혹은 우리는 예수 그리스도를 더 많이 소유하거나, 성령 하나님을 더 많이 받아야 되는 것이 아니라(비유적인 의미로 받아들일 수도 있고 이해할 수도 있지만, 더 정확한 표현은), 예수 그리스도께서 우리 영혼과 정신과 정서의 의지 세계를 더 많이 가지셔야 하고, 우리가 성령 하나님의 지배를 더 많이 받도록 자발적으로 헌신하고 순종하여야 한다는 것이다. 모든 성도들이 예수 그리스도의 영의 지배에 온전히 바쳐지면, 교회의 연합과 일치는 당연한 결과로서 주어질 것이기 때문이다.

2. 예수 그리스도의 십자가

13절 중: "…바울이 너희를 위하여 십자가에 못 박혔으며…"

예수 그리스도가 우리의 죗값을 십자가 위에서 치르셨고, 구원의 기초를 십자가 위에서 이루셨기에, 우리 시야의 초점을 예수에게 맞추어야 한다는 것이다. 영적으로 어리고 미성숙할 때는 인간 지도자들의 한 마디 한 마디, 행동 하나하나에 큰 영향을 받을 수가 있다. 그러나 믿음이 자랄수록 예수 그리스도를 더 분명히 보고, 배우고, 자라갈 수가 있는 것이다.

3. 예수 그리스도의 주인되심

13절 하: "…바울의 이름으로 너희가 세례를 받았느뇨?"

당시 사람들은 세례를 받을 때, 그 세례를 베푼 사람에게 일종의 충성 서약 같은 맹세를 한다고 생각했다. 자기에게 세례를 베푼 목사에게도 잘 배우지 못하는 현대 교인들과는 상당히 대조적인 경향이다. 그런데 바울은, 새 신자들에 대한 자신의 지나친 영향력을 의식하고, 자기를 통하여 예수님을 믿은 사람들에게 의도적으로 직접 세례를 베풀지 않고 자기 제자들에게 맡겼다. 한참 생각한 뒤에야 예외적으로 몇 사람에게만 세례를 베풀었다고 이야기한다.

14-16절: "14 그리스보와 가이오 외에는 너희 중 아무에게도 내가 세례를 주지 아니한 것을 감사하노니, 15 이는 아무도 나의 이름으로 세례를 받았다 말하지 못하게 하려 함이라. 16 내가 또한 스데바나 집 사람에게 세례를 주었고, 그 외에는 다른 아무에게 세례를 주었는지 알지 못하노라."

사도 바울의 이러한 태도는 교회 안에서 자기편을 만들고, 자기의 추종자를 모으는 것으로 리더십을 공고히 하려는 현대 교회 지도자들의 태도와 대조를 이룬다. 그는 자신이 직접 전도하고 결실을 맺은 고린도 교회 성도들이라 할지라도, 이들이 자신보다는 예수 그리스도와 가장 친밀한 교제를 나누며 그분께 가장 먼저 충성을 드리기를 원하였던 것이다.

약 25년여 전, 예수 그리스도의 공생애 사역 초기에 세례 요한도 비슷한 태도를 보인 적이 있었다. 새로 등장한 나사렛 예수에게 세례를 받는 사람들의 숫자가 급속히 증가하자, 세례 요한을 따르던 제자들 중에는 걱정하는 이들이 있었다. 그러자 세례 요한은 "그는 (예수는) 흥하여야 하겠고 나는 쇠하여야 하리라…."(요 3:30)고 담담한 태도로 반응하였다. 이러한 태도가 교회의 모든 지도자들과 모든 성도들의 마음속에 있어야 할 것이다.

이렇게 사도 바울이 고린도 교회 성도들의 파당 문제를 다루는 방식을 보면서, 현대 교회 성도들에게도 적용해야 할 원리들을 발견한다.

1. **겸손하라.** 자기 위치를 알라. 교회 안에 어떤 카리스마적인 지도자들이 있어서 문제가 생기는 경우도 있고, 혹은 거의 모든 구성원들이 얌전한 듯하면서도 자기 의지가 강해서 문제가 되기도 한다. 앞의 경우는 교회 안에 파당이 생기고, 뒤의 경우는 교회가 지리멸렬한다. 지도자나 구성원들이나 다 하나님 앞에서 바울처럼 세례 요한처럼 자신을 낮추고, 예수 그리스도에게 모든 초점이 맞추어지도록 노력하여야 한다. 개인주의적인 성향과 자기 에고(Ego)가 강한 구성원들이 많은 후자의 경우에는, 모든 구성원들

이 교회의 공동체적 모임에 적극적으로 참여하고, 교회의 유익을 위하여 일하는 것을 배워야 한다.

2. **순종을 배우라.** 고린도 교회 파당 문제의 뿌리는 교만이었다. 하나님께서는 우리에게 직접 말씀하시기도 하지만, 공동체를 통해서 말씀하실 때가 많다. 성도들은 예수 그리스도에 대한 순종을 배우며, 특별히 예외적인 경우가 아니면 영적인 지도자에 대한 순종을 배우고, 영적 지도자들은 공동체를 통하여 말씀하시는 하나님의 음성에 순종하는 것을 배워야 한다. 순종을 배우지 못한 그리스도인들을 하나님께서 크게 쓰시는 법이 없다. 우리 모두는 개인주의적이고 반권위주의적인 '예수파'가 되지 않도록 주의하여야 한다. 지나치게 개인주의적인 신앙과 자기 고집으로 잘못 나가는 것을 경계하여야 한다.

3. **관용의 지혜를 배우라.** 치열한 영적 전투가 벌어지는 종교 개혁의 현장에서 멜란히톤은 동지들 간의 연합을 위하여 "본질적 문제에서는 충성을, 비본질적 문제에서는 관용을, 모든 문제에서 사랑을!(In Essentials Unity, In Non-Essentials Liberty, In All Things Charity!)"이라는 모토를 제시하였다.

서로 용납하는 것 혹은 서로 부정적으로 비판하지 않는 것을 배워야 한다. 예수를 유일한 구원자이자 주님으로 제대로 믿고, 성경이 정확무오한 하나님의 말씀이라는 것만 인정하면서 그리스도인들은 서로를 받아들여야 한다. 연합되고 하나가 된 교회는 참으로 아름다우며, 예수님을 알지 못하고 분열만 보고 살아온 세상 사람들에게 큰 감동과 관심을 불러일으킬 것이다(요 13:34-35).

제3장
복음, 하나님의 능력과 지혜

고린도전서 1장 18-25장

바울은 예수 그리스도의 복음이 인간을 향한 하나님의 무조건적인 은혜와 긍휼과 자비를 드러내며, 구원받는 자들로 하여금 오직 하나님께 영광을 돌리게 한다고 선포한다. 그는 그가 복음을 전했던 그리스 로마 문화권에서 가장 중요한 덕목으로 생각했던 '인간들의 지혜'조차도 하나님의 영광을 가리게 되면 별 가치가 없는 것이라고 선포한다.

19절: "기록된바, 내가 지혜 있는 자들의 지혜를 멸하고, 총명한 자들의 총명을 폐하리라."

하나님께서는 복음으로 세속적인 지혜와 지식을 좌절시키기 원하신다. 하나님께서는 인간의 영혼 구원 문제에 있어서, 인간들의 교만과 자랑의 여지를 원천봉쇄하기 원하시는 것이다. 이러한 주장의 근거로서 바울은 네 가지 증거를 제시한다.

첫째, "고린도에서 구원받지 못한 사람들"이다.

20절: "지혜 있는 자가 어디 있느뇨? 선비가 어디 있느뇨? 이 세대에 변사가 어디 있느뇨? 하나님께서 이 세상의 지혜를 미련케 하신 것이 아니뇨?"

당시 고린도의 지혜 있는 자들과 학자들과 철학자들 중에서 구원받고 고린도 교회에 소속된 이들이 별로 없었다는 이야기이다. 우리가 언뜻 생각하기에는 지혜롭거나 학문적 추리에 탁월하거나 인생의 진리를 꿰뚫어 보는 자들이 복음을 잘 깨달을 것 같은데, 오히려 이들의 지혜와 학문과 철학이 이들을 교만하게 하고 복음을 받아들이는 데 걸림돌이 된 것이다.

21절: "하나님의 지혜에 있어서는 이 세상이 자기 지혜로 하나님을 알지 못하는 고로, 하나님께서 전도의 미련한 것으로 믿는 자들을 구원하시기를 기뻐하셨도다."

당시 사람들에게 미련해 보이는 전도 혹은 복음으로, 세속적으로 지혜로운 자들이 아니라, 어린아이처럼 순진하게 하나님과 복음을 신뢰하고 받아들이는 자들을 구원하셨다는 의미이다. 하나님께서 자기 백성들이 겸손하기를 원하셨기 때문이다.

둘째, "좌절된 교만"이다.

22-23절: "22 유대인은 표적을 구하고, 헬라인은 지혜를 찾으나, 23 우리는 십자가에 못 박힌 그리스도를 전하니 유대인에게는 거리끼는 것이요 이방인에게는 미련한 것이로되"

유대인들은 하나님의 선민으로서 온 세계의 중심이 되도록 자신들을 해방하고 높이실 강력한 능력과 기적의 메시아를 기대했다. 헬라인들은 자신들은 문화인 되게 하고, 모든 야만인들로부터 구별되게 하는 지혜를 메시아 안에서 발견하기 원했다. 그러나 이런 잘못된 동기로 접근하는 유대인이나 헬라인들의 교만을 좌절시키시고, 오직 하나님의 부르심을 겸손하게 받아들이는 사람들을 구원하셨다. 만약 유대인이나 헬라인들이 자기들이 기대했던 방식대로 구원받았다면, 이들은 당연히 교만해져서 하나님을 찬양하고 높이기보다는 자신들이 특별히 선택받은 것이나, 자신들의 지혜를 자랑하였을 것이다.

24-25절: "오직 부르심을 입은 자들에게는, 유대인이나 헬라인이나 그리스도는 하나님의 능력이요, 하나님의 지혜니라. 하나님의 미련한 것이 사람보다 지혜 있고, 하나님의 약한 것이 사람보다 강하니라."

헬라인들이 보기에 미련해 보이는 복음이 사람의 지혜보다 훨씬 탁월하고, 유대인들이 보기에 연약해서 고난을 받으신 예수의 복음이 사람들의 어떤 정치적 군사적 경제적 강함보다 더 강하다는 것이다. 혹은 하나님을 신뢰하고 의지하는 것이 인간들의 지혜나

말썽 많은 교회의 회복

인간들의 강함이나, 심지어는 인간들의 스스로 의로움보다 낮다는 것이다. 그 이유는 하나님께서 자기 백성들이 겸손하기를 원하셨기 때문이다.

하나님께서는 하나님의 은혜의 복음을 겸손하게 받아들인 온유한 백성들을 통하여 세상의 어떤 공동체보다도 더 사랑과 화목이 넘치고(요 17:11, 21-22, 빌 2:3-8), 세상의 그 어떤 제국보다도 더 강력한 하나님의 나라를 세우시려고 계획하셨다(계 11:15).

셋째, "구원받은 고린도 교회 성도들의 배경"이다.

26-29절: "26 형제들아 너희를 부르심을 보라 육체를 따라 지혜 있는 자가 많지 아니하며 능한 자가 많지 아니하며 문벌 좋은 자가 많지 아니하도다. 27 그러나 하나님께서 세상의 미련한 것들을 택하사 지혜 있는 자들을 부끄럽게 하려 하시고, 세상의 약한 것들을 택하사 강한 것들을 부끄럽게 하려 하시며, 28 하나님께서 세상의 천한 것들과 멸시 받는 것들과 없는 것들을 택하사 있는 것들을 폐하려 하시나니, 29 이는 아무 육체라도 하나님 앞에서 자랑하지 못하게 하려 하심이라."

고린도 교회를 세속적인 관점에서 볼 때, 고린도 도시 주민 중에서도 미련한 사람, 약한 사람, 천한 사람, 멸시 받는 사람이 주로 구원받았다. 이들은 당시 그리스 사람들이 가치 있는 것으로 여겼던 지혜와 학식이 없는 사람들이었던 것이다. 세상 사람들은 이 새로운 기독교인들이 세상에서 살기가 고단하고 절박해져서 이상한 새로운 신을 받아들인 연약한 자들이라고 생각하였을 것이다. 그러나 바울은 하나님께서 당신의 놀라운 지혜와 계획에 따라 이들을 먼저 구원하심으로써 자신의 백성들이 겸손하기를 원하셨다고 이야기한다.

21세기 초반의 대한민국에서도 교회를 개척하면 제일 먼저 들어오는 사람들은 불구자, 경제적으로 파산한 사람, 극빈자, 가정이 무너진 사람, 정신 건강이 흔들린 사람 등이다. 이것은 예수 그리스도의 복음 자체가 비정상적인 사람들만이 받아들일 수 있는 결함이 있는 것이어서가 아니라, 망가진 인생들을 구원하고 회복하여 오직 하나님의 은혜로 구원받는 것임을 간증할 수 있는 겸손한 백성들을 원하시는 그분의 섭리로 말미암은 것이다.

넷째, "고린도 사람들에게 복음을 선포한 사도 바울의 심적인 상태"이다.

사도 바울이 고린도 시민들에게 복음을 전할 때, 그는 지혜롭지도, 아름답지도, 당당하지도 않았다. 그는 데살로니가와 아테네를 거쳐서 고린도에 도착하여 몹시 약해진 상태였기 때문이다. 그는 데살로니가에서 자신과 자신이 전하는 복음을 반대하여 폭동을 일으킨 유대인들과 그들이 보낸 불량배들에 의하여 쫓겨났다(행 17:5-10). 그가 베뢰아로 피신하여 거기서 복음을 전하면서 환영을 받았을 때, 다시 데살로니가에서 쫓아온 불량배들의 공격을 받았다(행 17:11-14). 그래서 그는 뱃길로 아덴 혹은 아테네로 피신하였다.

그가 아덴에서 복음을 전하였을 때는 오직 소수의 사람들만이 반응하고 그리스도인이 되었다(행 17:16-34). 그가 다시 고린도 지협

말썽 많은 교회의 회복

(地峽)을 건너서 고린도로 가서 복음을 전할 때에는, 그는 이미 두 번의 폭동을 당하고 별 반응이 없는 아덴 사람들을 겪은 터라, 상당히 지치고 의기소침해진 상태였다. 그리고 그의 전도의 말도 그리스 사람들의 기준에 의하면 지혜롭거나, 아름답지 않았다. 그는 다만 예수 그리스도와 그분의 십자가 사건만을 간단하게 강조해서 선포했을 따름이다. 뿐만 아니라 바울은 고린도에서 전도할 당시 몹시 약해져서 두려워하고 떨었다.

> 2장 1-3절: "1 형제들아 내가 너희에게 나아가 하나님의 증거를 전할 때에 말과 지혜의 아름다운 것으로 아니하였나니. 2 "내가 너희 중에서 예수 그리스도와 그의 십자가에 못 박히신 것 외에는 아무것도 알지 아니하기로 작정하였음이라. 3 내가 너희 가운데 거할 때에 약하며 두려워하며 심히 떨었노라."

그러나 놀랍게도 성령께서 사도 바울의 메시지에 함께 하심으로써, 고린도 교인들이 복음을 믿음으로 받아들이고, 구원을 받았다.

> 2장 4-5절: "4 내 말과 내 전도함이 지혜의 권하는 말로 하지 아니하고, 다만 성령의 나타남과 능력으로 하여, 5 너희 믿음이 사람의 지혜에 있지 아니하고, 다만 하나님의 능력에 있게 하려 하였노라."

그래서 바울은 자신이 능숙한 웅변술이나 넘치는 지혜로 복음을 전해서 고린도인들이 예수님을 믿고 받아들인 것이 아니라, 오직 하나님께서 연약한 그를 사용하셔서 초자연적으로 고린도인들을 설득하고 믿도록 하셨으므로, 이 일에 관하여서는 오직 하나님께서만 영광을 받으시고, 그분께 공로를 돌려야 한다고 주장하고 있는 것이다. 그리고 그는 다시 한 번 복음 자체에 하나님의 큰 능력이 함께 함을 확인하며, 인간들의 재주나 능력이나 지혜나 유능함이 그들이 구원받는 데 도움이 되는 것이 아님을 선포한다.

1장 18절: "십자가의 도가 멸망하는 자들에게는 미련한 것이요 구원을 얻는 우리에게는 하나님의 능력이라."

1장 24절 "오직 부르심을 입은 자들에게는 유대인이나 헬라인이나 그리스도는 하나님의 능력이요 하나님의 지혜니라."

사도 바울이 왜 하나님의 능력이고 지혜인 복음을 이야기하는가? 그는 고린도 교인들이 스스로는 능력도 없고 지혜도 없는 자신들을 돌아보며 겸손해져서 한마음이 되기를 원하였다. 그리고 사랑받을 자격이 없는 자들에게 베푸신 예수님의 은혜와 그분의 사랑과 그분의 용서만 자랑하는 가운데, 서로 연합되기를 원하였던 것이다.

1장 28-31절: "28 하나님께서 세상의 천한 것들과 멸시 받는 것들과 없는 것들을 택하사 있는 것들을 폐하려 하시나니, 29 이는 아무 육체라도 하나님 앞에서 자랑하지 못하게 하려 하심이라. … 31 기록된바 자랑하는 자는 주 안에서 자랑하라 함과 같게 하려 함이니라."

예수 그리스도 복음과 구원의 섭리를 정확하게 이해한 사람은 당연히 겸손하여야 한다. 그리스도인들은 자신들의 지식과 지혜와 수완을 자랑하기보다는, 예수 그리스도의 복음을 늘 자랑하여야 한다.

필자가 13년 정도 사역한 매디슨 사랑의 교회에서 구원받는 사람들은 보통 일반적으로 구원받기 힘든 사람들이었다. 이들은 주로 대한민국의 상위 대학교를 졸업하고, 위스콘신 대학교에서 석사나 박사 학위를 취득하려고 온 사람들이었다. 대한민국에서 우등생이나 선두 그룹에 속한 사람들이었는데, 위스콘신 매디슨에 오면 갑자기 이들의 상황이 바뀌었다. 매디슨에 막 도착한 이 '우등생'들은 갑자기 언어를 듣고 말하는 기본적인 일도 제대로 하기 힘든 자신들을 발견한다. 이들은 임대 아파트를 구하는 것, 전화나 가스, 전기 등을 연결하는 것, 운전면허를 따는 것, 장 보는 것 등 거의 모든 일에 먼저 온 이들의 도움을 필요로 한다. 마치 어른들을 의지해야만 생활할 수 있는 어린아이처럼 되어 버린 자신들을 발견하게 되는 것이다. 이들이 학교에 출석하기 시작하면 상황은 더 어려워진다. 이 '우등생'들이 자신보다 '말'을 더 잘하고, 공부를 더 잘하는 많은 학생들을 주위에서 발견하게 되는 것이다. 그들의 마음은 낮아지고, 겸손해지고, 생존을 위해 절박해지는 가운데, 예수님을 구원자이자 왕으로 인정하는 일들이 많았다.

하나님께서는 우리의 구원이 오직 하나님의 은혜로 이루어짐을 우리 스스로가 깨닫고, 겸손하게 하나님만을 높이며, 성도들 간에 한마음이 되고 연합하기를 원하신다.

제4장

복음과 성령 하나님

고린도전서 2장 6-16절

반 고더(Van Gorder)라는 학자가 있었다. 이 사람은 토마스 페인 (Thomas Paine)의 직속 제자 중의 하나로, 『이성의 시대』 등의 책을 철저하게 읽고, 진화론적 세계관을 배우고 받아들이고 가르쳐온 사람이었다. 그는 하나님께서 천지를 창조하셨다는 주장을 비웃는 사람이었는데, 하루는 신문에서 빌리 선데이(Billy Sunday)라는 유 명한 전도자의 교회당 지붕을 올리는 일에 그 도시의 많은 목사들 이 모여서 돕는다는 기사를 읽었다. 그래서 그는 이 게으른 사람들 이 일하는 모습을 한번 보자고 생각하고 그 장소에 나타났다. 그때 지붕 위에 있던 목사들 중의 한 사람이 반 고더를 알아보고는 즉시 지붕에서 내려와서 그에게 복음을 전했다. 놀랍게도 반 고더는 그 자리에서 예수님을 영접하기로 결정했다.

그다음날 반 고더는 성경을 펼치고 읽기 시작했다. 먼저 창세기 1장에서 "태초에 하나님이 천지를 창조하시니라"라는 구절을 읽었 다. 그러자 그는 그 구절에서 멈추어서 중얼거리기를 "이것은 내가 읽어본 책 중에서 이 세상이 어떻게 존재하게 되었는지 가장 말이 되게 설명하는 구절인걸"이라고 하였다. 도대체 무슨 일이 일어났기에 반 고더 박사가 성경을 깨닫기 시작했을까? 그 이유는 이 사람의 마음속에 성령 하나님께서 들어오셔서 머무시며 감동을 주시기 시작했기 때문이었다. 이 사람의 마음이 하나님 앞에서 겸손해지고, 순종의 태도가 갖추어졌던 것이다.

이 본문의 주제는 오직 성령 하나님의 감동하심이 있어야, 우리가 복음과 하나님의 말씀을 깨닫는다는 것이다. 본문은 이 주제를 설명하기 위하여 네 가지 요점을 제시한다.

첫 번째 요점은 "하나님의 지혜는 세상의 지혜로 이해할 수 없다."이다.

> 6-8절, 14절: "6 그러나 우리가 온전한 자들 중에서 지혜를 말하노니 이는 이 세상의 지혜가 아니요 또 이 세상의 없어질 관원의 지혜도 아니요, 7 오직 비밀한 가운데 있는 하나님의 지혜를 말하는 것이니 곧 감취었던 것인데, 하나님이 우리의 영광을 위하사 만세 전에 미리 정하신 것이라. 8 이 지혜는 이 세대의 관원이 하나도 알지 못하였나니, 만일 알았더라면 영광의 주를 십자가에 못 박지 아니하였으리라. 14 육에 속한 사람은 하나님의 성령의 일을 받지 아니하나니, 저희에게는 미련하게 보임이요 또 깨닫지도 못하나니, 이런 일은 영적으로라야 분변함이니라."

6절의 "관원의 지혜"는 세속 정치가들의 지혜를 의미하고, 7절에서 하나님의 지혜가 감취었다는 것은 구약시대에는 메시아의 신분과 사역이 모형과 그림자들을 통하여 막연하게 계시되었다는 의미이다. 14절의 "육에 속한 사람"은 예수 그리스도를 구원자와 메시아 왕으로 믿지 않은 사람을 의미한다.

두 번째 요점은 "하나님의 지혜는 성령 하나님께서만 이해하신다."는 것이다.

> 9-11절: "9 기록된바 하나님이 자기를 사랑하는 자들을 위하여 예비하신 모든 것은 눈으로 보지 못하고, 귀로도 듣지 못하고, 사람의 마음으로도 생각지 못하였다 함과 같으니라. 10 오직 하나님이 성령으로 이것을 우리에게 보이셨으니, 성령은 모든 것 곧 하나님의 깊은 것이라도 통달하시느니라. 11 사람의 사정을 사람의 속에 있는 영 외에는 누가 알리요? 이와 같이 하나님의 사정도 하나님의 영 외에는 아무도 알지 못하느니라."

'열 길 물속은 알아도, 한 길 사람 속은 알 수가 없다'는 속담이 있다. 우리는 인간의 마음속도 깊이 알 수가 없는데, 하물며 하나님의 측량할 수 없이 무한한 마음속을 알 수 있으랴? 이에 관하여 이사야 선지자는 이사야 55장 8-9절에서 "8 여호와의 말씀에 내 생각은 너희 생각과 다르며, 내 길은 너희 길과 달라서, 9 하늘이 땅보다 높음같이 내 길은 너희 길보다 높으며, 내 생각은 너희 생각보다 높으니라."라고 선포한다. 하나님의 생각은 오직 성령께서만 정확하게 아신다는 것이다.

세 번째 요점은 "성령 하나님을 마음에 모신 그리스도인들은 하나님의 지혜를 이해할 수 있다."는 것이다.

> 12절, 15-16절: "12 우리가 세상의 영을 받지 아니하고, 오직 하나님께로 온 영을 받았으니, 이는 우리로 하여금 하나님께서 우리에게 은혜로 주신 것들을 알게 하려 하심이라. … 15 신령한 자는 모든 것을 판단하나, 자기는 아무에게도 판단을 받지 아니하느니라. 16 누가 주의 마음을 알아서 주를 가르치겠느냐? 그러나 우리가 그리스도의 마음을 가졌느니라."

그리스도인들의 마음속에 하나님의 영이신 성령 하나님께서 들어오심으로써 하나님의 마음을 조금씩이나마 이해하기 시작한다(12절). 성령 하나님을 심령에 모신 그리스도인들은 세상과 불신자들을 이해하기가 상대적으로 쉬우나(15절 상), 불신자들과 세상이 그리스도인들의 시각과 관점과 하나님의 왕국을 이해하는 것은 거의 불가능하다(15절 하-16절). 그러나 예외적인 경우는 있다. 하나님께서 구원하시려고 선택하신 사람에게 성령의 감동하심이 나타날 때, 깨달음이 시작된다.

네 번째 요점은 "하나님의 지혜는 성령의 선택하신 언어로 가르쳐야 한다."는 것이다.

> 13절: "우리가 이것을 말하거니와 사람의 지혜의 가르친 말로 아니하고, 오직 성령의 가르치신 것으로 하니, 신령한 일은 신령한 것으로 분

별하느니라."

"성령의 가르치신 것으로" 말한다는 것은 성령께서 선택하신 단어와 표현으로 바울과 그 일행이 선포하고 가르쳤다는 의미이다. 헬라인들의 문화는 그들 나름대로 지혜에 대한 개념이 있었다. 그런데 사도 바울은 헬라인들의 지혜로 복음을 설명하는 것은 별로 가치가 없다고 주장하는 것이다. 오직 성령 하나님께서 선택하신 단어와 표현이 있다는 것이다. 이 구절은 성경의 내용뿐만 아니라, 그 내용을 표현하는 단어와 표현법 등도 성령 하나님께서 선택하셨다는 것을 가르친다.

우리가 예수님을 믿고 영접하고 구원받은 것은, 우리가 아무리 하나님을 스스로 찾은 경우라고 해도, 하나님께서 우리의 마음에 성령으로 감동하심을 주셔서, 깨닫고 구원받은 것이다. 그래서 여기서도 구원받은 사람들의 교만을 경계하고 겸손을 유지하도록 권면하고 있는 것이다.

15절에서 신령한 자 혹은 영적으로 성숙한 자가 "모든 것을 판단" 하는 것은 하나님께서 계시하신 것들, 특히 하나님의 말씀을 분별한다는 의미이다. 성령의 초자연적인 은사가 많았던 고린도 교회에서 신령한 자들이 어떤 특별한 은사를 가진 사람들이 아니고 하나님의 말씀을 잘 분별하는 사람들로 서술된다는 사실에 주목할 필요가 있다. 성령 충만하다고 하면서 초자연적인 은사를 지나치게 강조하면, 치우치거나 극단적이 되기 쉽다. 성령 충만한 성도는 항상 하나님의 말씀을 올바르게 해석하고 적용하며 건전한 신앙인의 모습을 보여야 한다. 성령 하나님의 도우심으로 하나님의 말씀을 이해함에 있어서도 성도의 자연적 노력이 요구된다. 성도가 특정한 성경 본문의 역사적 배경과 성경 전체의 신학적 배경을 열심히 공부하여 이해하며 성경을 읽을 때, 성령 하나님께서 조명하시는 내용을 좀 더 명확하게 이해할 수가 있는 것이다. 솔로몬도 하나님의 지혜를 얻기 위하여 열심히 탐구하여야 함을 가르치고, 시편 기자도 종일 하나님의 말씀을 읊조림으로써 그 뜻을 깨달았음을 고백한다.

> 잠 2장 3-4절: "3 지식을 불러 구하며 명철을 얻으려고 소리를 높이며, 4 은을 구하는 것같이 그것을 구하며, 감추인 보배를 찾는 것같이 그것을 찾으면"

> 시 119편 97절 "내가 주의 법을 어찌 그리 사랑하는지요, 내가 그것을 종일 묵상하나이다."

또한 성경은 성도들이 겸손하게 접근하여야 깨달을 수 있다. 성경은 성도들이 그 가르침에 순종할 각오로 겸손하게 읽어야 깨달을 수 있다. 그리고 이미 깨달은 성경 말씀에 대한 순종이 없으면, 그 다음의 깨달음도 없다. 성경에 대한 순종과 깨달음의 선순환이 이루어져야 성도의 영적, 인격적 성숙이 계속되는 것이다.

필자는 대학생 때 한국기독학생회(IVF)와 대학 청년부 활동을 활발하게 할 기회가 있었다. 이 기간 중에 발견하였던 한 가지 현상은 어떤 청년들은 예수님을 믿고 믿음이 비교적 빨리 자라는 반면에, 어떤 청년들은 몇 년이 지나도 별로 믿음이 자라지 않았다는 것이다. 그 차이점은 믿음이 자라는 청년들은 선배들이 가르쳐준 대로 개인 경건의 시간(Quiet Time)을 착실하게 하고, 항상 순종하려고 노력하는 특징이 있었다. 별로 믿음이 자라지 않은 청년들은 타성에 빠져서, 개인 경건의 시간을 규칙적으로 하지 않았고, 순종의 태도도 별로 없었다.

성경 전권은 일 평방 인치도 안 되는 마이크로폼(Micorform) 안에 다 들어갈 수가 있다. 그런데 보통 사람들은 이 성경 전체가 들어 있는 마이크로폼의 한 자도 읽을 수가 없다. 빛에 내놓거나 어두움 속에 넣거나 못 알아보기는 마찬가지이다. 오직 마이크로폼을 읽는 데 사용하는 현미경이 있어야만 그 성경의 글자들을 읽을 수가 있다. 마찬가지고 성경은 성령 하나님의 도우심이 있어야만 깨달을 수가 있고, 성령 하나님의 도우심을 받기 위한 우리의 겸손한 태도와 순종의 태도가 있어야 깨달을 수가 있는 것이다.

말썽 많은 교회의 회복

제5장
겸손과 성숙과 연합
고린도전서 3장

바울은 고린도전서 2장에서 성도들의 겸손을 기초로 하여 교회의 연합을 이룰 수 있음을 가르친 후에, 3장에서는 교회의 연합을 위하여 성도들이 알아야 할 좀 더 구체적인 사실 다섯 가지 열거하고 있다.

첫째로 "교회 구성원들이 영적으로 성숙해야 교회의 연합을 유지할 수가 있다."

1-4절: "1 형제들아, 내가 신령한 자들을 대함과 같이 너희에게 말할 수 없어서, 육신에 속한 자 곧 그리스도 안에서 어린아이들을 대함과 같이 하노라. 2 내가 너희를 젖으로 먹이고 밥으로 아니하였노니, 이는 너희가 감당치 못하였음이거니와, 지금도 못하리라. 3 너희가 아직도 육신에 속한 자로다. 너희 가운데 시기와 분쟁이 있으니, 어찌 육신에 속하여 사람을 따라 행함이 아니리요? 4 어떤 이는 말하되 나는 바울에게라 하고, 다른 이는 나는 아볼로에게라 하니, 너희가 사람이 아니

리요?"

1절의 "신령한 자들"은 영적으로 성숙한 성도들을, "육신에 속한 자"는 영적으로 미숙한 자를 의미한다. 2절에서 사도 바울이 고린도 성도들을 "젖"만 먹였다는 것은 그들의 영적 소화 능력이 약하여 다양한 영적 양식을 먹일 수가 없었다는 것이다. 3절에서는 고린도 교회 성도들이 영적으로 미성숙한 증거로서 바울은 그들 사이에 있는 시기와 질투와 분쟁을 지적한다.

히브리서 5장 12-14절에서도 성도들이 영적으로 성장하지 못하면, 선과 악을 분별하고 선택하는 데 도움이 되는 가르침들을 제대로 소화시키지 못한다고 지적한다.

> 히 5장 12-14절: "12 때가 오래므로, 너희가 마땅히 선생이 될 터인데, 너희가 다시 하나님의 말씀의 초보가 무엇인지 누구에게 가르침을 받아야 할 것이니, 젖이나 먹고 단단한 식물을 못 먹을 자가 되었도다. 13 대저 젖을 먹는 자마다 어린아이니, 의의 말씀을 경험하지 못한 자요, 14 단단한 식물은 장성한 자의 것이니, 저희는 지각을 사용하므로 연단을 받아 선악을 분변하는 자들이니라."

고린도 교회 성도들 간의 시기와 질투는 파당 혹은 배타적인 그룹을 만드는 행위를 낳았다. 어린아이들의 특징은 자기들끼리만 놓아두면 싸우는 것이다. 우리가 정서적으로 미성숙하면 결혼을 하거나 어떤 공동체에 속하거나 한동안 싸우게 되는 일을 피하기가 어렵다. 고린도 교회 성도들은 아볼로와 베드로와 바울을 넘어서서 예수님을 바라볼 수가 없었다(4절). 이들은 아볼로가 없으면, 베드로가 없으면, 바울이 없으면, 신앙생활을 제대로 할 수 없는 사람들이었다.

장성한 그리스도인들은 어느 교회에 출석하든지, 그 교회가 이단이 아니고 죄악이 들끓은 교회가 아니면 잘 적응하고, 신앙생활하고, 교회의 여러 사역에 기여하기를 힘써야 한다.

필자가 대학 생활을 할 때에 들은 이야기이다. 한 유능한 젊은 목사님께서 당시 유명한 선교 단체의 어떤 지도자에게 "왜 그 단체의 일부 소속원들은 기성 교회에 대해 지나치게 공격적이거나, 교회 생활에 잘 적응하지 못하느냐?"고 물었다. 그러자 지도자는 미소를 지으면서 단순하게 대답하였다. "아직 성숙하지 못해서 그런 것입니다." 이것은 위 선교 단체의 소속원에게만 해당되는 이야기가 아니라, 모든 성도들에게도 적용되는 이야기이다.

고린도 교회는 성령의 초자연적인 은사가 대단히 많았지만, 바울이 그들을 영적인 어린아이들로 간주했다는 사실을 기억해야 한다. 성령의 초자연적인 은사를 많이 체험했다고 해서, 자동적으로 영적으로 성숙한 사람이 되는 것은 아니다. 영적으로 성숙한 사람은 가족 관계, 교회에서의 대인 관계, 성품과 전도와 사역 등에서 그 열매를 보여야 한다.

둘째로 "교회 구성원들이 교회의 주인과 종의 관계를 잘 이해하여야 교회의 연합을 지킬 수가 있다."

5-9절: "5 그런즉 아볼로는 무엇이며? 바울은 무엇이뇨? 저희는 주께

서 각각 주신대로 너희로 하여금 믿게 한 사역자들이니라. 6 나는 심었고, 아볼로는 물을 주었으되, 오직 하나님은 자라나게 하셨나니, 7 그런즉 심는 이나 물 주는 이는 아무것도 아니로되, 오직 자라나게 하시는 하나님뿐이니라. 8 심는 이와 물 주는 이가 일반이나, 각각 자기의 일하는 대로 자기의 상을 받으리라. 9 우리는 하나님의 동역자들이요, 너희는 하나님의 밭이요, 하나님의 집이니라."

아볼로와 바울은 하나님께서 세우신 말씀의 사역자들이다(5절). 아볼로와 바울보다는 그들을 세우신 주인이신 하나님께 관심을 초점을 맞추어야 한다. 그리고 이 인간 사역자들의 사역은 상호의존적이다. 이들은 상호 보완의 관계이지, 경쟁의 관계가 아니다. 씨를 뿌리는 이도 있어야 하고, 물을 주는 이도 있어야 한다(6절 상). 심는 이가 없으면, 아무 싹도 나지 않는다. 심는 이가 있어도, 물을 주는 이가 없으면 싹이 메말라버린다. 심는 이와 물을 주는 이가 협력하여 일하는 가운데 교회가 뿌리를 내리고 성장하는 것이다.

그러나 교회의 정착과 성장에서 가장 중요한 역할을 하시는 이는 하나님이시다. 하나님께서 햇빛을 비추어 주시지 않거나 '광합성' 등의 자연적 원리가 작동하지 않으면 식물이 자라거나 생존할 수 없는 것처럼, 하나님께서 여러 사역자들의 사역을 축복하시고, 성령 하나님께서 직간접적으로 개입하여 일하시지 않으면 성도들의 믿음이나 교회가 성장하지 않는다(6절 하). 고린도전서 2장 15절에서 주장한 것처럼 오직 성령께서 성도들로 하여금 말씀을 깨닫게 하실 수가 있고, 그래야 성도들과 교회가 성장하는 것이다. 하나님의 축복하심과 친히 사역하심이 교회의 성장과 성숙에 가장 핵심

말썽 많은 교회의 회복

적인 역할을 한다(7절). 인간 사역자들은 단지 그분의 일하심을 거들거나 쓰임 받았을 따름이다(9절).

셋째로 "교회 구성원들이 사역의 **최종 테스트**를 기억하고 있어야 파벌 만들기라는 범죄를 저지르지 않고 교회의 연합을 지킬 수 있다."

10-15절: "10 내게 주신 하나님의 은혜를 따라 내가 지혜로운 건축자와 같이 터를 닦아 두매, 다른 이가 그 위에 세우나, 그러나 각각 어떻게 그 위에 세우기를 조심할지니라. 11 이 닦아 둔 것 외에 능히 다른 터를 닦아 둘 자가 없으니, 이 터는 곧 예수 그리스도라. 12 만일 누구든지 금이나 은이나 보석이나 나무나 풀이나 짚으로 이 터 위에 세우면, 13 각각 공력이 나타날 터인데, 그날이 공력을 밝히리니, 이는 불로 나타내고, 그 불이 각 사람의 공력이 어떠한 것을 시험할 것임이니라. 14 만일 누구든지 그 위에 세운 공력이 그대로 있으면, 상을 받고, 15 누구든지 공력이 불타면 해를 받으리니, 그러나 자기는 구원을 얻되 불 가운데서 얻은 것 같으리라."

교회의 터 혹은 기초는 예수 그리스도이시다. 사도 바울은 예수와 예수 그리스도의 십자가를 선포함으로써 고린도 교회의 기초를 닦았다(11절). 12-13절에서 사도 바울은 왜 교회를 세우는 사역의 재료와 질과 그 가치에 관하여 이야기하는가?
고린도 교회의 사역에서 교회의 화평과 연합을 위하여 일하였는가? 교회의 분열을 가져왔는가?에 대하여 하나님의 최종 평가가 있다는 것이다. 교회의 분열을 가져온 사람은 자신의 옛 자아와 자존심과 명예욕을 위하여 일한 것이지, 하나님과 교회의 영광을 위하여 일한 것은 아니다. 그것은 마치 불이 난 집에서 금과 은과 보석은 불에 타지 않고 남아 있으나, 나무와 풀과 집은 타서 사라지는 것처럼, 하나님의 심판 앞에서도 보존되는 가치 있는 사역이 있고, 스러져 버리는 가치 없는 사역도 있다는 것이다(14-15절 상).

공력이 불타고 불 가운데서 구원받은 것은(15절) 무슨 의미인가? 우리를 향한 하나님의 사랑과 구원의 계획에는 변함이 없다. 그러나 그 사람의 사역에 대한 칭찬과 상급의 근거는 사라진다. 인간의 동기는 정도 나름이지만, 항상 혼합되어 있다. 경건한 동기의 사역 부분은 불 시험을 통과할 것이고, 이기적 동기의 사역 부분은 불에 타서 사라질 것이다. 우리 모두가 정도 나름이지만, 우리 사역의 상당한 부분이 불에 타서 무너지는 광경을 슬프게 바라볼 것이다. 그러나 다행히 우리의 구원은 보존될 것이다.

넷째로 "교회의 분열에 대한 하나님의 심판을 기억하여야 한다."

16-17절: "16 너희가 하나님의 성전인 것과 하나님의 성령이 너희 안에 거하시는 것을 알지 못하느뇨? 17 누구든지 하나님의 성전을 더럽히면, 하나님이 그 사람을 멸하시리라. 하나님의 성전은 거룩하니 너희도 그러하니라."

16절에 기록된 "너희"는 복수이고, "하나님의 성전"은 단수이다. 16절의 의미는 성령께서 성도들의 공동체인 교회 안에 임재하신다는 것이다. 이것은 고린도전서 6장 19절에서 성도의 몸이 하나님이 성전이라고 가르치는 것과는 약간 다른 것이다. 고린도전서 3장에서 강조하고자 하는 것은 성령의 임재로 말미암아 교회 공동체가 하나로 연합되는 것이다. 사도 바울은 합법적인 이유가 없이 이 교회 공동체의 연합을 해치고 분열을 가져온 사람들은 하나님의 성전을 더럽혔다고까지 말씀하시며, 그들에게는 하나님의 심판이 임한다고 경고하고 있다(17절 상). 물리적 성전이 거룩했던 것처럼, 신약 시대의 성전인 성도들의 공동체인 교회도 거룩하여야 한다(17절 하). 교회의 연합이 곧 그 거룩함이다.

다섯째로 "교회 구성원들이 겸손하여야 한다."

18-23절: "18 아무도 자기를 속이지 말라. 너희 중에 누구든지 이 세상에서 지혜 있는 줄로 생각하거든 미련한 자가 되어라. 그리하여야 지혜로운 자가 되리라. 19 이 세상 지혜는 하나님께 미련한 것이니, 기록된 바 지혜 있는 자들로 하여금 자기 궤휼에 빠지게 하시는 이라 하였고, 20 또 주께서 지혜 있는 자들의 생각을 헛것으로 아신다 하셨느니라. 21 그런즉 누구든지 사람을 자랑하지 말라, 만물이 다 너희 것임이라. 22 바울이나 아볼로나 게바나 세계나 생명이나 사망이나 지금 것이나 장래 것이나 다 너희의 것이요, 23 너희는 그리스도의 것이요, 그리스도는 하나님의 것이니라."

사도 바울은 '세속적인 지혜가 교회의 분열을 가져왔다'고 시사한다(18절 상). '세상의 기준으로는 어리석어 보여도, 마음이 겸손하여 자기가 손해를 보며 교회의 연합을 지키는 자가 하나님께서 보시기에 지혜롭다(18절 하)고 바울은 선포한다. 사도 야고보도 마귀적인 지혜는 시기와 다툼과 혼란을 일으키고, 하나님께서 주시는 참 지혜는 성결하고 화평하고 관용하고 양순하다고 가르친다(야 3:13-18, 잠 9:10).

또한 다른 이에게 받은 선물을 가지고 지나치게 자기 자랑을 하는 사람은 지혜가 부족한 것이다. 고린도 교회 성도들 중에는 자신들의 인간 지도자를 자랑하는 이들이 있었다. 바울이나 아볼로나 베드로를 자신들의 스승으로 삼고 그들에게 속한 것을 자랑스럽게 생각한 것이다(21절). 그러나 바울은 이 지도자들도 다 하나님께서 주신 선물이라고 가르친다(22절). 그리고 고린도 교회 성도들도 인간 지도자에게 속했다기보다는 그리스도의 소유 즉 그에게 속한 자들이라고 설명하며, 또한 예수 그리스도도 하나님께서 우리에게 선물로 주셨다고 선언한다(23절).

선물을 받은 지혜로운 사람은 선물을 주신 너그러우신 분과 그분의 사랑을 겸손하게 자랑할 것 외에는 자랑할 것이 없다. 우리는 예수 그리스도의 소속인 것을 자랑하고, 하나님께 속한 것을 자랑하여야 한다. 우리의 교만의 근거가 될 수 있는 모든 것은 다 하나님께서 우리에게 선물로 주신 것이다.

교회의 거룩의 중요한 측면 중의 하나가 교회의 연합이다. 복음의 진리를 잘못 가르치거나, 심각한 죄 문제를 제대로 다루지 않는 교회가 아니라면, 우리는 그 교회의 연합과 한마음 되는 것을 위하여 힘쓰고 노력하여야 한다. 교회의 연합과 일치를 위하여 스스로를 희생하고 힘쓰며 일한 사람들에게는 하나님의 칭찬과 상이 있을 것이다.

　일반적으로 성도들은 우리가 사랑하는 주 예수님의 교회를 사랑하고, 그 교회의 연합과 성장을 위하여 힘쓰고 노력하여야 하지만, 합법적으로 그 교회를 떠날 수 있는 몇 가지 근거들이 있다. 어떤 교회가 이단 내지는 이단에 가까운 잘못된 교리를 가르치면 떠나야 한다(마 15:14). 성도들이 교리적으로 빗나간 영적 지도자들과 다투는 것보다는 그들을 떠나는 것이 그들이 영적 지도력과 영향력을 잃어버리게 하는데 더 효과적이다. 어떤 교회에 심각한 죄악의 문제가 있는데, 그것이 시정되지 않고 계속 악순환이 계속되는 가운데, 성도에게 또 다른 선택의 여지가 있으면 떠날 수 있다. 무엇보다도 교회에 다툼과 분열을 가져오기보다는 떠나는 것이 낫다. 내부의 심각한 죄악의 문제를 해결하지 못하는 교회는 궁극적으로 영향력을 잃어버리고 스스로 소멸될 것이다(계 2:5, 3:16).

제6장
종과 종들의 관계 I
고린도전서 4장 1–5절

고린도전서 3장에서는 교회의 연합을 깨뜨리는 이유들 중의 하나가 된, 말씀 사역자들의 잘못된 태도를 언급했다. 이는 인간 지도자들을 중심으로 파당을 만들고, 서로 경쟁하고 시기하고 질투하는 태도였다. 고린도전서 4장에서는 말씀 사역자들의 올바른 태도에 관하여 가르치고 있다.

1–2절: "1 사람이 마땅히 우리를 그리스도의 일꾼이요, 하나님의 비밀을 맡은 자로 여길지어다. 2 그리고 맡은 자들에게 구할 것은 충성이니라"

사도 바울과 다른 사역자들의 기본적인 신분은 예수 그리스도의 종이다(1절 상). 또한 그들은 하나님 말씀의 비밀을 맡은 청지기들이다(1절 하). 그들이 주인공이 아니고 하나님께서 주인공이시며, 그들은 자신들이 아니라 주인이신 하나님을 드러내는 데 충성스러워야 한다.

말썽 많은 교회의 회복

일부 고린도 교인들이 사도 바울에게 한 것처럼, 영적 지도자를 배척하거나 모함해서는 안 되지만, 그렇다고 다른 어떤 교인들처럼 인간 지도자들에게 지나치게 의존적이 되거나 그들을 찬양할 필요도 없다. 그들은 주인공이신 하나님을 섬기는 종과 말씀의 청지기로서의 위치를 가졌고, 그만큼만 존중받아야 한다. 종과 청지기에게는 스스로의 존재보다는, 그들에게 사역을 맡기시고 계속해서 지휘하시는 주인의 존재와 의도가 더 중요하다.

성도들이 영적으로 미성숙하면 말씀 사역자들에 대하여 극단적인 태도로 흘러가는 경향이 있다. 자칫하면 인간 사역자를 위대한 지도자로 높이고 존경하고 찬양하게 되는 수가 있다. 혹은 정반대로 목사와 사모를 자신들의 종으로 생각하고 부리려고 한다. 그러나 가장 적절한 태도는 성도 자신들의 믿음과 사역에 관하여 가르치고 훈련하는, 하나님께서 파견하신 선생과 목자로서 존중하고 대우하는 것이다(딤전 5:17).

하나님의 종과 말씀의 청지기들 자신도 끊임없이 예수님의 빛 앞에서 자신과 자신의 사역을 보아야 한다. 하나님의 눈길을 의식하며 그분의 인도하심에 순종하고, 주인되신 예수 그리스도의 눈길을 의식하며 종으로서의 겸손한 태도를 유지하여야 한다.

말씀의 사역자들 혹은 목회자들에 대한 성도의 올바른 태도 다섯 가지를 살펴보고자 한다.

첫째로 "말씀의 사역자들을 함부로 판단하지 말고 신중하게 평가하여야 한다."

3-4절: "3 너희에게나 다른 사람에게나 판단 받는 것이 내게는 매우 작은 일이라, 나도 나를 판단치 아니하노니, 4 내가 자책할 아무것도 깨닫지 못하나, 그러나 이를 인하여 의롭다 함을 얻지 못하노라. 다만 나를 판단하실 이는 주시니라."

바울은 자신이 고린도 교인들이나 세상 법정에서 정죄받는 것이 자신에게는 대수로운 일이 아니며, 자기 자신도 스스로를 함부로 정죄하지 않는다고 진술한다(3절). 지금으로서는 스스로를 돌아볼 때 아무 양심의 가책도 없으나, 스스로를 의롭다고 선언하기보다는 재림하시고 심판하시는 예수 그리스도의 최종 판결에 맡긴다고 선언한다. 일개 개인이나, 사회의 법정이나, 심지어는 자신의 눈에도 보이지 않는 마음의 동기와 사역의 동기를 쉽게 판단하고 결정할 수는 없다. 그것은 하나님께서 하실 일이다(5절). 다만 우리가 할 수 있는 것은 분명하게 나타난 행위들을 판단하고 결정하는 것이다.

5절: "그러므로 때가 이르기 전 곧 주께서 오시기까지 아무것도 판단치 말라. 그가 어두움에 감추인 것들을 드러내고, 마음의 뜻을 나타내시리니, 그때에 각 사람에게 하나님께로부터 칭찬이 있으리라."

하나님께서 세우신 말씀의 종들을 함부로 정죄하는 실수를 예방하는 방법은 신중한 것이다. 바울은 자신의 제자이고 목회자인 디모데에게 교회 지도자들에 대한 고발을 충분한 근거가 없으면 받아들이지 말라고 지시한다(딤전 5:19). 교회 안에 떠도는 부정적인

말썽 많은 교회의 회복

말에 귀가 얇게 처신하지 말라는 말이다. 그러나 그들이 범죄한 행위가 분명히 드러날 때에는 모든 회중 앞에서 책망하여 아무도 동일한 죄악의 유혹을 받지 않도록 경고하라고 가르친다(딤전 5:20).

둘째로 "성도들은 겸손한 태도를 유지하여야 한다. 성도들은 자신들이 교만해지는 것을 늘 경계하여야 한다. 성도들은 교회 안에서 자신들의 위치를 알아야 한다."

> 6-7절: "6 형제들아, 내가 너희를 위하여 이 일에 나와 아볼로를 가지고 본을 보였으니, 이는 너희로 하여금 기록한 말씀 밖에 넘어가지 말라 한 것을 우리에게서 배워, 서로 대적하여 교만한 마음을 먹지 말게 하려 함이라. 7 누가 너를 구별하였느뇨? 네게 있는 것 중에 받지 아니한 것이 무엇이뇨? 네가 받았은즉, 어찌하여 받지 아니한 것같이 자랑하느뇨?"

성도들은 하나님의 말씀의 테두리 안에 머물러 있어야 한다 (6절). 성경을 잘 모르면 하나님 앞에서의 자신의 모습을 파악하지 못하는 가운데 교만해질 수 있다. 반대로 성경 지식이 많아서 교만해지는 경우가 있기도 하다. 성경에 대한 지식만 쌓았을 뿐, 성경의 가르침을 먼저 자신에게 적용하고 실천하려고 몸부림쳐 본 적이 없을 때 그렇게 된다. 전자이든지 후자이든지 성경 말씀을 잘 알고 스스로 실천하려고 노력하여야 겸손을 유지하기가 쉬워진다.

그런데 고린도 교인들은 교만해졌다. 그들이 교만해진 이유는 그들에게 많은 초자연적 은사들이 나타났고(7절), 경제적으로도 여유가 있었고(8절), 스스로 지혜가 있다고 생각했기(10절) 때문으로 짐작한다. 고린도 교인들의 자랑과 교만의 근거가 잘못되었다. 모든 은사와 모든 지식과 모든 재물과 모든 건강은 하나님께서 주신 것이다. 너그럽게 은혜를 베푸신 하나님께 감사를 드리며 그분의 관용을 드러내는 것이 고린도 교인들이 마땅히 지녀야 할 태도였다. 이것은 마치 구걸하던 걸인이 어떤 귀인으로부터 금 한 덩어리를 선물로 받았을 때, 그 관대한 귀인을 칭찬하고 높이는 것이 적당한 태도이고, 자신이 스스로 높아지는 것은 부적절한 태도인 것과 같다.

이제 8-13절에서 바울은 자신과 고린도 교인들의 대조적 태도 6가지를 열거한다. 이러한 대조는 고린도 교인들이 막연히 교만해진 정도가 아니라, 그들의 영적 지도자인 사도 바울과 그 일행들을 대하여서도 스스로를 높이는 태도를 취한 것을 시사한다.

8-13절: "8 너희가 이미 (a)배부르며, 이미 (b)부요하며, 우리 없이 (c)왕 노릇 하였도다. 우리가 너희와 함께 왕 노릇 하기 위하여 참으로 너희의 왕 노릇 하기를 원하노라. 9 내가 생각건대 하나님이 사도인 우리를 죽이기로 작정한 자같이 미말에 두셨으매, 우리는 세계 곧 천사와 사람에게 구경거리가 되었노라. 10 우리는 그리스도의 연고로 미련하되, 너희는 그리스도 안에서 (d)지혜롭고, 우리는 약하되, 너희는 (e)강하고, 너희는 (f)존귀하되, 우리는 비천하여, 11 바로 이 시간까지 우리가 주리고 목마르며 헐벗고 매 맞으며 정처가 없고, 12 또 수고하여 친히 손으로 일을 하며, 후욕을 당한즉 축복하고, 핍박을 당한즉 참고, 13 비방을 당한즉 권면하니, 우리가 지금까지 세상의 더러운 것과 만물의 찌끼같이 되었도다."

말썽 많은 교회의 회복

고린도 교인들이 너무 일찍 세상에서 왕들이 되었다(8절). 그러나 아직은 아니다. 예수님께서 재림하신 이후에 고린도 교회 성도들을 비롯한 모든 그리스도인들이 우리 주님과 함께 완성된 하나님의 나라에서 왕 노릇할 것이다(딤후 2:11, 계 5:10, 20:4, 20:6, 22:5). 성도들은 이 세상에서 사는 동안 우리의 미련함과 연약함과 비천함과 나그네 되었음을 늘 의식하고 살아야 한다. 우리의 약함 중에 오직 우리의 중보자이신 주 예수 그리스도를 의지하여 살아야 진정으로 지혜롭고 강하고 존귀하고 우리의 하늘 시민권에 합당한 삶을 살아갈 수가 있다. 이 세상 사람들이 보기에 사회의 변두리로 밀려나고 비참한 삶을 사는 것 같아도, 우리가 하나님을 의지하고 하나님의 뜻을 이루며 살고 있다면, 우리는 하나님의 나라에서 존귀하고 성공한 자들이다.

셋째로, "지도자를 본받아야 한다. 고린도 교인들은 그들의 좋은 스승인 바울을 본받아야 했다."

14-17절: "14 내가 너희를 부끄럽게 하려고 이것을 쓰는 것이 아니라, 오직 너희를 내 사랑하는 자녀같이 권하려 하는 것이라. 15 그리스도 안에서 일만 스승이 있으되, 아비는 많지 아니하니, 그리스도 예수 안에서 복음으로써 내가 너희를 낳았음이라. 16 그러므로 내가 너희에게 권하노니, 너희는 나를 본받는 자 되라. 17 이를 인하여 내가 주 안에서 내 사랑하고 신실한 아들 디모데를 너희에게 보내었노니, 저가 너희로 하여금 그리스도 예수 안에서 나의 행사, 곧 내가 각처 교회에서 가르치는 것을 생각나게 하리라."

바울이 8-13절에서 고린도 교인들의 교만해진 태도를 책망하며 신랄한 표현을 썼지만, 사도 바울이 이 편지를 쓰는 동기는 자기가 사랑하는 영적 자녀들을 깨우치기 위한 것이었다(14절). 고린도 교인들에게 사도 바울은 스쳐 지나가는 단순한 말씀의 사역자가 아니라, 복음을 전하여 그들을 거듭나게 한 영적인 아비였다(15절). 아비로서의 바울은 포기할 수 없는 사랑을 자신의 영적인 자녀들인 고린도 교인들을 향하여 품고 있었다. 그는 고린도 교인들에게 자신의 겸손한 태도를 기억하고 본받으라고 권한다(16절). 뿐만 아니라 바울은 자신의 신실한 제자이며 청년 목회자인 디모데를 고린도 교회에 보내어 도우려고 하였다. 디모데는 사도 바울의 태도와 믿음을 가장 많이 닮았고, 궁극적으로는 예수님을 많이 닮은 청년 목회자였다. 그의 겸손한 태도를 보고 본받으라는 것이다.

사도 바울의 이러한 사역 방식은 카리스마를 강조하는 이 시대의 대한민국의 문화와는 많이 다르다. 성경적 방식은 강요보다는 모범을 보이고 권면하는 것이다.

넷째로 "성도들은 지도자들의 평가에 대비하여야 한다. 고린도 교인들은 사도 바울의 임박한 방문을 대비하고 생활하여야 했다."

8-21절: "18 어떤 이들은 내가 너희에게 나아가지 아니할 것같이 스스로 교만하여졌으나, 19 그러나 주께서 허락하시면, 내가 너희에게 속히 나아가서, 교만한 자의 말을 알아볼 것이 아니라 오직 그 능력을 알아보겠노니. 20 하나님의 나라는 말에 있지 아니하고, 오직 능력에 있음이라. 21 너희가 무엇을 원하느냐? 내가 매를 가지고 너희에게 나아가

말썽 많은 교회의 회복

랴? 사랑과 온유한 마음으로 나아가랴?"

사도 바울은 조만간 고린도 교회를 방문할 계획을 가지고 있었다 (18-19절 상). 그는 전도와 목회의 현장에서 좀처럼 사용하지는 않았지만, 교인들을 징계할 수 있는 권위도 가지고 있었다. 그가 고린도 교회를 방문하여 고린도 교인들을 평가할 기준은 어떤 초자연적인 은사를 가졌느냐 아니냐가 아니었다. 고린도 교인들이 불신자들에게 전도하여 예수님을 믿게 하고 그 성품이 하나님 나라의 백성답게 성화의 길로 나아가도록 도울 수 있느냐 없느냐 하는 것이 바울이 하나님으로부터 받은 기준이었다(19절 하-20절). 사도 바울은 예수 그리스도의 부르심을 받은 사도로서, 겸손하고 온유한 마음뿐만 아니라, 교회 징계를 실시할 수 있는 영적 권위도 있음을 상기시킨다(21절). 말씀의 사역자들과 목회자들은 일시적이고 부분적인 심판과 징계와 권한을 가진다. 성도들은 교회의 판단과 징계에 관하여 적절한 두려움을 가지고 있어야 한다.

성도들은 자신들이 속한 교회의 영적 지도자들을 향하여 적절한 태도를 지녀야 영적으로 계속 성장할 수 있고 교회의 연합을 지킬 수가 있다. 그들의 목사가 이단적인 교리를 가르치거나, 심각한 도덕적 죄악(고전 6:9-10, 갈 5:19-21, 엡 5:5)에 빠져있지 않는 한 그들에게 겸손하게 순종하고 배워야 한다.

성도들은 자신들의 영적 지도자들을 자기들의 종으로 알고 마음대로 부리려고 하거나, 위대한 지도자로 높여서 지나치게 찬양하거나 의존하여서는 안 된다. 영적 지도자들은 궁극적으로 예수 그리스도를 가리키는 이정표로서 존중하고 받아들여야 한다. 성도들은 자신들의 믿음과 사역에 관하여 영적 지도자들로부터 배우고 훈련받으며, 그들을 잠시 주어진 선생과 목자로서 존중하여야 한다. 궁극적으로는 그들의 영원한 스승이시고 목자이신 예수 그리스도를 바라보아야 한다.

제7장
순결한 교회
고린도전서 5장

하나님께서는 참으로 사랑이 많으신 분이시나, 이 시대의 대한민국 그리스도인들이 일반적으로 생각하는 것보다 훨씬 더 죄악을 미워하시고 싫어하시는 분이시다. 하나님은 참으로 죄인들을 사랑하시지만, 죄악을 미워하시고 싫어하신다. 죄악을 싫어하시는 하나님께서는 당신의 교회에 일정한 수준의 영적 순결을 기대하시고 요구하신다.

고린도는 대단히 음란한 문화를 가진 도시였다. 그래서 고린도 교회의 교인이 된 사람들도 과거에 직간접적으로 고린도 도시의 죄악된 문화에 영향을 받았고, 심지어는 교회 안에도 그런 문제가 있었다. 그래서 사도 바울은 고린도전서 5장에서 그 문제를 다루며 네 가지 교훈을 제공한다.

첫 번째 교훈은 "고린도 교회 안의 심각한 죄악의 방치는 책망을 받아야 한다."는 것이다. 교회 안의 심각한 죄악 문제는 관용하여야 하는 것이 아니라 책망하여야 할 문제이다. 바울은 범죄한 개인을 다루기 전에 그의 죄악을 방치한 교회 전체를 먼저 책망한다.

> 1-2절: "1 너희 중에 심지어 음행이 있다 함을 들으니, 이런 음행은 이방
> 인 중에라도 없는 것이라. 누가 그 아비의 아내를 취하였다 하는도다.
> 2 그리하고도 너희가 오히려 교만하여져서, 어찌하여 통한히 여기지
> 아니하고, 그 일 행한 자를 너희 중에서 물리치지 아니하였느냐?"

1절에서 언급하는 음행[1]은 모든 종류의 성적 죄악, 즉 혼전 성관
계, 혼외 성관계, 동성연애나 짐승과의 관계 등 모든 부자연스런 혹
은 변태적인 성관계를 의미한다. 고린도 교인 중에 아버지의 첩과
결혼하거나, 첩으로 받아들이거나, 내연의 관계를 맺은 자가 있었
던 것이다(1절 하). 이 일에 대한 고린도 교회 성도들의 일반적인 반
응은 대수롭지 않게 여기고 관용하며 자신들이 관대하다고 생각하
였다(2절). 바울은 심각한 죄악에 대한 이런 태도는 교만에서 시작
되었다고 지적한다(2절 상). 교회 안에 심각한 죄악의 문제가 생겼
을 때, 고린도 교인들이 마땅히 가져야 하는 태도는 마치 가족 중
의 하나가 갑자기 죽은 것처럼 슬퍼하여야 한다는 것이다(2절 중).
뿐만 아니라 심각한 죄악을 저지르고도 회개하지 않는 자를 교회
바깥으로 쫓아내지 아니하였음을 나무란다(2절 하).

이 시대의 대한민국 교회에서 하나님의 은혜를 지나치게 강조하
면서, 우리는 심각한 죄악의 문제들에 관하여 하나님보다도 더 관
대한 사람인 것처럼 교만해지지는 않았는지 스스로를 돌아보아야

---

1 영어로 부도덕(immorality), 그리스어로 매춘(porneia).

말썽 많은 교회의 회복

한다. 우리가 안방에 쏟아진 배설물의 냄새를 견딜 수 없는 것처럼, 하나님께서도 당신이 임재하시는 교회 안의 심각한 죄악의 악취를 견디기 힘들어하신다.

두 번째 교훈은 "이 심각한 죄악에 대한 바울의 사도적 권위의 행사와 결정과 명령"이다. 교회는 심각한 죄 속에 머물러 있는 개인을 적절하게 징계하여야 한다. 정상적인 교회의 두 가지 표증은 성례와 권징이다.

> 3-5절: "3 내가 실로 몸으로는 떠나 있으나 영으로는 함께 있어서, 거기 있는 것같이 이 일 행한 자를 이미 판단하였노라. 4 주 예수의 이름으로 너희가 내 영과 함께 모여서, 우리 주 예수의 능력으로 5 이런 자를 사단에게 내어주었으니 (Hand this man over to Satan), 이는 육신은 멸하고 영은 주 예수의 날에 구원 얻게 하려 함이라."

사도 바울은 비록 몸으로는 고린도 교회와 떨어져 있었으나, 고린도 교회 안의 죄악의 문제에 관하여 객관적 판단을 내릴 수 있는 충분한 보고를 받고 깊이 기도하였던 것으로 보인다(3절). 그는 이제 확신을 가지고 고린도 교회가 공식적인 교회 전체의 모임으로 모여서(4절 상) 범죄한 자를 사단에게 내어주라고 명한다(5절 상). 그는 이 모임과 결정을 주 예수와 함께 전적으로 지지한다는 것이다 (4절 중). 이미 예수님께서 공생애 중에 교회의 권징 결정에 자신이 동의하고 승인하실 것이라고 약속하셨다.

마 18장 18-19절: "18 진실로 너희에게 이르노니, 무엇이든지 너희가 땅에서 매면 하늘에서도 매일 것이요, 무엇이든지 땅에서 풀면 하늘에서도 풀리리라. 19 진실로 다시 너희에게 이르노니, 너희 중의 두 사람이 땅에서 합심하여 무엇이든지 구하면 하늘에 계신 내 아버지께서 그들을 위하여 이루게 하시리라."

고린도전서 5장 5절의 결정은 출교를 의미한다. 그러나 이 출교는 단순히 교회에 출석하지 못하고, 교회의 모임에 동참하지 못하는 정도가 아니다. 바울은 이 출교를 당한 자가 악한 영들의 공격을 받고 육체의 고난을 받을 것이며, 그 고난 때문에 회개하고 영혼의 구원을 받을 것이라고 예고한다(5절 하).

이것은 이 시대의 교인들이 심각한 죄악에 빠져드는 것과 교회의 징계를 두려워하지 않으며, 세상에 교회가 한 두 개냐? 하며 쉽게 교회를 옮기는 것과는 판연히 다른 교회 징계에 대한 이해이다. 하나님은 선하시고 오래 참으시며 우리의 회개를 기다리시지만, 끝내 회개하지 않는 육체들에게 현세적인 심판도 하실 수 있는 분이시다. 자기의 죄악을 회개하지 않고, 죄악에 대한 책망과 회개의 가르침을 배제한 채 사랑과 용서와 현세적 성공만 설교하는 교회를 찾아다니는 이 시대의 어떤 교인들(딤후 4:3-4)은 교회의 징계는 피할 수 있을지 모르나, 하나님의 징계는 피할 수 없을 것이다.

세 번째 교훈은 "교회 안의 심각한 죄악에 대한 일반적 경고"이다. 이 교훈은 교회 전체의 유익을 위한 것이다.

말썽 많은 교회의 회복

6-8절: "6 너희의 자랑하는 것이 옳지 아니하도다. 적은 누룩이 온 덩어리에 퍼지는 것을 알지 못하느냐? 7 너희는 누룩 없는 자인데 새 덩어리가 되기 위하여 묵은 누룩을 내어 버리라. 우리의 유월절 양 곧 그리스도께서 희생이 되셨느니라. 8 이러므로 우리가 명절을 지키되, 묵은 누룩도 말고 괴악하고 악독한 누룩도 말고, 오직 순전함과 진실함의 누룩 없는 떡으로 하자."

어떤 교인이 회개하지 않은 채로 심각한 죄악 속에 빠져있고, 교회가 그 혹은 그녀의 죄악을 방치하면, 그 죄악은 교회 전체의 회중으로 퍼져나가는 성향이 있다. 이것은 마치 적은 누룩이 큰 밀가루 반죽 덩이를 부풀게 하는 것과 흡사하다(6절). 묵은 누룩은 어떤 심각한 죄악의 상징이다. 성도들은 누룩을 사용하지 않은 무교병과 같이 순결한 백성으로 하나님께서 부르신 존재들이다. 하나님께서는 우리가 그런 순결한 삶의 방식을 견지하기를 원하신다(7절 상).

예수 그리스도는 이스라엘의 큰 명절인 유월절에 도살되는 수많은 어린 양들이 상징한 하나님의 어린양이시다(요 1:29, 1:36). 유월절을 지키기 위하여 어린 양을 잡기 전에, 이스라엘 민족은 집안의 모든 누룩들을 찾아서 제거하는 예식을 행하였다. 이는 그들이 의식(意識)할 수 있는 모든 죄악들을 포기한다는 의미를 가진 행위였다. 마찬가지로 이제 유월절 어린양이신 예수 그리스도의 피로 구원받는 우리는, 우리가 의식할 수 있는 모든 죄악들을 회개하고 내버려야 한다(7절 하). 이제 유월절 식사의 원형인 주의 만찬에 참여하는 우리들은 오직 순전함으로 위선이 없이, 진실함으로 말과 행위가 일치되게 우리의 구원에 참여하여야 한다(8절).

성도들도 날마다 생각과 말로 실수하거나 범죄할 수 있다. 성도들도 상당히 심각한 죄악에 빠질 수 있다. 그러나 그들 속에 내주하시는 성령 하나님의 도우심을 받아 그들은 곧 회개하고 돌이켜야 한다. 그렇지 않을 때는 교인들과 교회가 그를 권면하여야 하고, 그래도 회개하지 않을 때는 여러 가지 징계를 실시하여야 한다. 그래야 어떤 심각한 죄악이 교회 전체의 거룩과 순결을 훼손시키는 것을 막을 수가 있다.

네 번째 교훈은 "교회 바깥의 죄악과 교회 안의 죄악에 대한 두 가지 다른 태도에 관한 것"이다. 사도 바울은 교회 내부의 죄악과 교회 외부의 죄악에 대하여 확연히 다른 태도를 보인다.

> 9-13절: "9 내가 너희에게 쓴 것에 음행하는 자들을 사귀지 말라 하였거니와, 10 이 말은 이 세상의 음행하는 자들이나 탐하는 자들과 토색하는 자들이나 우상 숭배하는 자들을 도무지 사귀지 말라 하는 것이 아니니, 만일 그리하려면 세상 밖으로 나가야 할 것이라. 11 이제 내가 너희에게 쓴 것은 만일 어떤 형제라 일컫는 자가 음행하거나, 탐람하거나, 우상 숭배를 하거나, 후욕하거나, 술 취하거나, 토색하거든, 사귀지도 말고, 그런 자와는 함께 먹지도 말라 함이라. 12 외인들을 판단하는데 내게 무슨 상관이 있으리요마는, 교중 사람들이야 너희가 판단치 아니하랴? 13 외인들은 하나님이 판단하시려니와, 이 악한 사람은 너희 중에서 내어 쫓으라."

사도 바울은, 동일한 죄악을 저지르는 자들이라 할지라도, 그리

말썽 많은 교회의 회복

스도인이라고 자칭(自稱)하는 자들과 비그리스도인들에 대하여 다른 태도를 취한다. 이 세상 즉, 교회 바깥에 속하여 있는 자들인 비그리스도인들이 심각한 죄악을 저지른다고 하여 성도들이 그들과의 관계를 완전히 단절할 수는 없다는 것이다(10절). 현실적으로 불가능할 뿐 아니라, 그들은 전도 대상이기도 하다. 그러나 예수님을 구주와 주님으로 믿는다고 하는 사람이 성적 죄악, 심한 탐욕, 사람의 등 뒤에서 욕하고 다님, 술 취함, 남을 속여서 재정적 이익을 취하는 일 등에 습관적으로 빠져있다면, 성도들은 이런 자들과의 교제를 끊어야 한다는 것이다(11절).

바울은 그 이유를 다음과 같이 설명한다. 외인들 즉, 교회 바깥의 사람들은 사도나 성도들이 심판할 대상이 아니다. 그들은 하나님께서 최종적으로 심판하실 것이다(12-13절 상). 그러나 교회 안의 영적 순결을 유지하는 것은 영적 지도자들과 성도들의 책임이다(13절 하).

좀 더 짐작하자면 교회의 거룩과 순결은 그들의 주인이신 예수 그리스도의 성품을 드러내며, 비그리스도인들을 전도하는 데 있어서 기초적으로 필요한 속성이다. 교회가 거룩하지 않으면 비그리스도인들이 교회에 매력을 느낄 이유가 없고, 교회의 전도를 받아들일 이유가 없다. 이것이 우리 주님께서 성도들이 교회의 거룩을 유지하도록 요구하시는 중요한 이유 중의 하나일 것이다. 산상수훈에서도 우리 주님께서는 세상의 소금인 성도들이 짠맛을 잃고 부패하면 불신자들에게조차 거부와 멸시를 당할 것이라고 선포하신다 (마 5:13, 눅 14:34-35).

그리스도인들은 날마다 자신의 죄악을 회개하며 살아야 한다. 그렇지 않으면 자신도 모르는 사이에 위선자들이 될 수가 있다. 고린도 교회의 문제의 초점은 회개하지 않은 것이었다.

　스스로를 구원받은 그리스도인이라고 칭하면서 어떤 심각한 죄악을—음행, 심한 탐욕, 우상 숭배, 사람의 뒤에서 욕함, 술 취함, 사기 행각 등— 습관적으로 저지르며, 애통함이 없고 회개함이 없는 사람은 교회 성도들 전체가—교제의 단절이나 출교 등으로— 징계하여야 한다. 교회의 징계는 교회 지도자들만의 결정으로 가능한 것이 아니고, 교회 전체가 동참하여야 한다. 그렇지 않은 경우에 사도 바울은 교회 지도자들을 꾸짖는 것이 아니라, 교회 전체를 꾸짖고 있다(고전 5:2).

　범죄한 자가 회개할 때, 용서는 즉각적이나 신뢰의 회복은 일정한 시간을 두고 이루어진다. 특히 고린도전서 5장 9절에서부터 11절까지에 열거된 죄악에 빠졌던 사람들은, 당분간 교회의 직분을 반납하고, 충분한 영성과 신뢰의 회복을 기다려야 한다.

　비신자가 교회의 정식 회원이 되지 않은 상태에서는 어떤 죄악의 문제가 있어도, 교회에 나오는 것이 허락되고, 회개하고 예수님을 구주와 주님으로 믿고 영접하도록 격려하여야 한다. 대략 3~4년 정도의 기간이 그들의 회개와 결단을 위하여 허락될 수 있을 것이다(눅 13:7-9).

　교회와 그리스도인들의 사랑은 청결한 마음과 선한 양심과 거짓이 없는 믿음이 그 특징이 되어야 한다. 혹은 진정한 사랑은 깨끗한 마음과 건강한 양심과 그리스도를 향한 진실한 신앙심에서 나오는 것이다(딤전 1:5). 교회와 그리스도인들이 이러한 순결한 사랑을 유지하여야 이 세상에서 소금과 빛으로서의 기능을 유지하고 발휘할 수가 있다.

제8장
교회 안에서 해결하라
고린도전서 6장 1–11절

바클레이(Barclay)라는 학자에 의하면 그리스 사람들은 타고나기를 법 소송을 좋아하는(Litigious) 사람들이었다. 법정은 그리스 사람들에게 있어서 주요한 오락이나 취미 중의 하나였다. 그리스 도시에 사는 사람들은 다 일종의 아마추어 법률가들이었고, 이들은 재판 과정을 청취하거나 스스로 판결을 내리는 데 많은 시간을 보냈다. 그리스 사람들을 걸핏하면 법 소송을 하는 것으로 유명하거나 악명이 높았다. 그래서 그리스 사람들은 예수님을 믿고 교회에 들어온 다음에도, 소송하는 경향을 계속 유지하면서, 교회 안에서도 소송을 벌였다. 이에 대하여 사도 바울은 충격을 받고, 고린도전서 6장에서 가르치고 있는 것이다.

1절: "너희 중에 누가 다른 이로 더불어 일이 있는데, 구태여 불의한 자들 앞에서 송사하고 성도 앞에서 하지 아니하느냐?"

다른 성도와 사적인 분쟁이 있는데, 불신자들 혹은 불신 재판관들 앞에서 재판을 하는 것이 옳은가 하는 바울의 수사적(修辭的) 질문은, 고린도 교인들의 비신앙적 행위를 꾸짖는다. 사도 바울의 주장은 성도들 간의 문제를 교회 안에서 교회 지도자들 앞에서 해결하라는 것이다. 계속해서 바울은 사람들 간의 분쟁과 판단에 대한 네 가지 영적 시각을 제시한다.

첫 번째로 "성도들은 장차 하나님과 함께 세상을 심판할 사람들"이라는 것이다. 최후의 심판에서 예수 그리스도와 함께 온 세상과 불신자들을 심판하고 판결을 내릴 사람들이 성도들인데, 어떻게 하나님께서 보시기에 작은 사적 분쟁을 제대로 판결할 수 있는 능력이 없겠느냐는 것이다.

> 2절: "성도가 세상을 판단할 것을 너희가 알지 못하느냐? 세상도 너희에게 판단을 받겠거든, 지극히 작은 일 판단하기를 감당치 못하겠느냐?"

예수 그리스도께서도 친히 당신의 제자들이 마지막 때에 자기와 함께 심판할 것을 말씀하셨다.

> 마 19장 28절: "예수께서 가라사대, '내가 진실로 너희에게 이르노니, 세상이 새롭게 되어 인자가 자기 영광의 보좌에 앉을 때에, 나를 좇는 너희도 열두 보좌에 앉아 이스라엘 열두 지파를 심판하리라."

두 번째는 "성도들은 장차 하나님과 함께 천사들 혹은 악령들까

말썽 많은 교회의 회복

지도 심판할 사람들"이기 때문이다.

> 3절: "우리가 천사를 판단할 것을 너희가 알지 못하느냐? 그러하거든 하물며 세상일이랴?"

2-3절에서 이야기하는 것은 하나님의 교회는 자체 안의 문제들을 해결할 수 있는 잠재력이 충분히 있다는 것이다. 그리스도인들이 믿음 생활을 정상적으로 하면, 교회 안의 갈등의 문제들을 웬만큼 올바르게 판단하고 해결할 수 있다는 것이다. 믿음 생활을 정상적으로 한다는 것은 날마다 하나님의 말씀을 읽고 묵상하고 실천하고, 날마다 기도 생활을 하는 것을 의미한다.

성숙하고 견고한 교회는 구성원 성도들이 성경을 잘 알고 실천하며, 날마다 기도 생활을 하는 가운데, 올바른 판단력을 가진 사람들이 많은 교회이다. 판단력만 정확하면 교회 일의 80%는 하는 것이다. 판단력이 정확한 사람들이 교회 안에 많으면, 엉뚱한 말을 하고 엉뚱한 주장을 하는 사람들이 저절로 조용해진다.

세 번째로 "성도들은 사람들과의 갈등보다는 영적인 싸움에서 이겨야 하기 때문"이다. 바울은 고린도 교회 성도들이 사람들과의 싸움보다는 악령들과의 영적인 싸움에 시야의 초점을 맞추도록 강권한다.

> 4-8절: "4 그런즉 너희가 세상 사건이 있을 때에 교회에서 경히 여김을 받는 자들을 세우느냐? 5 내가 너희를 부끄럽게 하려 하여 이 말을

하노니, 너희 가운데 그 형제간 일을 판단할 만한 지혜 있는 자가 이같이 하나도 없느냐? 6 형제가 형제로 더불어 송사할뿐더러 믿지 아니하는 자들 앞에서 하느냐? 7 너희가 피차 송사함으로 너희 가운데 이미 완연한 허물이 있나니(You have been completely defeated already). 차라리 불의를 당하는 것이 낫지 아니하며? 차라리 속는 것이 낫지 아니하냐? 8 너희는 불의를 행하고 속이는구나. 저는 너희 형제로다."

   고린도 교인들이 심각한 일로 생각하고 법정으로 가져간 사건은 하나님께서 보시기에게는 대수로운 일이 아닌 '세상 사건'이다. 그리고 그들이 재판에 동원한 비그리스도인 변호사와 판사들도 하나님께서 보시기에는 대단치 않은 사람들이다(4절). 바울은 성도들이 민사 사건으로 세상 법정에서 다투는 것을 부끄러운 일로 규정한다(5절 상). 성도들이라면 이런 문제들을 세상 법정에 가져가지 않고 형제들 간에 평화롭게 해결할 수 있는 지혜가 충분히 있어야 하고(5절 하), 그리스도의 피를 나눈 형제들이 불신자들이 주관하는 세상 법정에 고소하는 것은 세상에 대하여 그리스도인의 좋은 간증이 되지 못하며(6절), 이것은 영적인 싸움에서 성도들의 악령들에게 완전히 패배한 것을 의미하기 때문이다(7절 상). 고린도 교회 성도들이 사람들과의 갈등에서 이기는 것을 생각하고 있을 때, 성경은 성도들이 악령들과의 갈등에서 이기는 것에 생각을 집중하도록 권하고 있다. 심지어는 주님 안에서 형제가 된 자에게 차라리 불의를 당하고 속는 한이 있어도, 영적인 전투에서 이기는 것이 낫다고 선포한다(7절 하). 동시에 형제를 속이고 불의를 행하는 자도 책망한다(8절). 바울은 또 다른 편지에서도 성도들은 사람들과의 다툼에

말썽 많은 교회의 회복

휘말리기보다는 악령들과의 싸움을 성공적으로 수행하여야 한다고 가르친다.

> 엡 6장 12절: "우리의 씨름은 혈과 육에 대한 것이 아니요, 정사와 권세와 이 어두움의 세상 주관자들과 하늘에 있는 악의 영들에게 대함이라."

교회 안에서 사람들과 경쟁하고 이겨보려고 하는 사람들은 영적으로 어두워진 것이다. 사람들에게는 이기면서, 악령들과는 전투가 벌어질 때마다 지고 있을 수 있다. 그리스도인들은 신앙생활의 일부분은 영적인 전투를 싸우는데 할애하여야 한다. 우리의 공동의 적인 마귀와 악령들의 존재와 공격에 염두에 두고, 나의 말과 행동이 참으로 형제들과 자매들과 교회에 유익을 가져오는 것인가? 혹은 악한 영들에게 도움을 주는 것인가 분별할 수 있어야 한다. 교회 안의 성도들끼리 법 소송을 하고 싸우고 하는 일들은 세상 사람들 보기에도 부끄러운 일이고, 교회를 해치고 마귀의 왕국에는 도움을 주는 일이다.

하나님께서 미련한 자를 택하여서 세상에서 지혜로운 자들을 부끄럽게 하시고, 사회적으로 가장 연약한 자들을 택하여, 유력한 자들을 부끄럽게 하시며, 교회 공동체를 통하여 세상의 불화와 반목을 부끄럽게 하려고 하셨는데, 그리스도인들이 서로 민사 소송을 하는 것은 오히려 스스로가 부끄럽게 되는 일이라고 바울은 지적하고 있다. 성도들 간의 갈등이 진리의 문제가 아니고 형사적 범죄 행위가 아니라면, 그냥 져주는 것이 이기는 것일 때도 있다는 것이다.

넷 번째로 "성도들은 하나님의 최종적인 심판을 염두에 두어야 한다."는 것이다. 바울은 이제 심각한 죄악 속에 습관적으로 양심의 가책 없이 회개하지 않고 계속 빠져있는 모두에게 엄중한 경고를 발한다.

> 9–11절: "9 불의한 자가 하나님의 나라를 유업으로 받지 못할 줄을 알지 못하느냐? 미혹을 받지 말라. 음란하는 자나, 우상 숭배하는 자나, 간음하는 자나, 탐색하는 자나, 남색하는 자나, 10 도적이나, 탐람하는 자나, 술 취하는 자나, 후욕하는 자나, 토색하는 자들은 하나님의 나라를 유업으로 받지 못하리라. 11 너희 중에 이와 같은 자들이 있더니, 주 예수 그리스도의 이름과 우리 하나님의 성령 안에서 씻음과 거룩함과 의롭다 하심을 얻었느니라."

"하나님의 나라를 유업으로 받지 못한다"(9절)는 것은 천국에 들어가지 못한다, 혹은 구원받지 못했다는 의미이다. 성도들이 억울한 일을 당했을 때에도, 궁극적으로 하나님께서 심판하신다는 사실을 기억하면 위로를 받을 수가 있다는 것이다. 그리고 심한 경우에 음란, 우상 숭배, 간음, 탐색(Male prostitutes), 남색(Homosexual offenders), 도적질(Stealing), 탐람(The greedy), 술 취함(Drunkards), 후욕(Slanderers), 토색(Swindlers) 등의 죄악을 습관적으로 저지르는 사람들은 구원받지 못했을 가능성까지 있다는 것이고, 고린도전서 5장에서는 이런 사람들을 출교시키라고까지 명령하신 적이 있다. 그러니까 그런 사람들은 불쌍한 사람들이라는 것이다.

성도들 간에 형사적 문제—살인 사건, 성폭행 등의 형사법에 걸리

말썽 많은 교회의 회복

는 범죄 사건—가 아닌 민사적 문제가 발생하였을 때는 교회 안에서 해결하여야 한다. 성도들의 주요 싸움은 다른 사람들과의 관계에서가 아니라 하늘의 악한 영들과의 관계에서 벌어진다. 성도들은 이 영적인 싸움을 염두를 두고, 이 영적인 싸움에서 이기도록 힘써야 한다. 사람들과의 관계에서 억울한 일이 생겨도 하나님께서 최종적으로 심판하실 것을 기억하고 안심하고 인내하여야 한다.

제9장
육체를 경건하게 보존하라!
고린도전서 6장 12-20절

  번화(繁華)한 항구도시였고, 아프로디테 신전 등 여러 신전이 있었던 고린도 도시에는 성적인 범죄가 만연하고 있었다. 고린도 사람들은 자신들의 행위를 합리화시키는 구호를 최소한 세 가지는 가지고 있었다. 첫째는 "모든 것이 네게 가하다"(12절 상), 둘째는 "식물은 배를 위하고, 배는 식물을 위한다. 그리고 하나님은 이것저것 다 폐하신다"(13절), 셋째는 "사람이 범하는 죄마다 몸 밖에 있다"(18절 상) 등이었다.

  고린도 사람들은 우리가 식욕과 배고픔을 느낄 때, 음식이 필요하고 즐거움을 주는 것처럼, 우리가 성욕을 느낄 때, 성관계가 필요하고 즐거움을 주는 것이므로, 상대가 누구건 자연스러운 것이라고 가르쳤다. 어차피 음식도 몸도 폐하시는 것처럼, 성관계와 몸도 다 없어질 것인데, 현세에서 마음껏 사용한다고 해서 크게 문제가 되겠냐는 주장이다. 이것은 육체를 부정하다고 보고, 그 가치를 평가 절하한 그리스 사람들이 가진 사고방식이었다. 그리스 사람들은 모든 죄악이 우리 몸 밖에서 이루어지므로, 우리의 영혼에 큰 영향을

말썽 많은 교회의 회복

끼치지 않는다고 가르쳤다. 플라톤의 영혼과 육체에 대한 이원론적인 철학에 영향을 받은 것이다.

이 구호를 성경적으로 신학적으로 반박하면서, 사도 바울은 성도들이 자신의 육체를 경건하게 보존하여야 할 것임을 가르치고 있다. 예수님을 구원자와 왕으로 믿고 받아들인 사람들은 성적인 죄악을 저지르지 않도록 각별히 노력하여야 한다. 이에 대해 바울은 다섯 가지 이유를 제시한다.

첫째로 "우리 몸은 주 하나님을 섬기도록 만들어졌다"고 선언한다. 성적인 죄악은 하나님께서 우리 몸을 창조하신 목적에 부합하지 않는다는 것이다.

> 12-14절: "12 모든 것이 내게 가하나 다 유익한 것이 아니요, 모든 것이 내게 가하나 내가 아무에게든지 제재를 받지 아니하리라. 13 식물은 배를 위하고 배는 식물을 위하나, 하나님이 이것저것 다 폐하시리라. 몸은 음란을 위하지 않고 오직 주를 위하며, 주는 몸을 위하시느니라. 14 하나님이 주를 다시 살리셨고, 또한 그의 권능으로 우리를 다시 살리시리라."

그리스도인들이 예수 그리스도의 복음과 믿음 안에서 자유를 누리는 것은 사실이나, 이것은 진리의 한 면만 강조한 것이다. 그리스도인들의 자유는 하나님과 이웃에 대한 사랑으로 제한되고 그 방향이 결정되어야 한다. 그렇지 않으면 방종이 되고, 나의 자유가 다른 이웃들과 교회와 사회에 대하여 해를 끼치는 죄악이 된다. 몸으로 범죄하는 일들은 자신뿐만 아니라, 다른 이들에게도 유익을 가져오지 못하고 해를 끼친다는 것이다(12절 상).

"제재"를 받는다는 것은 죄악과 죄악을 저지르는 사람과의 관계에 관한 언급으로서, 죄악을 범하는 사람이 죄악의 종이나 노예 상태에 놓인다는 의미이다. 몸으로 범죄하는 일들은 습관성과 의존성 혹은 중독성이 있어서, 이를 저지른 사람이 쉽게 끊어낼 수 없는 상태에 빠진다는 것이다(12절 하). 이것은 결코 하나님께서 성도들에게 의도하신 바가 아니다.

성관계와 현재의 연약한 몸이 궁극적으로 폐지된다 할지라도, 이것들도 우리의 방종을 위한 것이 아니라, 하나님을 섬기는 일을 위하여 창조되었다고 바울은 주장한다(13절). 성도들은 성관계와 우리의 몸을 하나님의 말씀의 테두리 안에서만 사용하고 즐겨야 그것들을 향한 하나님의 의도를 성취하고 하나님의 성품과 은혜를 드러낼 수 있다. 또한 바울은 우리 몸은 잠시 잠깐 있다가 사라지는 허깨비 같은 것이 아니라, 하나님께서 부활의 권능으로 영원하고, 거룩하고, 강하고, 아름다운 것으로 재창조하실 재료라고 주장한다(14절). 우리 몸을 함부로 굴려서는 안 된다는 것이다.

둘째로 "우리 몸은 그리스도 몸의 일부"라 한다. 이는 성자 하나님과의 관계에서 몸을 거룩하게 보존하여야 할 필요를 설명한다.

15-17절: "15 너희 몸이 그리스도의 지체인 줄을 알지 못하느냐? 내가 그리스도의 지체를 가지고, 창기의 지체를 만들겠느냐? 결코 그럴 수 없느니라. 16 창기와 합하는 자는 저와 한 몸인 줄을 알지 못하느냐?

말썽 많은 교회의 회복

일렀으되, 둘이 한 육체가 된다 하셨나니, 17 주와 합하는 자는 한 영이니라."

성도의 몸은 그리스도 몸의 일부이다. 즉 우주적 교회는 예수 그리스도의 육체인데, 각 그리스도인들은 그 몸의 일부이다. 그런데 어떻게 거룩하신 그리스도의 몸으로 성전 여제사장 혹은 창녀의 몸과 하나가 되게 할 수 있겠는가? "결코"라고 바울은 강한 부정의 뜻을 표한다(15절).

창세기 2장 24절에 계시되고, 마태복음 19장 5절에서 주 예수께서 친히 말씀하신 것처럼 남녀가 한 몸이 된다는 것은 단순히 육체적인 결합일 뿐만 아니라, 서로 영혼과 정서까지 교류하는 결합이라고 주장하는 것이다(16절). 육체라는 단어는 몸이라는 뜻 외에도 생명과 인격이라는 의미가 있었다. 그리스도인들은 이미 그들의 구원자이신 예수 그리스도와 떼려야 뗄 수 없는 특별한 영적인 연합을 이미 이룬 사람들이다. 그런데 이제 와서 창녀의 영과 교류하고 연합한다면 충격적인 배신이고 범죄행위인 것이다.

셋째로 "우리 몸에 스스로 죄를 범하지 않도록 주의하여야 한다"고 말한다. 성적인 죄악은 자기 몸을 스스로 상하게 하는 것이다.

18절: "음행을 피하라 사람이 범하는 죄마다 몸 밖에 있거니와, 음행하는 자는 자기 몸에게 죄를 범하느니라."

그리스 사람들은 우리 몸 밖에 있는 죄악들이 우리 영혼에 영향을 끼칠 수가 없다고 가르쳤다. 그러나 바울은, 실상 모든 죄악들이 우리 영혼에 영향을 끼치지만(12절 하), 특히 성적인 범죄는 우리 몸이 직접 관련되어 우리 영혼에 영향을 끼칠 수밖에 없다고 주장하고 있다(18절).

우리 몸이 직접 관련된 죄악은 우리 몸에 여러 가지 이상을 가져온다. 성적인 범죄는 자신의 몸과 배우자의 몸에까지 성병이나 에이즈(AIDS)를 가져오는 수가 있다. 술이나 담배나 마약을 남용하면, 두뇌와 폐를 비롯한 여러 기관에 질병과 이상을 가져오는 경우가 많다.

넷째로 "우리 몸은 성령 하나님의 거하시는 전"이라 선언한다. 이는 우리 몸과 성령 하나님과의 관계에 관한 것이다.

> 19절 상: "너희 몸은 너희가 하나님께로부터 받은바, 너희 가운데 계신 성령의 전인 줄을 알지 못하느냐? …"

고린도전서 3장 16절에서 교회 즉, 성도들의 모임이 '성령의 전'이라고 가르친 것처럼, 이제 각 그리스도인들의 몸도 '작은 성전'이라고 가르친다. 그리고 특별히 '거룩한 영'이라는 의미의 성령이라는 단어를 쓰는 이유는, 그분이 거하시는 우리 몸도 거룩해야 한다는 것이다. 구약시대의 물리적 성전이나, 신약시대의 성도들의 몸 성전을 죄악이나 오물로 더럽히는 것은 상식에도 어긋나는 일이다. 하나님의 성전을 자신들의 죄악으로 더럽힌 제사장 홉니와 비느하스는 죽임을 당하였다(삼상 2:12-17, 2:22-25, 2:34).

말썽 많은 교회의 회복

다섯째로 "우리 몸은 하나님의 소유"라 주장한다. 이 이유는 우리 몸과 성부 하나님과의 관계에 관한 것이다.

> 19절 하-20절: "19 …너희는 너희의 것이 아니라. 20 값으로 산 것이 되었으니, 그런즉 너희 몸으로 하나님께 영광을 돌리라."

우리 몸은 하나님의 소유이다. 그분께서 자기 아들의 핏값으로 사셔서 당신의 소유로 삼으셨다(20절 상). 우리 몸을 우리 마음대로 쓰면 안 되고, 소유주이신 하나님의 뜻과 의도와 목적에 따라 사용하여야 한다(20절 하). 우리 몸은 하나님의 거룩하고 순결한 성품을 드러내고, 하나님께서 계획하고 계신 선한 일들을 행하는 데 쓰임받는 도구가 되어야 한다. 이것이 우리가 하나님께 잠시 빌린 몸으로 하나님께 영광을 돌리는 방법이다.

성관계는 좋은 것이다. 그러나 결혼 관계 안에서만 사용되고 즐기도록 하나님께서 제정하셨다. 죄성을 타고난 인간들은 이 좋은 선물을 여러 가지 악한 방식으로 이용하고 타락시키고 자신들을 더럽혔다. 그러나 하나님께서는 여전히 그들을 포기하지 않으신다. 바울은 과거에 각종 죄악을 저질렀던 고린도 교회 성도들은 예수를 믿으므로 말미암아, 새로운 피조물, 새 창조물, 완전히 다른 존재가 되었다고 선포하고 있다(고후 5:17). 과거에 어떤 죄악들을 저질렀건 회개하고 돌이키는 그리스도인들에게는 새로운 정체성과 새로운 삶의 가능성과 새로운 소망이 주어진다. 그래서 "새로운 피조물"이라는 이 정체성과 가능성과 소망에 따라 살아가라는 것이다.

우리는 악하고 음란한 세대에 살고 있다. 그리스도인들이라도 그 영향을 쉽게 받을 수가 있다. 그리스도인들도 외로울 때 특히 성적 죄악을 저지르도록 유혹을 받기 쉽다. 바다에 사는 생선들은 짠 물속에서 살아도 그 몸 안에 적절한 염분 농도를 유지한다. 그리스도인들도 영적으로 깨어 있으면, 타락한 세대 속에서도 영성과 도덕성을 유지할 수가 있다.

제10장
결혼에 관하여
고린도전서 7장 8-24절

비신자들의 세계에서는 결혼에 관한 시각이 별로 낙관적이지가 않다. 결혼은 마치 유리창을 사이에 둔 두 마리의 곤충같이, 유리창 밖의 곤충은 유리창 안으로 들어오려고 애쓰고, 유리창 안의 곤충은 유리창 바깥으로 나가려고 애쓰는 것과 흡사하다는 이야기가 있다. 직설법적으로 표현하자면 비신자들은 결혼하지 않으면 외롭다, 그러나 결혼하면 불행해질 가능성이 크다는 비관적 시각을 가진 경우가 많다.

그러나 예수 그리스도를 구원자와 왕으로 받아들인 사람들은 결혼하지 않으면 보람이 있다. 그러나 결혼하면 행복하다는 낙관적 시각을 가질 수 있다.

바울은 고린도전서 7장에서 결혼 전과 결혼 후의 여러 가지 상황에서 무엇이 최선의 길인가를 제시하고 설명하고 있다. 바울은 결혼하는 것이 좋은가, 결혼하지 않는 것이 좋은가를 판단하기보다는 여러 상황에서 어떤 선택이 더 좋은가를 설명한다.

첫 번째 경우는 "미혼이거나 사별한 경우"이다. 이 경우에는 결혼하지 않거나 재혼하지 않는 것이 더 좋으나, 부득이하면 결혼해도 무방하다.

> 8-9절 "8 내가 혼인하지 아니한 자들과 및 과부들에게 이르노니, 나와 같이 그냥 지내는 것이 좋으니라. 9 만일 절제할 수 없거든 혼인하라. 정욕이 불같이 타는 것보다 혼인하는 것이 나으니라."

혼자서 살 수 있는 것은 아무나 할 수 있는 일이 아니다. 결혼 문제에 관하여 자기 통제가 되는 사람이 있고, 자기 통제가 어려운 사람이 있다. 성적 욕망의 자기 통제가 어려운 사람은 결혼하는 것이 낫다.

두 번째 경우는 "그리스도인들이 이혼하기 원하는 경우"이다. 바울은 그리스도인들은 성경에게 명시하는 이유가 아니면, 이혼하는 것이 허락되지 않는다고 선언한다.

> 10-11절: "10 혼인한 자들에게 내가 명하노니, (명하는 자는 내가 아니요 주시라) 여자는 남편에게서 갈리지 말고, 11 (만일 갈릴지라도 그냥 지내든지 다시 그 남편과 화합하든지 하라) 남편도 아내를 버리지 말라."

그리스도인들에 대한 하나님의 기대와 요구는 불신자들보다 좀 더 수준이 높다. 간음과 방기(放棄)의 경우가 아니면 이혼이 허락되지 않는다. 우리 주님께서 친히 "내가 너희에게 말하노니, 누구든지 음행한 연고 외에 아내를 내어버리고 다른 데 장가드는 자는 간음함이니라"(마 19:9)고 하셨다. 이 명령은 이혼에 관한 것으로 배우자의 음행의 이유 없이 이혼하고 다른 사람과 결혼하는 것은, 결혼의 서약이 아직 유효한 중에 벌어진, 간음행위라는 것이다. 배우자가 남편이나 아내를 고의로 떠나서 상당한 기간 동안 결혼을 돌보지 않는 경우도 결혼 서약을 파기한 것이다. 이런 경우도 이혼이 성립된다. 현시대에 있어서는 습관적 폭력과 살해 위협의 경우도 심각하게 고려되어야 한다.

세 번째 경우는 "신자와 같이 사는 불신 배우자가 이혼을 원하는 경우"이다. 성도는 불신 배우자에게 선택권을 주어야 한다. 상대방이 이혼하기를 원치 않으면, 이혼하지 말아야 하고, 상대방이 굳이 이혼하기를 요구하면 이혼해 줄 수도 있다.

12-13절: "12 그 남은 사람들에게 내가 말하노니(이는 주의 명령이 아니라) 만일 어떤 형제에게 믿지 아니하는 아내가 있어 남편과 함께 살기를 좋아하거든 저를 버리지 말며, 13 어떤 여자에게 믿지 아니하는 남편이 있어 아내와 함께 살기를 좋아하거든, 그 남편을 버리지 말라."

불신 배우자가 결혼 생활을 계속 원하는 한, 결혼 생활을 계속 유지하여야 한다. 이 결혼으로 말미암아 그 불신자가 구원받는 것이 하나님의 계획일 수 있다.

14절: "믿지 아니하는 남편이 아내로 인하여 거룩하게 되고, 믿지 아니하는 아내가 남편으로 인하여 거룩하게 되나니, 그렇지 아니하면 너희 자녀도 깨끗지 못하니라. 그러나 이제 거룩하니라."

믿지 않은 배우자는 믿는 배우자로 말미암아 하나님의 축복의 영역의 들어오고, 그 자녀들은 더욱 그러한 것이다. 요셉이 보디발의 집에서 노예로서 가정 총무가 되어 모든 일들을 돌보았을 때 하나님께서 요셉이 형통하게 하셨을 뿐만 아니라 보디발의 집과 모든 소유물에 축복을 내리셨다(창 39:3-5). 요셉이 왕의 감옥에 갇힌 죄수가 된 상태에서 감옥의 모든 일을 돌보았을 때에도 그가 하는 모든 일들이 형통하였다(창 39:21-23). 야곱이 외삼촌 라반의 가축을 돌보았을 때 하나님께서 야곱을 생각하셔서 라반의 가축과 재산을 축복하셨다(창 30:27, 30:30).

그러나 믿지 않은 배우자가 이혼을 끝까지 고집하면 이혼해 줄 수도 있다. 믿는 자는 결혼에 관하여서도 상당히 초연한 태도를 취할 수 있는 내적 능력이 있는 것이다.

15-16절: "15 혹 믿지 아니하는 자가 갈리거든 갈리게 하라. 형제나 자매나 이런 일에 구속받을 것이 없느니라. 그러나 하나님은 화평 중에서 너희를 부르셨느니라. 16 아내 된 자여, 네가 남편을 구원할는지 어찌 알 수 있으며? 남편 된 자여, 네가 네 아내를 구원할는지 어찌 알 수 있으리오?"

하나님께서 우리에게 이혼을 요구하는 배우자와 끝까지 같이 살도록 요구하지는 않으신다. 그러나 화평을 유지하고 살 수만 있다면 그것이 더 좋다(15절). 불신 배우자들은 믿음의 배우자의 영향으로 예수님을 믿고 구원받는 수가 많다(16절). 사도 베드로도 믿는 아내의 경건한 삶으로 말미암아 불신 남편이 감동을 받고 구원받을 것으로 생각하였다(벧전 3:1-2).

네 번째의 경우는 "결혼의 영역을 뛰어넘는 모든 일반적인 문화적 의식(儀式)이나 사회적 신분에 관한 것"이다. 새로 예수님을 믿은 자들은 믿기 전의 문화적, 사회적 상태를 그대로 유지해도 무방하다. 바울은 영혼의 구원이나 성도의 경건과 직접적인 관계가 없는 할례나 무할례, 종이나 자유인의 상태에 관하여서는 회심 이전의 상태를 유지해도 무관하다고 가르친다.

17-24절: "17 오직 주께서 각 사람에게 나눠주신 대로, 하나님이 각 사람을 부르신 그대로 행하라. 내가 모든 교회에서 이와 같이 명하노라. 18 할례자로 부르심을 받은 자가 있느냐? 무할례자가 되지 말며, 무할례자로 부르심을 받은 자가 있느냐? 할례를 받지 말라. 19 할례 받는 것도 아무것도 아니요, 할례 받지 아니하는 것도 아무것도 아니로되, 오직 하나님의 계명을 지킬 따름이니라. 20 각 사람이 부르심을 받은 그 부르심 그대로 지내라. 21 네가 종으로 있을 때에 부르심을 받았느냐? 염려하지 말라. 그러나 자유할 수 있거든 차라리 사용하라. 22 주 안에서 부르심을 받은 자는 종이라도 주께 속한 자유자요, 또 이와 같이 자유자로 있을 때에 부르심을 받은 자는 그리스도의 종이니라. 23 너희는 값으로 사신 것이니 사람들의 종이 되지 말라. 24 형제들아 각각 부르심을 받은 그대로, 하나님과 함께 거하라."

바울은 먼저 문화적 사회적 본래 상태를 그대로 유지하는 것을 일반적인 원리로서 규정한다(17절). 할례를 이미 받았거나, 할례를 받지 않은 자들에 대해서는 할례를 취소하거나, 새삼스럽게 할례를 받을 필요가 없다고 가르친다(18절). 고린도 교인들 중에는 이방인으로서 예수님을 믿은 후에 유대 그리스도인과 교회 공동체 생활을 같이하면서 할례 문제에 관하여 압박감을 느끼는 성도들이 있었다. 바울은 그들을 안심시키는 것이다. 하나님의 구원의 은혜를 믿음으로 받아들인 자들은 할례 받거나 받지 않는 것보다는 예수 그리스도의 복음과 그분의 가르침을 성령 안에서 따르는 것이 더 중요하다(19절).

바울은 일반적인 원리를 20절에서 반복한 후에, 종이나 자유인의 문제에 이 원리를 적용한다. 새로 구원받은 자가 종이나 노예의 상태로 머물러 있어도 신앙생활을 제대로 못하는 것은 아니다(21절 상). 그러나 자유인이 될 수 있는 기회가 있으면 자유인이 되는 것이 좋다(21절 하). 사회적으로 종이 되었거나 자유인이거나 영적인 시각에서는 동일하다. 종이거나 자유인이거나 동일하게 예수 그리스도 안에서 자유를 얻은 자들이고, 동시에 예수 그리스도에게 사랑의 종이 된 자들이다(22-23절). 현시대 상황에 이 원리를 적용한다면 예수님을 새로 믿은 자가 가난하거나 부유하거나—범죄행위로 재산을 모은 것이 아니라면—잘못된 것이 아니다 라고 선언할 수 있다.

바울이 성령 하나님의 감동하심에 따라 제시하는 결혼에 대한 가르침을 다음과 같이 네 가지 원리로 요약할 수 있다. 첫째, 고난

말썽 많은 교회의 회복

이 임박한 상황에서는 결혼하는 것보다 안 하는 것이 더 좋다. 둘째, 그러나 결혼하는 것이 죄를 짓는 것은 아니다. 결혼하는 은사가 있는 사람은 결혼하는 것이 바람직하다. 셋째, 이혼하는 것보다 이혼하지 않고 사는 것이 더 좋다. 넷째, 그러나 부득이한 상황에서는 이혼하는 것이 허락된다. 하나님께서 이혼을 명령하시거나 기뻐하시는 것이 아니라 허락하신다.

이 원리들을 현시대에 맞게 풀어 쓴다면 다음과 같다. 미혼 남녀들은 독신의 은사가 없으면 결혼을 하는 것이 좋다. 그러나 미혼 남녀들이 어떤 이유에서건 결혼을 하지 않게 되면 그것도 좋은 것이고, 더 많은 에너지와 시간과 물질과 정열로 예수님을 섬길 수 있는 기회를 얻은 것이다. 결혼한 사람들은 몇 가지 결정적 이유가 아니면, 이혼하지 말아야 한다. 그리고 결혼하건 결혼하지 않건, 그리스도인들은 우리 주님 안에서 자족할 수 있어야 한다. 우리 주님께서는 어머니가 우리를 좋아하시는 것처럼, 우리를 좋아하시는 분이시다. 까다로우신 것이 아니라, 우리가 잘되도록 하기 위하여 우리에게 최선의 길을 가르치시는 것이다.

필자가 목회를 하면서 만났던 한 부부가 있었다. 남편은 대단히 유능한 학자였고, 그 아내는 미모의 여인이었다. 겉으로 보기에는 모든 것을 가진 부부 같았지만, 그 아내가 털어놓는 가정생활은 그리 평탄하지가 않았다. 남편이 부지런히 이 여인을 쫓아다니면서 결혼하게 되었지만, 막상 결혼하고 나니 그리 행복하지만은 않았다. 이 부인의 말에 의하면 10년 정도 치열하게 다투는 생활이 계속되었다. 그런 과정에서 부인이 먼저 예수님을 만나게 되고, 남편도 얼마 후 예수님을 믿게 되었다. 그리고 나서는 그들의 결혼 생활에 변화가 생겼다. 두 사람은 결혼 생활에서 행복감을 느끼기 시작하였다. 그 부인은 이혼하려고 하는 젊은 부부가 있으면 도시락을 싸 들고 다니면서 말리겠다고 하였다. 10년간 치열한 부부 싸움 중에서도 이혼하지 않은 것이 너무나 다행이었다고 하였다. 10년간 서로 부딪히며 모난 것이 깎이고 서로 적응이 되다가, 예수님을 만난 이후로는 기대하지 못했던 행복감까지 느끼게 되었다고 하였다. 믿는 자이거나 믿지 아니하는 자이거나 두 남녀의 결혼에는 하나님의 섭리가 있다. 서로 참고 인내하며 두 사람을 향한 하나님의 뜻을 발견해 나갈 때 예수 그리스도 안에 있는 행복한 결혼을 발견할 수가 있다.

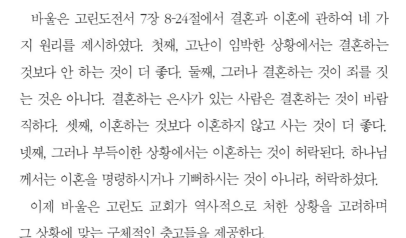

제11장
임박한 고난을 앞둔 결혼 생활
고린도전서 7장 25-40절

바울은 고린도전서 7장 8-24절에서 결혼과 이혼에 관하여 네 가지 원리를 제시하였다. 첫째, 고난이 임박한 상황에서는 결혼하는 것보다 안 하는 것이 더 좋다. 둘째, 그러나 결혼하는 것이 죄를 짓는 것은 아니다. 결혼하는 은사가 있는 사람은 결혼하는 것이 바람직하다. 셋째, 이혼하는 것보다 이혼하지 않고 사는 것이 더 좋다. 넷째, 그러나 부득이한 상황에서는 이혼하는 것이 허락된다. 하나님께서는 이혼을 명령하시거나 기뻐하시는 것이 아니라, 허락하셨다.

이제 바울은 고린도 교회가 역사적으로 처한 상황을 고려하며 그 상황에 맞는 구체적인 충고들을 제공한다.

첫째로 "고린도 교회에게 고난이 임박한 상황에서 미혼 남녀들은 결혼하지 않는 것이 더 좋다."

25-26절: "25 처녀에 대하여는 내가 주께 받은 계명이 없으되, 주의 자비하심을 받아서 충성된 자가 되어 의견을 고하노니, 26 내 생각에는

이것이 좋으니 곧 임박한 환난을 인하여 사람이 그냥 지내는 것이 좋으니라."

결혼하지 않은 여성뿐만 아니라 남성들까지 포함하여 미혼자들은 임박한 박해와 고난을 고려할 때, 결혼하지 않는 것이 더 큰 고통을 피하는 데 도움이 된다. 25-26절은 8-9절과 비슷하나, 8-9절은 사별한 배우자에 대한 것이고, 25-26절은 미혼 남녀에 관한 것이다. 결혼을 하고, 배우자가 로마 제국 당국에 의하여 투옥되거나 처형되거나 하면, 얼마나 힘들겠느냐는 것이다. 혹은 핍박을 피해서 도망가다가 서로 헤어지면 얼마나 고통스럽겠느냐는 것이다. 6·25사변 중에 이산가족이 된 사람들이 일평생 마음에 상처를 가지고 살던 것을 생각하면 이해가 쉬울 것이다.

둘째로 "고난이 임박한 당시 상황에서 결혼했건 미혼이건 그 상태 그대로 머무는 것이 바람직하다."

27-28절: "27 네가 아내에게 매였느냐? 놓이기를 구하지 말며, 아내에게서 놓였느냐? 아내를 구하지 말라. 28 그러나 장가가도 죄짓는 것이 아니요, 처녀가 시집가도 죄짓는 것이 아니로되, 이런 이들은 육신에 고난이 있으리니, 나는 너희를 아끼노라."

이미 결혼했으면 이혼을 시도하지 말며, 결혼하지 않은 상태이면 굳이 결혼하지 않는 것이 지혜롭다(27절). 결혼이 죄를 짓는 것은 아니지만, 결혼하는 자들은 가까운 미래의 환란 중에 많은 고통을

말썽 많은 교회의 회복

겪을 것이다(28절 상). 상당한 영적 통찰력을 가졌던 바울은 고린도 교인들이 가능한 적은 고통을 겪으며 임박한 환란을 통과하기를 바랐다(28절 하). 그렇다고 해서, 환란을 앞두고 고통을 줄이기 위하여 이혼하는 것이 허락된 것은 아니다.

셋째로 "환란을 앞두고 이 세상에 대하여 초연해지며, 너무 집착하지 말라."

이것은 결혼뿐만 아니라 재정 생활 등을 포함한 좀 더 일반적 생활 전체에 적용되는 원리로서 주어진다.

> 29-31절: "29 형제들아 내가 이 말을 하노니, 때가 단축하여진 고로, 이후부터 아내 있는 자들은 없는 자같이 하며, 30 우는 자들은 울지 않는 자같이 하며, 매매하는 자들은 없는 자같이 하며, 31 세상 물건을 쓰는 자들은 다 쓰지 못하는 자같이 하라. 이 세상의 형적은 지나감이니라."

큰 환란과 생활의 변화가 밀어닥칠 때 결혼 생활에조차도 너무 집착하지 않는 것이 좋다(29절). 아내가 없고 남편이 없어도 주님 한 분만으로 만족하고 살 수 있는 영성과 견고함이 있어야 한다. 고통을 겪을 때, 너무 슬퍼하지 말고, 좋은 일이 있을 때 너무 기뻐하지 않는 것이 지혜롭다(30절 상). 물건을 사는 자는 그 물건을 소유하지 않은 것처럼 하여야 한다. 혹은 그 물건을 너무 좋아하지 말아야 한다(30절 하). 그 물건에 너무 익숙해져서, 그 물건이 없으면 못 살 것처럼 되는 것을 곤란하다(31절). 왜냐하면 환란 속에서 많은 가족들이 헤어질 수도 있고, 지나치게 슬퍼하며 믿음이 약해질 수도 있고, 많은 물건과 재산들을 잃어버릴 수도 있기 때문이다.

가까운 장래의 환란 중에나 예수의 재림의 때에 우리의 생활환경과 양식이 급격히 변화될 것이기 때문에 잘 적응할 수 있도록 준비하라는 가르침이다. 가까운 장래에 그리스도인들에 대한 핍박이 시작될 때, 지금 당하는 슬픔이나 기쁨은 비교할 바가 못 된다는 것이다. 더 큰 슬픔이 있을 수도 있고, 지금의 기쁨은 속히 사라질 수도 있고, 소유하고 즐기는 물질이나 재산들을 다 잃어버릴 수도 있는데, 현재의 슬픔과 기쁨과 소유에 너무 집착하면 더 큰 마음의 어려움을 겪을 것이라는 것이다.

궁극적으로도 우리 주님께서 다시 오실 때에도 대단히 다른 세계와 생활양식으로 들어가게 되는데, 이 세상에 연연해할 만한 것들이 별로 없을 것이라는 것이다. 더 이상 시집가고 장가가는 일이 없을 것이며(마 22:30), 물질적 소유가 일상생활에 큰 영향을 끼치는 일도 더 이상 없을 것이다(계 21:18-21). 임박한 고난이거나, 예수님의 재림이거나, 성도들이 지나친 고통을 피하고, 잘 적응할 수 있도록 주시는 가르침이다.

넷째로 "우리 주 예수께 더 헌신하라."

세 번째 충고가 소극적인 태도에 관한 것이라면, 이것은 좀 더 적극적인 충고이다.

32-35절: "32 너희가 염려 없기를 원하노라. 장가가지 않은 자는 주의 일을 염려하여 어찌하여야 주를 기쁘시게 할꼬 하되, 33 장가간 자는

말썽 많은 교회의 회복

(이) 세상일(This world, This age, This life)을 염려하여 어찌하여야 아내를 기쁘게 할꼬 하여, 마음이 나누이며, 34 시집가지 않은 자와 처녀는 주의 일을 염려하여 몸과 영을 다 거룩하게 하려 하되, 시집간 자는 세상일을 염려하여 어찌하여야 남편을 기쁘게 할꼬 하느니라. 35 내가 이것을 말함은 너희의 유익을 위함이요, 너희에게 올무를 놓으려 함이 아니니, 오직 너희로 하여금 이치에 합하게 하여, 분요(紛擾)함이 없이 주를 섬기게 하려 함이라."

바울은 임박한 환란을 앞두고 결혼이나 물질 등에 관하여 소극적이고 초연한 태도를 취하도록 고린도 교인들에게 권고한 다음에, 이제는 적극적으로 우리 주님께 더욱 헌신하도록 권한다. 결혼을 하지 않는 성도들은 큰 환란을 직면할 때 불필요한 근심과 걱정을 피하게 될 것이다(32절 상). 결혼하지 않은 남성은 아내나 자녀에 대하여 걱정할 필요가 없이 우리 주님을 어떻게 기쁘시게 해드릴까에 마음을 집중할 수 있을 것이다(32절 하). 그러나 결혼한 남성은 어쩔 수 없이 이 세상일과 아내를 기쁘게 하려는 일로 마음이 산만해질 것이다(33절). 과부나 이혼녀나 미혼 여성은 주님의 일에 마음을 다 쏟을 수 있겠지만, 결혼한 여성은 주님을 기쁘시게 하려는 생각과 남편을 만족시키려는 일 사이에서 마음이 나눠질 것이다(34절). 바울이 결혼하지 않고 주님을 섬기는 일에 관하여 이야기하는 것은 성도들이 결혼하지 않도록 억압하려는 것이 아니고(35절 상), 단지 그들이 환란을 앞두고 또 환란 중에서 가장 지혜롭고 최선의 방식으로 살면서 마음이 나뉘지 않고, 혹은 온전한 헌신이 흐트러짐이 없이 주님을 따르고 섬기도록 하려 함이다(35절 하). "세상 만물이 급격하게 끊임없이 변화하는데, 남는 것은 주님께 순종하고 충성하고, 주님을 열심히 섬긴 것밖에 없다는 것이다."

다섯째로 "고난이 임박한 상황에서 이미 약혼한 사람은 결혼해도 괜찮다."

> 36-38절: "36 누가 자기의 처녀 딸에 대한 일이 이치에 합당치 못한 줄로 생각할 때에, 혼기도 지나고 그같이 할 필요가 있거든 마음대로 하라. 이것은 죄짓는 것이 아니니 혼인하게 하라. 37 그러나 그 마음을 굳게 하고 또 부득이한 일도 없고 자기 뜻대로 할 권리가 있어서 그 처녀 딸을 머물러 두기로 마음에 작정하여도 잘하는 것이니라. 38 그러므로 처녀 딸을 시집보내는 자도 잘하거니와, 시집보내지 아니하는 자가 더 잘하는 것이니라."

"처녀 딸"은 미혼의 딸이라는 견해도 있고, 약혼녀라는 해석도 있다. 약혼한 남성이 약혼녀에 대하여 계속해서 순결하고 경건하게 대할 수 없거든 결혼을 하는 것이 좋다. 이것은 죄가 아니고 당연한 일이다(36절). 그러나 그 약혼녀의 아버지나 약혼한 남성이 노예인 경우가 있다. 이런 상황에서 주인이 자기 결정과는 다른 방향으로 일을 처리할 가능성이 없고, 또 그 약혼한 남성 자신에게 결정권이 있는 가운데, 그 남성이 범죄하지 않기로 그 마음에 단단히 결단하고 약혼녀와의 결혼을 미루기로 결정하는 것도 잘하는 것이다. 상황에 따라 약혼녀와 결혼하는 것도 잘하는 것이고, 상황에 따라 자기 절제에 자신이 있어서 결혼을 미루는 것은 더 잘하는 것이다.

말썽 많은 교회의 회복

여섯째로 "사별한 경우는 재혼하는 것이 허락된다."

39-40절: "39 아내가 그 남편이 살 동안에 매여 있다가, 남편이 죽으면 자유하여 자기 뜻대로 시집갈 것이나, 주 안에서만 할 것이니라. 40 그러나 내 뜻에는 그냥 지내는 것이 더욱 복이 있으리로다. 나도 또한 하나님의 영을 받은 줄로 생각하노라."

남편과 사별한 여인은 자유롭게 재혼할 수 있다. 이 경우도 예수님을 믿은 사람하고만 재혼하여야 한다(39절). 혹 재혼하지 않고 혼자서 살기로 작정하고 큰 무리 없이 그렇게 할 수 있다면 그것은 더 좋은 선택이다(40절 상). 사도 바울이 이 계시를 하나님으로부터 직접 받은 것은 아니지만, 성령 하나님의 감동하심과 확신에 따라 가르치는 것이다(40절 하).

고린도전서 7장 후반부 가르침의 핵심은 연애와 결혼 문제보다 더 중요한 문제가 있다는 것이다. 연애를 잘못하고 결혼을 잘못하여 크게 낭패하는 경우가 있기 때문에 이 일을 위하여 기도를 많이 하고 조심스럽게 다루어야 한다. 그러나 어떤 남성이나 여성과의 결혼을 이루지 못해서, 한 성도의 인생이 실패로 돌아가거나 상사병으로 도저히 살 수 없게 되는 것은 아니다. 혹은 결혼이란 것이 운명적인 만남을 통하여 어쩔 수 없이 맺어져야 하는 사건도 아니다. 성도들은 결혼 안 해도 살 수 있고, 결혼 생활이 어려워도 이혼하지 않고 살 수 있다. 이것은 운명이나 불가항력적인 감정적 작용이 아니고, 궁극적으로 이 일에서도 하나님을 영화롭게 하고자 하는 의지와 순종의 문제이다.

우리는 이 세상일(This world, This life, This age)에 좀 초연해질 필요가 있다. 오는 세상(The coming age)을 대비하기 위하여 교회를 세우는 일과 하나님의 왕국을 확장하는 일에 더 힘쓸 필요가 있다. 바울에게는 자신의 육체가 좀 더 편해지느냐 그렇지 않느냐가 궁극적 관심사가 아니었다. 그는 자신의 육체가 건강해지든지 약한 상태로 남아있든지 하나님의 영광이 나타나는 쪽은 선택하고 기뻐하였다(고후 12:7-9). 그는 오는 세상에서의 영원한 만족과 보람이 더 큰 쪽을 선택하고 바라본 것이다.

제12장

온전한 지식

고린도전서 8장

고린도전서 8장은 '지식과 사랑과 성숙한 믿음'에 관하여 가르치고 있다. 고린도에 살고 있던 그리스 사람들의 대부분이 정령신앙의 영향을 많이 받아서, 자신들이 각종 악한 귀신들에게 둘러싸여서 살고 있다고 믿었다. 그리고 이 악한 귀신들이 자신들의 육체에 들어오려고 호시탐탐 노리고 있다고 생각했다. 악한 귀신들이 자신들의 육체에 들어오는 유력한 방법 중의 하나는 그들이 악한 귀신이나 그들의 우상 앞에 바쳐진 음식을 먹으면, 그 귀신들이 자신들의 육체 안에 들어와서, 육체의 질병을 일으키거나, 정신적 질환을 가져온다고 믿었다. 그래서 악한 귀신들에게 특히 육류 음식이 바쳐지는 것은 방지하는 방법으로서 이들은 모든 육류를 좋은 우상이나 신들에게 바쳤다. 그 결과 고린도 도시에 있는 거의 모든 고기들은 어떤 종류이건 우상이나, 신들에게 한번 바쳐진 것들이었다.

또 신전에서 바쳐진 고기들 중에서 제사장들이나, 제사 드리는 사람들의 몫으로 남은 부분을 그들이 다 먹을 수 없을 때, 이 고기들을 시장에 내다 팔았다. 그래서 시장에서 파는 고기들도 우상이나 신들에게 바쳐지지 않았다고 확신할 수는 없었다.

　이런 문화적 배경 속에서 살고 있다가 예수님을 믿게 된 고린도 교회 성도들은 우상 앞에 바쳐진 제물을 먹어도 되느냐 안 되느냐 하는 문제를 가지고 서로 논쟁하고 있었다. 고린도전서 8장은 이들의 질문에 대답하기 위하여 하나님께서 사도 바울을 통하여 주신 말씀이다. 바울은 이런 문제를 다루는 그리스도인들이 가져야 하는 기본 전제와 세 가지 지식을 제시한다.

　먼저 가장 기본이 되는 전제는 지식과 사랑이 결합하여야 한다는 것이다. 다른 말로 표현하자면 지식과 사랑은 같이 가야 한다는 것이다.

> 1-3절: "1 우상의 제물에 대하여는 우리가 다 지식이 있는 줄을 아나, 지식은 교만하게 하며 사랑은 덕을 세우나니, 2 만일 누구든지 무엇을 아는 줄로 생각하면, 아직도 마땅히 알 것을 알지 못하는 것이요, 3 또 누구든지 하나님을 사랑하면, 이 사람은 하나님의 아시는 바 되었느니라."

　우상과 그 앞에 바쳐진 제물들에 관한 영적 지식은 그 자체로서는 좋은 것이고 나쁜 것이 아니다. 그러나 지식만 가지고 사랑의 가슴이나 태도를 가지지 못한 사람은 교만해질 수 있다고 성경은 지적한다(1절). 올바른 지식을 가진 사람은 자신이 알고 있는 것보다는 모르는 것이 더 많다는 것을 깨달으며 겸손할 수 있다. 어떤 사람이 자신의 지식 때문에 교만해졌다면 오히려 그의 지식이 미미하다는 것을 드러내는 것이다(2절). 특히 하나님에 대한 올바른 지식은 우리로 하여금 하나님과 이웃을 사랑하게 하고, 그것이 우리가 구원받은 유력한 증거가 된다(3절). 거꾸로 우리가 하나님을 안다고 하며 하나님과 이웃에 대한 사랑이 미미하다면, 그것은 하나님에 관한 사실들에 관하여 지적인 동의만 한 것이고, 아직 우리의 의지가 순종하지 않고 우리의 정서가 거의 반응하지 않은 상태일 수 있다.

그리스 사람들에게는 지혜와 지식이 대단히 중요했다. 특히 '영지주의자'라는 사람들이 있었는데, 이들은 자신들이 특별하고 신비로운 지식을 가지고 있는 특별한 존재이고, 스스로 하나님을 직접적으로 아는 사람이라고 생각했다. 그러나 성경은 교만하게 하는 지식은 아직 온전한 지식이 아니라고 가르친다. 이런 경우는 "Puffed up" 즉, 풍선처럼 공연히 부풀려져서 쉽게 터지는 상태라고, 혹은 이 시대의 언어를 빌면, 거품이 커져서 쉽게 터지고 가라앉고 실체가 없는 상태라고 가르친다.

바울이 제시하는 세 가지 지식 중의 **첫째**는 **기초적인 것**으로 "우상 자체나 우상의 제물을 먹는 일 자체는 우리에게 어떤 영적 영향을 끼치지 못한다"는 것이다. 그리고 이 지식은 불신자들도 가질 수 있다.

4-6절: "4 그러므로 우상의 제물 먹는 일에 대하여는 우리가 '우상은 세상에 아무것도 아니며' 또한 '하나님은 한 분밖에 없는 줄' 아노라. 5 비록 하늘에나 땅에나 신이라 칭하는 자가 있어 많은 신과 많은 주가

있으나, 6 그러나 우리에게는 한 하나님 곧 아버지가 계시니, 만물이 그에게서(from Him) 났고 우리도 그를 위하며(for Him), 또한 한 주 예수 그리스도께서 계시니 만물이 그로 말미암고(from Him) 우리도 그로 말미암았느니라."

고린도에 살고 있던 어떤 그리스인들은 금속과 돌과 나무로 만들어진 우상들이 무의미한 물건들임을 알고 있었다. 우상은 실체가 없는 존재이다. 그리고 한 하나님께서만 존재하신다. 이것이 고린도 도시에 살고 있던 어떤 엘리트 그리스인들의 지식이었다(4절). 그러나 이들이 꼭 예수 그리스도의 아버지이신 성부 하나님, 혹은 여호와 하나님을 인정하고 아는 것은 아니었다. 그래서 성경은 그들의 주장에 일단 동의하나, 그 하나님은 우주 만물의 창조주이시고, 존재의 목적이시며, 또 성자 하나님이신 예수 그리스도의 아버지이시라고 선포한다(6절).

그리스인들의 생활 문화에서 중요한 부분이었던 신화에는 제우스, 헤라, 아테네, 아프로디테, 포세이돈, 아폴로, 박카스, 마르스, 에로스 등의 많은 신이 있었다(5절). 그러나 성경은 창조주 하나님께서 모든 신들 위의 신이시고, 모든 주인들 위에 계신 주인이시라고 선포한다(6절).

바울이 제시하는 두 번째 지식은 영적인 것이다. 우상 앞에 바쳐진 제물을 먹는 것이 성도들에게 특별한 영향을 끼칠 수는 없지만, "잘못된 지식과 사고방식으로 우상의 제물을 먹는 사람은 죄를 짓는 것이고 자신의 양심을 병들게 한다"는 것이다. 이 지식은 그리스

말썽 많은 교회의 회복

도인들만이 깨달을 수 있다.

> 7-8절: "7 그러나 이 지식은 사람마다 가지지 못하여, 어떤 이들은 지금까지 우상에 대한 습관이 있어 우상의 제물로 알고 먹는 고로, 그들의 양심이 악하여지고 더러워지느니라. 8 식물은 우리를 하나님 앞에 세우지 못하나니, 우리가 먹지 아니하여도 부족함이 없고, 먹어도 풍족함이 없으리라."

우상은 무의한 것이고, 우상 앞에 바쳐진 제물을 먹는 것도 우리에게 아무 영향을 끼칠 수 없다. 그러나 이러한 지식이 없이, 우상에게 바쳐진 제물을 먹음으로써 우상과 교제하게 된다고 생각하면서도 그 제물을 먹으면 하나님께 죄를 짓는 것이다(7절). 우상 앞에 바쳐진 제물을 먹어도 되는가, 되지 않는가 하는 문제에서 또 하나 고려하여야 할 사항은 음식 자체는 우리가 그것은 먹거나 먹지 않거나 우리에게 큰 영적 유익이나 해를 끼치는 것이 아니라는 사실이다. 어떤 음식을 먹느냐는 것은 우리의 영성의 개발에 큰 영향을 끼치는 것이 아니다(8절). 사도 바울이 이 사실을 굳이 지적하는 이유는 그리스도인들이 음식의 문제에서 좀 더 융통성 있게 대처하기를 바라기 때문이다.

바울이 제시하는 세 번째 지식은 "사랑의 태도가 함께 하는 지식"이다. 이 지식과 태도는 다른 형제와 자매들은 배려할 줄 아는 그리스도인들만이 가질 수 있다.

9–13절: "9 그런즉 너희 자유함이 약한 자들에게 거치는 것이 되지 않도록 조심하라. 10 지식 있는 네가 우상의 집에 앉아 먹는 것을 누구든지 보면, 그 약한 자들의 양심이 담력을 얻어 어찌 우상의 제물을 먹게 되지 않겠느냐? 11 그러면 네 지식으로 그 약한 자가 멸망하나니, 그는 그리스도께서 위하여 죽으신 형제라. 12 이같이 너희가 형제에게 죄를 지어 그 약한 양심을 상하게 하는 것이, 곧 그리스도에게 죄를 짓는 것이니라. 13 그러므로 만일 식물이 내 형제로 실족케 하면, 나는 영원히 고기를 먹지 아니하여 내 형제를 실족치 않게 하리라."

어떤 음식을 먹거나 먹지 않거나 하는 것이 우리의 영성에 큰 영향을 끼치는 문제가 아니라면, 음식에 너무 집착하지 말고 형제와 자매들의 신앙을 세우는 문제에 좀 더 관심을 기울일 필요가 있다 (9절). 우상 앞에 바쳐진 제물을 먹는 것이 우리에게 영적으로 부정적인 영향을 끼치는 것이 아니라는 지식을 가지고 자유롭게 먹는 우리를 보고, 믿음이 어린 형제와 자매들이 그것이 죄악이라고 생각하면서도 담대해져서 먹으면 죄악을 범하는 것이다 (10절). 회개하지 않고 방치된 한 가지 죄악은 또 다른 죄악들과 연결되며 한 영혼을 파멸로 몰고 간다 (11절 상). 우리의 사랑과 흠모의 대상이신 예수 그리스도께서 목숨까지 내어놓으며 사랑하신 그 형제와 자매가 어떻게 그런 곤경에 빠지도록 내버려 둘 수 있겠느냐는 것이다 (11절 하). 그들의 양심과 믿음이 병들게 하는 것은 곧 그리스도에게 범죄하는 것이기도 하다 (12절). 사도 바울에게는 자신만을 위한 자유를 누리는 것보다는 형제와 자매들의 영적 성장을 위하여 자신의 자유를 스스로 제한하는 자유가 더 중요하였다 (13절).

말썽 많은 교회의 회복

그리스도인들이 영적으로 인격적으로 성장하고 성숙하기 원한다면, 자기가 하고 싶은 일들을 다 할 수는 없다. 자신의 행동과 결정과 태도가 죄악이 아니라고 해도, 다른 형제와 자매들에게 격려와 모범이 되는지, 교회 전체에 유익이 되는지 스스로 질문해보아야 하고, 스스로의 자유를 절제할 줄 알아야 진정한 영적 성장과 성숙이 있다.

자기 정체성(Self identity)을 확립해 가는 과정의 청소년들은 자기가 누구인가를 알아 가는 과정에서는, 죄악이 아니라면 이런저런 것들을 실험해 보아야 한다. 그러나 성인이 되면 이제 자신보다는 다른 사람들의 상황과 필요를 배려하며 살아가야 한다. 그리스도인들이 자신이 예수님 안에서 누구인가를 알고 나면, 이제 다른 사람들을 고려하고, 교회를 고려하고, 사회 전반을 고려하고, 인류를 고려하고, 하나님의 왕국을 고려하고 살아야 한다.

그리스도인들은 성경에서 분명하게 가르치고 있지 않은 영역들에서 자유로운 선택을 하며 삶을 즐길 수 있다. 그러나 자신의 자유로운 선택이 다른 이들과 그들의 신앙의 성장에 부정적 영향을 끼친다면, 그들을 배려하며 스스로의 선택을 제한하는 것이 더 성숙하다. 이 시대의 그리스도인들은 술, 담배, 현대의 소비문화, 예배 스타일의 차이, 사소한 교리적 차이, 혹은—결혼반지를 주고받을 것인가? 화장을 어느 정도 할 것인가? 보석을 어느 정도 달고 다닐 것인가? 예배 시간에 청바지를 입을 것인가 말 것인가? 등의— 사소한 일에서 견해의 차이가 있을 때, 일단은 성숙한 사람이 양보하여야 하고, 필요하면 이러한 문제들의 바탕에 있는 원리들을 나중에 가르쳐서 서로의 이해와 연합을 증진하도록 해야 한다.

제13장

복음과 문화

고린도전서 9장 19-27절

　우리는 일반적으로 금발에 파란 눈을 가진 예수님의 그림에 익숙하다. 그런데 한때 흑인 형제와 자매들이 예수 그리스도를 흑인으로 묘사하였을 때 많은 이들이 당황하는 반응을 보였다. 예수 그리스도는 백인인가 흑인인가? 어느 쪽이 더 정확한가? 예수님께서는 백인도 아니고 흑인도 아닌, 중동 사람인 유대인의 모습으로 오셨다. 예수님께서는 왜 백인이나 흑인이나 한국인의 모습으로 오지 않으셨는가?

　아프리카 선교의 초창기에 서양 선교사들은 일부다처제를 목격하고 신자들이 이런 관습을 채택하는 것을 금지하였다. 그러나 결과적으로 큰 부작용을 가져왔다. 이혼을 당한 여성들은 경제적으로 자립할 수 있는 길을 찾을 수가 없었고, 다수가 거리의 여인으로 전락하였다. 초기 선교사들이 간과한 것은 아프리카에서 일부다처제가 만연하였던 것은 꼭 남성들의 탐욕에서 말미암은 것이 아니었다는 사실이다. 이 지역에서 전쟁 등으로 남성들의 수효가 감소하였고, 여성들은 자신들의 이름으로 재산을 소유할 수가 없었기 때문에, 일부다처제는 남편이 없는 여성들을 경제적으로 구조한다는 의미도 있었다. 그렇다면 일부다처제를 허용하는 것이 옳은가? 허용하지 않은 것이 옳은가?

이슬람 국가에서는 금요일이 휴일이고 예배의 날이다. 무슬림이었다가 기독교로 개종한 이들로 이루어진 교회는 주일에 예배를 드려야 하는가? 아니면 금요일에 예배를 드리는 것이 바람직한가?

본문의 주제는 사도 바울이 자기가 만났던 모든 종류의 문화에 적응하기 위하여, 종처럼 자신의 자유를 스스로 제한하였다는 것이다. 그리고 많은 기도와 많은 수고 끝에 소수의 사람들을 구원할 수 있었을지라도, 자신의 노력을 아끼지 않았다.

> 19절: "내가 모든 사람에게 자유하였으나, 스스로 모든 사람에게 종이 된 것은, 더 많은 사람을 얻고자 함이라."

> 22절 하-23절: "22 …여러 사람에게 내가 여러 모양이 된 것은, 아무쪼록 몇몇 사람들을 구원코자 함이니, 23 내가 복음을 위하여 모든 것을 행함은 복음에 참예하고자 함이라."

우리가 복음을 효과적으로 전하고 복음 전파의 상을 받기 위해서는, 여러 사람들의 문화에 여러 가지 모양으로 잘 적응하는 것이 필요하다. 문화 적응을 위해서는 다음과 같은 세 가지 범주를 잘 분별하여야 한다. 그래야 우리의 복음 전파가 효과적일 수가 있고, 좀 더 이해심과 관용이 있을 수가 있다.

첫째는 그리스도인으로서 반드시 하여야 하는 것이다. 즉, 성경이 분명하게 명령하는 것이 무엇인지 알아야 한다. 복음을 전하고 영혼을 구원하는 것이 대표적인 성경의 명령이다. 둘째는 그리스도인으로서 반드시 하지 말아야 하는 것이다. 이것은 성경에서 명백하게 금하는 것이다. 우상 숭배 등 고린도전서 6장에 기록된 죄악들이 그런 것이다. 셋째는 그리스도인으로서 할 수도 있고, 하지 않을 수도 있는 것이다. 이것은 문화적으로 중립적인 것이다.

사도 바울에게는 할례를 받는 것이나 받지 않는 것이나 그 자체로는 중요하지 않았다. 사도 바울은 나실인의 결례를 하는 것이나, 하지 않는 것이나 그 자체로는 중요하지 않았다. 사도 바울은 이방인의 음식을 먹는 것이나 먹지 않은 것이나 그 자체로는 중요하지 않았다. 사도 바울에게 우상의 제단에 바쳐진 고기를 먹는 것이나 먹지 않은 것이나 그 자체로는 중요하지 않은 문제였다. 사도 바울에 의하면, 위의 문제들은 신약 시대에는 문화적으로 중립적인 성격의 것들이었다. 복음 전파에 도움이 된다면 어느 쪽은 선택하여도 죄가 되지 않은 문제들이었다.

사도 바울은 19-23절에서 네 가지 문화를 예로 들며, 자신이 복음 전파를 위하여 다양한 문화에 어떻게 적응하였는가를 설명한다. 그리고 24-27절에서는 문화 적응을 위하여 자신을 어떻게 쳐서 복종시켰는가를 설명한다.

그는 자신의 문화 적응에 관하여 설명하기 위하여, **첫째로 유대인의 문화를 예로 든다.**

말썽 많은 교회의 회복

20절 상: "유대인들에게는 내가 유대인과 같이 된 것은 유대인들을 얻고자 함이요…"

바울은 유대인들에게 복음을 효과적으로 전하기 위하여, 유대인들의 문화 관습 중에 영적으로 중립적인 것은 기꺼이 채택할 수 있었다. 그 예를 사도행전 16장 2-3절에서 발견할 수 있다.

행 16장 2-3절: "2 디모데는 루스드라와 이고니온에 있는 형제들에게 칭찬받는 자니, 3 바울이 그를 데리고 떠나고자 할새, 그 지경에 있는 유대인을 인하여 그를 데려다가 할례를 행하니, 이는 그 사람들이 그의 부친은 헬라인인 줄 다 앎이러라."

바울은 2차 전도 여행 중에 루스드라 지역에서 디모데라는 신실한 청년을 보조 사역자로 발탁하였다. 디모데의 어머니는 유대인이었으나 그의 아버지는 헬라인이었으며(행 16:1), 아마도 그런 연고로 그는 할례를 받지 않은 상태였다. 바울의 전도단은 어느 지역을 가든지 먼저 회당에서 유대인들에게 복음을 전하고, 그리고 이방인들에게 복음을 전하였다. 디모데가 할례를 받지 않은 상태인 것이 유대인들에게 복음을 전하는데 장애가 될 것으로 판단한 바울은 디모데가 유대인들의 관습을 받아들여서 할례를 받도록 하였다. 유대인들은 할례를 받아야 정결하다고 생각했으므로, 디모데로 하여금 할례를 받게 하는 것이 유대인들과 어울러서 일하는 데 도움이 되었던 것이다. 물론 이 의식은 디모데의 믿음이나 구원과는 직접적 관계가 없었다.

둘째로 바울은 율법에 매인 자들의 문화를 예로 든다.

> 20절 하: "…율법 아래 있는 자들에게는 내가 율법 아래 있지 아니하나 (Disclaimer one) 율법 아래 있는 자같이 된 것은, 율법 아래 있는 자들을 얻고자 함이요."

바울은 율법에 매어서 사는 자들에게 복음을 전하기 위하여, 어떤 율법 조항이 복음의 정신을 훼손하는 것이 아니라면 그 율법 조항을 존중하였다. 그러한 실천의 좋은 예를 사도행전 21장 23-26절에서 발견한다.

> "23 우리의 말하는 이대로 하라. 서원한 네 사람이 우리에게 있으니, 24 저희를 데리고 함께 결례를 행하고, 저희를 위하여 비용을 내어 머리를 깎게 하라. 그러면 모든 사람이 그대에게 대하여 들은 것이 헛된 것이고, 그대로 율법을 지켜 행하는 줄로 알 것이라. 25 주를 믿는 이방인에게는 우리가 우상의 제물과 피와 목매어 죽인 것과 음행을 피할 것을 결의하고 편지하였느니라 하니. 26 바울이 이 사람들을 데리고 이튿날 저희와 함께 결례를 행하고, 성전에 들어가서 각 사람을 위하여 제사 드릴 때까지의 결례의 만기된 것을 고하니라."

사도 바울은 3차 전도 여행을 마치고 예루살렘을 방문하였다. 예수님을 거부한 유대교 지도자들은 사도 바울이 구약의 율법을 다 배척하고 "모세를 배반하고 아들들에게 할례를 하지 말고 또 규모를 지키지 말라"(행 21:21)고 가르친다는 소문을 듣고 있었다. 바울이 율법 전체를 다 거부하였다는 오해였다. 바울은 이것이 사실이 아님을 증명하기 위하여, 자신도 나실인의 서약을 하기도 하고 지키기도 한다는 것을 보이기 위하여 다른 네 명의 서약자들의 비용을 대며 같이 머리를 깎고 제사를 드리는 결례를 행하였다.

그러나 율법의 어떤 조문을 지키는 것이 복음의 진리를 훼손하거나 오해하도록 할 때에는 단호히 거부하였다. 바울이 헬라인 동역자 디도와 함께 예루살렘을 방문하였을 때가 있었다. 아마도 이것은 바울과 바나바가 예루살렘 교회가 기근으로 고통을 받을 때 연보를 전달하러 갔을 때이거나(행 11:30), 예루살렘 공회를 참석하기 위하여 방문하였을 때로 생각된다(행 15:2-4). 할례를 받아야 구원을 받는다고 주장하는 유대주의적 기독교인과의 논쟁이 있었으므로, 바울은 이들이 오해하지 않도록 하기 위하여, 디도로 하여금 할례를 받지 않도록 하였다(갈 2:2-4).

셋째로 바울은 율법이 없는 자들의 문화를 예로 든다.

> 21절: "율법 없는 자에게는 내가 하나님께는 율법 없는 자가 아니요, 도리어 그리스도의 율법 아래 있는 자나(Disclaimer two), 율법 없는 자와 같이 된 것은 율법 없는 자들을 얻고자 함이라."

사도 바울은 유대인들의 율법을 가지지 않은 이방인들에게 전도하기 위하여 돼지고기도 먹을 수 있었고, 이방인들과 같이 식사를 할 수도 있었다(갈 2:11-14). 바울이 안디옥 교회에서 사역하고 있었을 때, 많은 교인들은 이방인 출신이었다. 바울은 이들과 함께 식사하며 그들의 음식을 먹은 것을 꺼리지 아니하였다. 도리어 베드로 사도가 예루살렘에서 온 유대주의적 그리스도인들에게 압력을 받아서 이방인들과의 식사 자리를 피하기 시작하였을 때, 바울은 그를 정면으로 꾸짖었다.

> 11-14절: "11 게바가 안디옥에 이르렀을 때에 책망할 일이 있기로 내가 저를 면책하였노라. 12 야고보에게서 온 어떤 이들이 이르기 전에 게바가 이방인과 함께 먹다가 저희가 오매 그가 할례자들을 두려워하여 떠나 물러가매, 13 남은 유대인들도 저와 같이 외식하므로 바나바도 저희의 외식에 유혹되었느니라. 14 그러므로 나는 저희가 복음의 진리를 따라 바로 행하지 아니함을 보고 모든 자 앞에서 게바에게 이르되 네가 유대인으로서 이방을 좇고 유대인답게 살지 아니하면서 어찌하여 억지로 이방인을 유대인답게 살게 하려느냐 하였노라."

이것은 바울이 교만해서가 아니라, 베드로와 바나바의 행위가 믿음으로 구원받는 복음의 진리를 혼잡하게 하고, 이방인 그리스도인들에게 할례 등의 일정한 율법의 규정을 지켜야 구원받을 수 있다는 잘못된 사고방식을 심어줄 것을 경계하였기 때문이다.

넷째로 바울은 양심이 연약한 자들의 문화를 예로 든다.
양심이 연약한 자들이란 영적인 지식이 충분하지 못하여 그리스도 안에 있는 자유를 충분히 누리지 못하는 성도들을 의미한다. 이들은 두려움과 불안이 많은 사람들이다.

22절 상: "약한 자들에게는 내가 약한 자와 같이 된 것은 약한 자들을 얻고자 함이요…"

이들은 그들이 시장에서 구입하는 고기가 혹시라도 우상 앞에 한 번 바쳐졌던 것일까 봐 두려워하였다. 만약 그런 고기를 먹었다가는 우상 숭배의 죄악을 저지르는 것이고, 악령들의 공격을 받게 될 것이라고 걱정하였다. 이런 성도들을 위하여 사도 바울은 당분간 고기를 먹는 것을 포기하였던 것이다.

고전 8장 12-13절: "12 이같이 너희가 형제에게 죄를 지어 그 약한 양심을 상하게 하는 것이 곧 그리스도에게 죄를 짓는 것이니라. 13 그러므로 만일 식물이 내 형제로 실족케 하면, 나는 영원히 고기를 먹지 아니하여, 내 형제를 실족치 않게 하리라."

결론적으로 바울은 자신이 여러 종류의 문화에 자신을 적응시켰다고 선언한다. 바울은 몇 명의 소수의 사람들의 회심을 위해서라도 자신의 익숙한 문화를 벗어나서 생소한 문화에 적응하는 수고를 아끼지 않았다.

22절 하: "…여러 사람에게 내가 여러 모양이 된 것은 아무쪼록 몇몇 사람들을 구원코자 함이니."

이제 24-27절에서 바울은 영혼 구원을 위한 문화 적응의 노력에서 자신을 어떻게 쳐서 복종시켰는지 설명한다. 첫째로 그는 자신이 당시 올림픽의 달리기 선수처럼 스스로 훈련하였다고 고백한다.

> 24-25절: "24 운동장에서 달음질하는 자들이 다 달아날지라도 오직
> 상 얻는 자는 하나인 줄을 너희가 알지 못하느냐? 너희도 얻도록 이
> 와 같이 달음질하라. 25 이기기를 다투는 자마다 모든 일에 절제하나
> 니, 저희는 썩을 면류관을 얻고자 하되 우리는 썩지 아니할 것을 얻고
> 자 하노라."

복음을 전하며 영혼들을 얻기 원하는 사람들은 자신들이 하고
싶은 모든 것을 하고 즐길 수 없다. 꾸준히 연습하고 절제하고 자
신을 단련하여야 한다. 장거리를 달리는 마라톤 선수들은 더욱 그
러하다. 바울은, 자신을 통하여 복음을 들어야 할 사람들을 위하
여, 자신의 자유를 스스로 제한하고 절제하며 그들의 문화에 적응
하려고 노력하였다. 이것이 그가 하나님으로부터 칭찬과 상급을
받을 근거가 됨을 확신하였다.

둘째로 사도 바울은 달리기 선수나 권투 선수처럼 자신을 자신
의 육체의 욕망들을 제어하였다고 고백한다.

> 26-27절: "26 그러므로 내가 달음질하기를 향방 없는 것같이 아니하
> 고, 싸우기를 허공을 치는 것같이 아니하여, 27 내가 내 몸을 쳐 복종
> 하게 함은 내가 남에게 전파한 후에 자기가 도리어 버림이 될까 두려
> 워함이로라."

사도 바울은 자신도 육류를 섭취하고 싶은 욕망, 전도 여행을 그치고 편하게 안주하고 싶은 소원, 더 이상 박해나 육체적 고통을 겪지 않고 이미 개척된 교회에서 목회하고 싶은 마음, 육체의 가시 없이 평범한 그리스도인으로서 살고 싶은 기대, 자신이 태어나고 자라난 다소의 유대인들의 문화 속에 안주하고 싶은 마음 등을 쳐서 자신의 사명에 복종시켰을 것이다.

위대한 선교사 바울의 후예가 되어 문화와 국경의 장벽을 넘어서 복음을 전한 모든 선교사들은 바울처럼 문화적 감수성을 개발하고 문화 적응을 위하여 자신을 쳐서 복종시키는 수고를 하여야 하였다.

대한민국 선교의 초기에 개신교 선교사들은 무속신앙에 찌든 한국인들에게 복음을 전하기 위하여 본국에서 하지 않던 귀신을 쫓아내는 사역이나 병을 고치는 사역을 하여야 하였다. 캐나다인 선교사였던 윌리엄 멕켄지처럼 조선 사람들과 같은 주거지에서 조선인들의 옷을 입고 조선 음식을 먹으면 생활한 선교사들도 있었다. 이들은 영혼 구원과 전도와 선교에 시야의 초점을 맞추며, 자신들의 안락함과 편안함을 다 포기하고 자신들의 육체를 쳐서 복종시키며 우리 주님과 영혼들을 섬겼던 것이다.

예수 그리스도의 교회는 자신들이 복음의 최후의 보루라는 사고방식(Citadel mentality)보다는 지옥문을 향하여 진격하는 군대라는 사고방식을 가지는 것이 더 바람직하다. 우리는 복음과 기도로 지옥문을 공격하며, 성령의 권능을 덧입어 지옥의 권세에 잡혀있는 영혼들을 구출하고 어둠에서 빛으로 사망의 땅에서 생명의 나라로 인도하는 그리스도의 군사들이다. 이 군사들은 자신들의 사명을 완수하기 위하여 개인적인 욕망들을 절제하며 자신의 육체를 쳐서 복종시키며 나아가는 것이다.

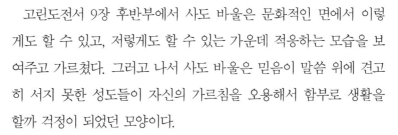

제14장
죄악에 관한 경고
고린도전서 10장

고린도전서 9장 후반부에서 사도 바울은 문화적인 면에서 이렇게도 할 수 있고, 저렇게도 할 수 있는 가운데 적응하는 모습을 보여주고 가르쳤다. 그러고 나서 사도 바울은 믿음이 말씀 위에 견고히 서지 못한 성도들이 자신의 가르침을 오용해서 함부로 생활을 할까 걱정이 되었던 모양이다.

고린도 교회 안에는 여러 종류의 극단적 생각을 가진 사람들이 있었다. 지나치게 율법적인 사고방식을 가진 사람들이 있었던 반면에, 지나치게 자유방임적 사고를 가진 사람들도 있었다. 둘 다 복음과 말씀의 경계선을 넘어간 것이다. 그래서 사도 바울은 자신의 예수 안에서 자유인이라고 주장하는 가운데, 율법적 사고를 가진 사람들을 견제했고, 그러나 자기는 예수의 법 아래 있다고 선포하며, 자유방임주의자들을 견제했다. 10장은 특히 자유방임주의자들을 염두에 두고 쓴 것이다.

이들은 생각하기를 예수만 믿고 하나님의 사랑을 알면 웬만큼 잘못하고 범죄해도 큰 문제가 있겠느냐는 것이었다. 즉 어차피 은혜로 구원받는데 행위니 경건이니 충성이니 봉사니 하는 것들이 크게 중요하지 않다는 식이었다. 구체적으로 고린도 교회 안에서는 세례를 받았고, 성찬식을 정기적으로 하고, 특별한 영적인 체험이 있는 사람들은 큰 확신을 가지고 상당히 자유롭게 혹은 방종하게 살 수 있다는 사고방식을 가진 그리스도인들이 있었다. 그래서 사도 바울은 이들에게 발하는 경고의 메시지를 고린도전서 10장에서 전하고 있다.

첫 번째 경고의 메시지는 선택받고 축복받은 조상들에 관한 것이다. 그들도 자신들의 죄악으로 말미암아 처벌을 받았다면, 선택받은 고린도 교인들도 자신들의 심각한 죄악으로 말미암아 처벌받지 않도록 주의하여야 한다는 것이다(1-6절).

믿음의 선조들은 하나님의 특별한 개입하심을 통하여, 광야를 행진하며 사막의 강한 햇볕으로부터 구름 기둥의 보호를 받았고, 갈라진 홍해를 가운데로 마른 땅처럼 건너며 이집트의 군대로부터 구원하심을 받았다. 그리고 그들은 믿는 자들이 예수 그리스도와 하나됨같이 모세에게 헌신하고 복종하는 축복을 체험하였다(1-2절).

> 1-2절: "1 형제들아, 너희가 알지 못하기를 내가 원치 아니하노니, 우리 조상들이 다 구름 아래 있고 바다 가운데로 지나며, 2 모세에게 속하여 다 구름과 바다에서 세례를 받고,"

또 그들은 하늘에서 내려온 기적의 양식 만나를 먹고(3절), 광야의 반석에서 기적적으로 터져 나온 생수를 마셨다(4절). 그 반석은

말썽 많은 교회의 회복

예수 그리스도의 모형이고 그 신령한 음료의 원천은 예수 그리스도 이시며, 신약 시대의 현대 그리스도인들은 예수 그리스도에게서 나오는 영적인 생수인 성령을 충만히 받음으로써 심령의 갈증을 해결한다.

> 3-4절: "3 다 같은 신령한 식물을 먹으며, 4 다 같은 신령한 음료를 마셨으니 이는 저희를 따르는 신령한 반석으로부터 마셨으매, 그 반석은 곧 그리스도시라."

이들은 광야의 햇볕과 이집트의 군대로부터 하나님께서 기적적으로 구원하심과 인도하심을 받고, 기적적인 양식과 생수를 먹고 마시는 축복을 체험했어도, 은혜를 망각하고 범죄하는 가운데 광야에서 처벌을 받고 죽어갔다. 광야에서 죽었다는 것이 구원을 상실했다는 의미는 아니다. 젖과 꿀이 흐르는 가나안 땅에 들어가는 축복을 상실했다는 것이다. 그리고 이것은 신약시대의 성도들에게도 동일한 원리로 적용되므로 조심해야 한다는 의미이다(5-6절).

> 5-6절: "5 그러나 저희의 다수를 하나님이 기뻐하지 아니하신 고로, 저희가 광야에서 멸망을 받았느니라. 6 그런 일은 우리의 거울이 되어 우리로 하여금 저희가 악을 즐겨한 것같이 즐겨하는 자가 되지 않게 하려 함이니."

두 번째 경고의 메시지는 네 가지 특정한 죄악에 관한 것이다. 고린도 교인들이 환경적 요인으로 이들 죄악에 빠지기 쉬웠던 것이다

(7-11절).

먼저 우상 숭배에 관한 것이다.

> 7절: "저희 중에 어떤 이들과 같이 너희는 우상 숭배하는 자가 되지 말
> 라. 기록된바 백성이 앉아서 먹고 마시며 일어나서 뛰논다 함과 같으
> 니라."

출애굽기 32장에서 모세가 율법을 받으러 시내 산에 올라가서 40
일간 머물렀을 때, 아론을 비롯한 이스라엘 민족은 황금 송아지
우상을 만들어서, 그 앞에서 절하고 먹고 마시고 춤추며 놀았다.
그래서 하나님의 명령에 따라, 레위 족은 칼을 차고 우상 숭배하는
자기 민족의 삼천 명 정도를 처형한다. 우상 숭배의 죄악은 그 처벌
로 사형을 당해야 할 정도로 심각한 성격의 것이었다.

그리스도인들이 하나님 앞에 열심히 기도하는 가운데 미래를 하
나님께 맡기고 의지하지 않으면, 점쟁이 찾아가고, 고사를 지내고,
굿을 하고, 궁합을 보고 하는 죄악에 빠질 위험이 있다. 이것들은
악령의 직접적 공격을 초래하는 심각한 죄악들이다.

다음은 성적 범죄에 관한 것이다.

> 8절: "저희 중에 어떤 이들이 간음하다가 하루에 이만 삼천 명이 죽었
> 나니, 우리는 저희와 같이 간음하지 말자."

말썽 많은 교회의 회복

민수기 25장에서 이스라엘 백성들이 모압 여자들의 유혹에 빠져서 우상인 바알 브올에게 절하고, 성적인 범죄를 저지르기 시작하였다. 하나님께서는 관련된 백성의 두령들은 교수형에 처하게 하고, 나머지는 전염병으로 쳐서 쓰러지게 하셨다. 제사장 비느하스가 모압 여인 고스비와 간음하는 시므리를 창으로 동시에 찔러서 죽이니 전염병이 그쳤다. 그동안에 교수형과 전염병으로 죽임을 당한 이스라엘 사람들의 총 숫자는 2만 4천 명에 이르렀다. 하나님께서는 간음의 죄악을 대단히 싫어하신다.

다음은 하나님을 시험하는 죄악에 관한 것이다.

9절: "저희 중에 어떤 이들이 주를 시험하다가 뱀에게 멸망하였나니, 우리는 저희와 같이 시험하지 말자."

민수기 21장에 이스라엘 백성이 에돔 땅을 둘러서 요단강 동쪽으로 행진하는 장면이 기록되어 있다. 이스라엘 백성이 덥고 건조하고 마른 지역을 지나면서, 하나님께서 자신들을 구원하지 못하시고 광야에서 죽이려 하신다고 하나님과 모세에게 원망하기 시작하였다. 하나님께서는 불뱀을 보내셔서 백성들을 물게 하셨고, 그들 중에 많은 숫자가 죽었다. 에돔 광야에는 많은 불뱀들이 늘 있었다. 백성들이 범죄하고 하나님으로부터 멀어지자 하나님의 보호하심도 떠나고 불뱀들이 자유롭게 백성들을 공격하기 시작하였다. 오직 모세가 놋뱀을 만들어서 장대에 높이 달고 이스라엘 민족이 그것을 바라보게 하였을 때, 죽어가던 자들이 치료를 받았다. 하나님을 시험하는 죄악은 우리로 하여금 하나님으로부터 멀어지게 하는 심각한 죄악들 중의 하나이다.

다음은 불평과 불만과 원망의 죄악들이다.

10절: "저희 중에 어떤 이들이 원망하다가 멸망시키는 자에게 멸망하였나니, 너희는 저희와 같이 원망하지 말라."

민수기 16장에서 레위 족인 고라와 다단과 아비람과 그 추종자들인 족장 250명이 모세에게 반역을 일으키자, 하나님께서는 큰 지진을 일으켜서 그들과 모든 가족들과 재산들을 땅속으로 빠져들어가게 하셨다. 처음에는 이스라엘 민족이 두려워하며 복종했으나, 그다음 날 온 백성이 모여서 다시 모세와 아론에게 이스라엘 백성의 일부를 죽였다고 원망하였다. 하나님께서는 그들을 다시 전염병으로 치셨다. 오직 아론이 제단의 불을 향로에 담아서 하나님께 속죄하였을 때 전염병이 그쳤다. 이때까지 죽은 백성의 숫자가 1만 4천 7백 명이었다.

이 사건들은 구약 시대의 성도들에게만 관련이 있는 것이 아니고, 예수 그리스도의 초림하심과 재림하심 사이에 살고 있는—혹은 신약시대에 살고 있는— 우리 모두에게 도전과 경고의 역할을 한다고 성경은 주장한다.

11절; "저희에게 당한 이런 일이 거울이 되고, 또한 말세를 만난 우리의 경계로 기록하였느니라."

말썽 많은 교회의 회복

세 번째 경고의 메시지는 죄악의 유혹에 대한 올바른 태도에 관한 것이다. 성도들은 이 세상에서 사는 동안 필연적으로 죄악의 유혹에 직면할 것이다. 그들은 자신들이 전혀 죄악에 빠질 염려가 없다는 교만도 아니고(12절), 자신들이 유혹을 이길 능력도 재주도 소망도 없다는 절망도 아니고(13절 상), 자신들은 연약해서 쓰러질 수도 있지만, 하나님을 의지하는 가운데 늘 이길 수 있다는(13절 하) 믿음의 태도를 견지하도록 성경은 권면한다.

> 12-13절: "12 그런즉 선 줄로 생각하는 자는 넘어질까 조심하라. 13 사람이 감당할 시험밖에는 너희에게 당한 것이 없나니, 오직 하나님은 미쁘사 너희가 감당치 못할 시험 당함을 허락지 아니하시고, 시험 당할 즈음에 또한 피할 길을 내사 너희로 능히 감당하게 하시느니라."

성도들은 문화적으로 중립적인 사안에서 이럴 수도 있고, 저럴 수도 있지만, 복음과 진리의 문제에서는 타협할 수 없다. 또한 성경이 명확하게 가르치고 있는 문제에서도 타협할 수가 없다. 그리고 마지막으로 죄악의 문제에서는 더욱 타협할 수 없다. 성도들은 이 세상에서도 최선을 다하여 경건하게 살아야 한다.

성도들이 경건한 인격과 삶을 견지할 때, 그들의 심령에 평강과 기쁨과 진정한 만족이 있다(롬 2:10). 그리고 그들은 하나님과 예수 그리스도의 아름다운 성품을 닮아가는 영광을 이 땅에서도 누린다(벧후 1:4).

제15장

올바른 예배

고린도전서 11장 17-34절

고린도 교회는 그 예배 속에 문제점을 드러내고 있었다. 성도들은 예배를 드리는 가운데 하나님을 만나고, 그들의 심령이 새로운 영적 양식과 힘을 얻게 된다. 그런데 이 예배에 문제가 생겼다는 것은 그들의 신앙생활의 건강에 직접적으로 부정적 영향이 끼쳐지게 되었다는 의미였다. 성경은 왜 이러한 문제가 발생했는지 그 근본적 원인을 지적하고, 예배의 어떤 부분이 잘못되었는지, 그것이 얼마나 심각한 의미를 가졌는지, 그리고 그 결과로 어떤 부정적 일이 발생하는지, 어떻게 바로잡을 것인지를 차례로 설명한다.

먼저 성경은 잘못된 성찬식(애찬식)의 근본적인 원인은 교회가 한마음이 되지 못하였기 때문이라고 지적한다.

17-19절: "17 내가 명하는 이 일에 너희를 칭찬하지 아니하나니, 이는 저희의 모임이 유익이 못되고 도리어 해로움이라. 18 첫째는 너희가 교회에 모일 때에 너희 중에 분쟁이 있다 함을 듣고 대강 믿노니, 19 너희

       말썽 많은 교회의 회복

중에 편당(偏黨)이 있어야 너희 중에 옳다 인정함을 받은 자들이 나타나게 되리라."

교회 안에 약간의 의견의 차이는 항상 있을 수 있다. 그러나 편이 나뉘고, 파가 나뉘는 것은 심각한 문제이다. 일단 파당이 생기면 교인들조차도 무엇이 옳고 그른가 하는 객관적이고 공평한 판단보다는 내 편의 주장인가 다른 편의 주장인가에 따라 판단하는 오류 속에 빠져들기 시작하는 경향이 있다.

둘째로 고린도 교회 안의 이 파당의 문제는 잘못된 성찬식을 초래하였다고 성경은 지적한다. 고린도 교회는 성찬식에서도 분열된 모습을 나타내게 된 것이다.

20-22절: "20 그런즉 너희가 함께 모여서 주의 만찬을 먹을 수 없으니, 21 이는 먹을 때에 각각 자기의 만찬을 먼저 갖다 먹으므로, 어떤 이는 시장하고 어떤 이는 취함이라. 22 너희가 먹고 마실 집이 없느냐? 너희가 하나님의 교회를 업신여기고, 빈궁한 자들을 부끄럽게 하느냐? 내가 너희에게 무슨 말을 하랴? 너희를 칭찬하랴? 이것으로 칭찬하지 않노라."

성경은 고린도 교회의 잘못된 성만찬은 무늬만 성만찬이지, 진정한 의미의 성만찬도 아니라고 단언한다(20절). 성만찬은 예수님의 희생을 기념하는 것일 뿐만 아니라(24-25절), 그분의 희생으로 말미암아 구원받은 성도들이 다 같이 그분의 몸에 속하게 되고 공동체가 된 것을 축하하는 모임이기도 하다(행 2:46). 그런데 교회 안에 분열이 있어서, 다 같이 기쁨으로 식사를 하지 못하면 그 연합을 행위로 부인하는 것이 되는 것이다.

고린도 교회 안에는 가난한 자들과 부유한 자들 사이에 분열이 있었던 것으로 보인다. 부유한 자들은 여유가 있어서 예배 장소에 늦지 않게 도착하였고, 뒤늦게 오는 가난한 자들을 기다리지 않고 성만찬을 진행하였다(21절 상). 당시의 주의 만찬은, 현시대 성찬식 과는 달리, 예배에 참석하는 자들이 마련하고 가져온 음식을 같이 먹는 것이었다. 부유한 자들은 뒤늦게 도착하는 가난한 형제와 자 매들을 배려하지 않고 자신들이 가져온 음식을 먼저 먹었다. 심지 어는 자신의 것을 나누어 주기 싫어하는 마음으로 탐욕스럽게 먹 고 마시며 포도주에 취할 정도가 되었다(21절 하). 그러나 실상은 이 모든 음식이 하나님께 속한 것이었고, 하나님께서 주신 것이었 으며, 그들 자신의 소유가 아니었다. 힘들게 노동을 하다가 뒤늦게 예배 모임에 온 가난한 사람들은 이미 음식이 바닥이 나서 계속 굶 주렸다. 그래서 종종 고린도 교회의 성만찬은 그 성격상 성만찬도 아니고, 하나님의 교회를 모욕하고, 가난한 사람들을 슬프게 한 모 임이 되었다(22절).

셋째로 성경은 고린도 교회의 잘못된 성찬식에 어떤 심각한 영 적 의미가 있는지 지적한다.

23-27절: "23 내가 너희에게 전한 것은 주께 받은 것이니, 곧 주 예수 께서 잡히시던 밤에 떡을 가지사, 24 축사하시고 떼어 가라사대, '이것

말썽 많은 교회의 회복

은 너희를 위하는 내 몸이니, 이것을 행하여 나를 기념하라 하시고. 25 식후에 또한 이와 같이 잔을 가지시고 가라사대, 이 잔은 내 피로 세운 새 언약이니, 이것을 행하여 마실 때마다 나를 기념하라' 하셨으니. 26 너희가 이 떡을 먹으며 이 잔을 마실 때마다, 주의 죽으심을 오실 때까지 전하는 것이니라. 27 그러므로 누구든지 주의 떡이나 잔을 합당치 않게 먹고 마시는 자는 주의 몸과 피를 범하는 죄가 있느니라."

사도 바울은 성만찬에 관한 지시를 주 예수로부터 직접 받았다고 밝힌다(23-25절). 이 성만찬은 우리 주님의 몸과 피를 영적으로 먹고 마시며, 우리 주님께서 우리를 위하여 대신 죽으심을 기념하는 것이다(26절). 그러므로 성만찬을 합당하지 않게 행하면, 우리 주님의 몸과 피를 범하는 죄를 짓는 것이다(27절). 우리의 주인이신 예수 그리스도의 몸의 일부가 된 어떤 형제와 자매들을 무시하고 제외시키고 슬프게 한 태도는 결국 성만찬에 임재하신 우리 주님과 그분의 희생을 모욕한 행위로 이어졌다.

넷째로 성경은 잘못된 성찬식에서 행해진 악한 행위가 어떤 부정적 결과를 가져왔는지 설명한다.

28-32절: "28 사람이 자기를 살피고 그 후에야 이 떡을 먹고 이 잔을 마실지니, 29 주의 몸을 분변치 못하고 먹고 마시는 자는 자기의 죄를 먹고 마시는 것이니라. 30 이러므로 너희 중에 약한 자와 병든 자가 많고 잠자는 자도 적지 아니하니, 31 우리가 우리를 살폈으면 판단을 받

지 아니하려니와, 32 우리가 판단을 받는 것은 주께 징계를 받는 것이
니 이는 우리로 세상과 함께 죄 정함을 받지 않게 하려 하심이라."

주님의 만찬과 자신의 죄악된 태도와 행위를 섞은 고린도 교회
성도들은 주님의 몸과 피 대신 자신의 죄악을 먹고 마신 것이 되었
다. 이들은 자신들이 먹고 마신 것이 주님의 영적 몸과 피라는 것
을 믿지 않거나 생각하지 못했던 것으로 보인다(29절). 이들의 불신
앙과 무지와 죄악은 하나님의 징계를 불러일으켰다. 성만찬을 잘못
행한 사람들은 질병에 걸리거나, 죽기까지 하였던 것이다(30절). 하
나님께서는 고통을 부여하셔서라도 이들에게서 부정한 죄악을 씻
어내기 원하셨다. 성경은 이들이 우리 주님의 징계를 받은 것이고
명확하게 진술한다(32절 상). 이 현세에서의 징계가 이들로 하여금
영원한 처벌로부터 벗어나게 하였다(32절 하).

다섯째로 성경은 이 잘못된 성만찬을 어떻게 바로잡을 것인가 서
술한다.

33-34절: "33 그런즉 내 형제들아 먹으러 모일 때에 서로 기다리라, 34
만일 누구든지 시장하거든 집에서 먹을지니, 이는 너희의 판단 받는
모임이 되지 않게 하려 함이라. 그 남은 것은 내가 언제든지 갈 때에 귀
정하리라."

주님의 만찬을 앞두고 성도들은 먼저 자기 자신을 살펴야 한다(28
절). 먼저 자신의 삶에 현저한 죄악이 없는지 살펴야 하고, 있으면

회개하고 돌이켜야 한다(요일 1:9). 그리고 예배와 주의 만찬에 참예하려는 자신이 하나님과 성도들을 향하여 올바른 태도를 가지고 있는지 살피고 가다듬어야 한다. 이것들은 우리 주님이 가르치신 것처럼 성도들이 날마다 자신의 발을 씻는 행위에 속한다(요 13:8-10).

주님의 만찬에 참여하는 자들은 이 예식의 의미대로 우리 주님의 희생과 죽으심에 감사드리며, 주님의 대속의 죽음으로 말미암아 한 형제와 자매가 된 자들에 대한 사랑과 헌신을 새롭게 하여야 한다. 그들에 대한 올바른 관심과 배려가 우리가 참예하는 주의 만찬을 온전하게 한다(33절). 시장함을 견딜 수가 없다면, 주의 만찬에 참예하기 전에 집에서 적당히 허기를 면하고 가는 것이 지혜롭다 (34절).

몇 가지 좀 더 구체적인 제안으로 고린도전서 11장 17-34절의 교훈을 요약하고자 한다. 성도들은 성찬식에 참예하기 전에 먼저 자신의 죄악을 회개하고, 우리 주님의 대신 죽으심을 묵상하며 임하는 것이 좋다. 그리고 성도들의 식탁의 교제가 있을 때에는 가난한 사람들을 배려하고 그들이 서러워지지 않도록 주의를 기울여야 한다. 하나님의 교회의 예배를 성심성의껏 드려야 한다. 특히 성도들과 교회는 한마음이 되도록 최선을 다하여 노력하여야, 하나님께서 기뻐하시는 예배를 드릴 수 있다.

제16장
은사들의 근원과 목적
고린도전서 12장 1-11절

   오케스트라에는 제1 바이올린, 제2 바이올린, 제3 바이올린, 심벌즈, 드럼 등의 다양한 악기들이 있다. 각 악기들이 다양한 소리를 냄에도 불구하고, 이들이 다 지휘자의 지휘에 순응할 때 아름답고 조화를 이룬 웅장한 대곡을 연주하게 된다.

   고린도 교회는 초자연적인 은사가 많은 교회였다. 그러나 그들의 풍성한 은사들이 꼭 그들이 영적으로 성숙한 것을 의미한 것은 아니었다(고전 3:1-3). 고린도전서 12장은 고린도 교회의 은사들의 문제를 다루는 가운데, 계속해서 교회의 연합과 일치를 강조하고 있다. 다양한 은사를 가진 다양한 배경의 성도들이 조화와 하모니를 이룰 때, 하나님께서 본래 의도하신 교회의 아름답고 웅장한 모습이 드러나기 때문이다.

   먼저 고린도전서도 12장 1-11절은 성령의 은사들의 동일한 영적 근원과 공통의 목적에 관하여 가르친다. 12-26절은 다양한 성령의 은사들이 교회의 연합에 어떻게 기여하고 어떻게 조화를 이루는지 설명한다. 27-31절은 교회의 지도자들이 받은 은사들이 교회의 설립과 운영에 어떻게 쓰임 받는지 설명한다.

성경은 성령의 은사들의 영적 근원과 목적에 관하여 세 가지 요점으로 설명한다(1-11절). 성경은 먼저 성령의 은사의 근원이 아닌 것을 지적한다.

> 1-3절: "1 형제들아 신령한 것에 대하여는 내가 너희의 알지 못하기를 원치 아니하노니, 2 너희도 알거니와 너희가 이방인으로 있을 때에 말 못하는 우상에게로 끄는 그대로 끌려 갔느니라. 3 그러므로 내가 너희에게 알게 하노니, 하나님의 영으로 말하는 자는 누구든지 예수를 저주할 자라 하지 않고, 또 성령으로 아니하고는 누구든지 예수를 주시라 할 수 없느니라."

고린도 교인들이 예수님을 믿기 전에는 우상 숭배를 하는 가운데, 그 배후에서 역사하는 악령들의 임재와 능력을 많이 체험하였다(2절). 그래서 고린도 교인들은 자신들이 영적인 세계와 영성에 관하여 깊이 알고 있다고 생각하였다. 그러나 사도 바울은 영성의 가장 기본적인 것부터 가르치고 있는 것이다(3절 상). 바울은 고린도 교인들이 실상은 영적인 어린아이들이고 상당히 육적이라고 3장 3절에서 이미 지적한 바가 있다. 예수님을 저주하는 말을 하게하는 은사는 성령으로 말미암은 것이 아니고, 악령으로 말미암은 것이다(3절 중). 한편 성령으로 말미암은 은사는 그 은사를 받은 사람을 드러내는 것이 아니라, 그 은사를 주신 하나님께 영광을 돌린다(3절 하). 고린도전서가 기록될 당시는 기독교가 별로 인기가 없거나 항상 핍박을 받을 위험이 있는 사회적 상태가 지속되고 있었다. 특히 황제나 그리스 신화에 나오는 신들을 주인이라고 고백하지 않고, 예수를 주인으로 고백하는 것은 오해를 받거나 박해를 받을 각오를 하여야 하는, 온전한 헌신을 전제로 하는 행위였다.

사도 바울이 이런 설명을 하는 이유는 고린도를 비롯한 그리스 반도에 사는 사람들이 이런저런 우상 숭배를 하는 가운데, 여러 가지 다양한 '영적 경험'을 이미 가지고 있었기 때문이다. 악령들의 영향력 속에서 황홀경에 들어가거나, 이상한 행동들을 했던 일들이 이미 있었고, 이런 신비로운 체험들은 거의 일상적일 뿐만 아니라, 자신들은 '영성'을 증명하는 증거가 되기도 하고, 자신들이 섬기는 우상들[2]의 능력을 실제적으로 나타내는 표적이기도 하였다. 그래서 성경은 거짓 영성과 참된 영성의 경계선을 분명하게 긋기 위하여, "하나님의 영으로 말하는 자는 누구든지 예수를 저주할 자라 하지 않고, 또 성령으로 아니하고는 누구든지 예수를 주시라 할 수 없느니라."라고 선언하는 것이다. 또한 "모든 은사는 하나님께 영광을 돌려야 한다."고 말한다.

사도 바울은 고린도 교인들에게 그들이 참으로 영적이 되려면, 교회 공동체의 삶에 적응하고 녹아 들어가야 한다고 가르친다. 그것이 4절에서부터의 가르침이다. 그래서 **둘째로** 바울은 **성령의 다양한 은사와 직임(Service)과 역사(Working)의 동일한 근원에 관하여** 설명한다.

---

2 혹은 그 배후에 있는 악령들.

말썽 많은 교회의 회복

4-6절: "4 은사는 여러 가지나 성령은 같고, 5 직임은 여러 가지나 주는 같으며, 6 또 역사는 여러 가지나 모든 것을 모든 사람 가운데서 역사하시는 하나님은 같으니."

헬라어로 "은사"는 '카리스마타'였고, "은혜"는 '카리스'였다. 그래서 어원적으로 '카리스마타'는 '카리스'가 구체적으로 나타나는 것을 의미했다. 일반적으로 '카리스마타'는 생일 선물 내지는 사랑의 선물을 의미하였다. 성경은 하나님께서 무조건적 사랑으로 주신 선물이라는 의미로 이 단어를 사용하였다.

하나님께서 각 성도들에게 주시는 은사는 참으로 놀라운 선물이다. 이 은사들은 하나님과 성도들을 섬기는 일에 사용되는 것이다. 이러한 섬김의 기회와 능력이 하나님께서 성도들에게 주시는 축복이고, 성도들이 참된 기쁨을 누릴 수 있는 방식이다(4절 상). 그리고 이 모든 은사들은 동일한 성령께서 주시는 것이라고 성경은 강조한다(4절 하).

"직임"은 '섬김, 봉사, 사역 등'을 의미한다(5절 상). 교회 안에서는 모든 성도들이 마치 종처럼 서로 섬겨야 한다. 이것이 "직임"이라는 단어 자체가 내포하는 의미이다. 교회 안의 성도들에 주어진 다양한 은사들은 자신을 드러내는 데 쓰는 것이 아니라, 다른 이들과 교회의 유익을 위하여 섬기는데 쓰는 능력이다. 그리고 이러한 다양한 섬김과 봉사와 사역을 명하신 이는 동일하신 주님, 즉 예수 그리스도이시다(5절 하).

"역사"는 '하나님의 능력이 나타남'을 의미한다. 하나님의 능력은 사람이 변화되고, 관계들이 회복되고, 전도의 열매가 있고, 재주와 은사들이 개발되고 사용되는 것 등으로 다양하게 나타난다(6절 상). 그러나 이 능력들이 다양하게 나타나도록 하시는 이는 동일한 하나님 한 분이시다(6절 하).

비트렌저(Bittlenger)라는 신학자는 직임 혹은 섬김을 강조하면서, 성령의 은사라는 것은 어떤 능력이 내게 임해서 나를 강권적으로 움직이게 하는 것이라기보다는, 하나님께서 이미 자기 안에 주신 것들은 성도들이 언제든지 내어줄 준비가 되어 있어야 나타난다고 가르쳤다. 성도들이 자신들에게 주어진 성령을 은사를 확인하고, 또 하나님께서 자신과 그 은사들을 통하여 일하시는 영광스런 체험을 하기 원하면, 날마다 성령 충만을 위하여 기도하며 온전한 순종과 충성을 하나님과 교회에 드릴 필요가 있다.

셋째로 성경은 성령의 다양한 은사들의 동일한 목적에 관하여 설명한다.

7-11절: "7 각 사람에게 성령의 나타남을 주심은 유익하게 하려 하심이라. 8 어떤 이에게는 성령으로 말미암아 지혜의 말씀을, 어떤 이에게는 같은 성령을 따라 지식의 말씀을, 9 다른 이에게는 같은 성령으로 믿음을, 어떤 이에게는 한 성령으로 병 고치는 은사를, 10 어떤 이에게는 능력 행함을, 어떤 이에게는 예언함을, 어떤 이에게는 영들 분별함을, 다른 이에게는 각종 방언 말함을, 어떤 이에게는 방언들 통역함을 주시나니, 11 이 모든 일은 같은 한 성령이 행하사 그 뜻대로 각 사람에게 나눠주시느니라."

말썽 많은 교회의 회복

"각 사람"은 각각의 모든 성도를 의미한다(7절 상). 따라서 모든 성령의 은사를 하나 이상 받지 않은 성도는 없다. 받은 은사를 발견하고 사용하고 개발하는 것은 각 성도의 책임이다. 성령께서 주신 모든 은사의 목적은 개인의 영달을 위한 것이 아니라, 교회 전체의 유익을 위한 것이다(7절 하). 다양한 은사들에 관하여 가르치기 전에, 성경은 모든 은사들이 교회의 연합에 기여해야 함을 강조하고 있는 것이다.

교회 안에서나 성도들 간에 갈등이나 위기가 있을 때 올바른 충고를 주는 사람들이 있다. 이들은 "지혜의 말씀"의 은사를 받은 것이다(8절 상). 서기관들과 바리새인들이 간음하다가 잡힌 여인을 예수님 앞에 끌고 와서 예수님을 함정에 빠뜨리려 했을 때, 예수님께서는 "너희 중에 죄 없는 자가 먼저 돌로 치라"(요 8:7)고 대답하시고, 그들의 입을 막으셨다. 이런 말이 지혜의 말씀의 은사에서 나오는 것이다.

성도들이나 교회의 상황을 정확하게 진단하는 지식을 가진 성도들이 있다. 아나니아와 삽비라의 위선과 거짓을 꿰뚫어 본 베드로와 같은 사람들이다(행 5:3-4). 이들은 "지식의 말씀"의 은사를 받은 자들이다(8절 하). 온갖 역경에도 불구하고 하나님의 부르심에 계속해서 충성스럽게 따르는 성도들이 있다. 이들은 "믿음의 은사"를 받은 것이다(9절 상). 하나님의 직접적 교회 징계나 교회나 개인의 문제들의 기적적 해결을 중개하는 성도들은 "능력 행함"의 은사를 받은 것이다(10절 상). 자신이 알지 못하는 언어로 하나님을 찬양하는 성도들은 "방언"의 은사를 받은 것이다(10절 하). 그리고 이 모든 은사들은 하나님께서 당신의 주권적인 뜻에 따라 각 성도들에게 나누어주시는 것이다(11절).

하나님께서 성도들에게 나누어 주시는 선물들 즉 은사 중에서 더 중요하고 덜 중요한 것은 없다. 하나님께서 주시는 모든 선물은 다 소중한 가치가 있다. 그리고 이 은사들은 올바르게 쓰려면, 오직 하나님의 영광을 위하여 사용하여야 한다. 모든 거룩한 은사들은 성삼위 하나님께서 성도들에게 주신 것이고, 다른 출처가 없다. 마귀도 아니고, 자신의 재주도 아니다. 그래서 모든 은사들을 활용할 때, 겸손하게 하나님께 순복하는 태도를 유지하며, 항상 하나님께 영광을 돌려야 한다.

성도들이 개인적으로 성숙하기 위해서는 공동체 생활에 잘 적응하여야 한다. 그리고 이 공동체 생활 속에서 모든 성도들이 자신의 은사를 발견하고 사용하고 개발해 나갈 때, 공동체의 유익에도 기여하게 되고(7절), 공동체의 가치 있는 일원으로서의 자신의 모습을 확인하며 만족감을 느낄 수 있다.

말썽 많은 교회의 회복

제17장
교회 공동체 생활
고린도전서 12장 12-26절

고린도 교회 안에서는 여러 가지 다양한 초자연적 은사들이 많았던 반면에, 성도들 간에 서로 한마음이 되고 연합하지 못하는 경향이 있었다. 그 이유 중에 하나는 하나님께서 주신 은사들에 대한 오해가 있어서, 혹은 우월감에 혹은 열등감에 빠지는 일들이 있었기 때문이다. 그래서 이 본문은 다양한 은사를 받은 성도들에게 교회 공동체의 세 가지 성격에 관하여 가르치며, 그들이 조화와 연합의 관계를 유지해야 할 것을 가르치고 있다.

교회 공동체의 첫 번째 성격은 통일성이다. 교회 공동체 안의 모든 성도들은 성령 하나님 안에서 한 몸, 즉 예수 그리스도의 몸을 이룬다.

12절: "몸은 하나인데 많은 지체가 있고, 몸의 지체가 많으나 한 몸임과 같이, 그리스도도 그러하니라."

이 구절은 예수 그리스도의 몸을 인간의 몸에 비유하고 있다. 마치 모든 정상적인 인간들이 하나의 머리에 철저히 종속되고 순종하는 하나의 몸을 가진 것 같이, 교회도 예수 그리스도라는 머리에 순복함으로써 조화를 이루고 연합된 성도들로 이루어진 하나의 몸이라는 것이다. 하나님의 눈에는 온 세계의 그리스도인들로 구성되는 하나의 몸이 보일 뿐이다. 그리스도는 두서너 개의 몸을 소유한 것이 아니라, 오직 하나의 몸을 소유하셨다.

그렇다면 이 몸은 어떤 사람들로 구성되는가? 장로교인들, 침례교인들, 감리교인들, 성결교인들 등 하나의 교단 성도들로만 구성되는가? 혹은 목사와 장로와 안수집사 혹은 교회에서 앞장서서 일하는 사람들만으로 구성되는가? 정답은 교단에 상관없이, 남녀노소에 상관없이, 교회 직분에 상관없이, 오직 예수 그리스도의 복음을 제대로 알고 믿으며, 성령 안에서 거듭나기만 하면, 모든 그리스도인들은 예수의 몸을 구성하게 된다는 것이다.

13절: "우리가 유대인이나 헬라인이나 종이나 자유자나 다 한 성령으로 세례를 받아 한 몸이 되었고, 또 다 한 성령을 마시게 하셨느니라."

"유대인이나 헬라인이나", 즉 국적과 인종에 상관없다는 말씀이다. "종이나 자유자나", 즉 사회적 지위에 상관이 없다는 말씀이다. 그들은 구체적으로 어떻게 하나가 되는가? 13절에서 "한 성령"으로 그렇게 되었다고 말씀하신다.

그러면 마지막 질문은, 어떻게 성령을 받는가? 어떤 사람들이 성령을 받는가? 장로교인들만? 감리교인들만? 혹은 특별한 오순절파

말썽 많은 교회의 회복

사람들만 성령을 받는가? 특별히 믿음이 좋은 사람들만 성령 세례를 받은 것인가? 이것은 간단한 문제는 아니지만, 13절에 의하며 성령은 누구든지 예수 그리스도를 믿는 사람마다 선물로 받는 것이다. 혹은 성령께서 믿는 자마다 그 영혼에 들어오셔서 내주하신다. 그리고 그 성령 안에서 국적과 교파와 인종을 초월하여 하나가 되고, 주님의 몸을 이루게 된다.

사도행전 2장 38절도 "베드로가 가로되 너희가 회개하여 각각 예수 그리스도의 이름으로 세례를 받고, 죄 사함을 얻으라, 그리하면 성령을 선물로 받으리니"라고 가르친다. 제대로 회개하고 믿고 구원만 받으면 성령을 선물로 혹은 성령 세례를 받는다는 것이다. 그리고 더 나아가서 성령 충만의 문제는, 예수를 믿고 영접할 때 받은 성령 세례 이후에, 자신이 날마다 깨어서 기도하며 자신을 비우는가, 그렇지 못한가에 달려있다.

그리스도인들이 주님 안에서 하나가 되려면, 첫 번째로 예수 그리스도의 복음을 올바르게 이해하고 받아들이며 구원을 받고, 성령 세례를 받으며, 그 성령 안에서 하나 된다는 사실을 이해하는 것이 필요하다.

교회 공동체의 두 번째 성격은 다양성이다. 모든 성도들은 예수 그리스도의 한 몸 안에서 여러 가지 다른 기능 혹은 은사를 소유하게 된다.

14절: "몸은 한 지체뿐 아니요 여럿이니."

인간의 한 몸은 여러 가지 부분과 기능으로 이루어진다. 이와 마찬가지로 하나님께서도 예수 그리스도의 한 몸을 이루는 수많은 그리스도인들에게 각각 다른 은사와 기능을 선물로 주셨다. 우리는 서로 똑같을 수가 없다. 우리 각 사람이 하나님의 왕국에서 감당하는 직분과 기능은 각각 다르다.

예수 그리스도의 몸의 통일성뿐만 아니라, 서로 다른 독특성을 이해하는 것이 그분의 몸의 연합을 지키기 위하여 이해하여야 할 두 번째 사실이다. 만약 우리가 이 각자의 독특성을 이해하지 못하면, 가끔 열등감이나 우월감에 빠지는 일들이 생긴다.

> 15-16절: "15 만일 발이 이르되 나는 손이 아니니 몸에 붙지 아니하였다 할지라도 이로 인하여 몸에 붙지 아니한 것이 아니요, 16 또 귀가 이르되 나는 눈이 아니니 몸에 붙지 아니하였다 할지라도 이로 인하여 몸에 붙지 아니한 것이 아니니."

이 두 구절에서는 묘사되는 것은 발과 귀가 손과 눈에게 대하여 느끼는 열등감이다. 발과 귀가 우리는 손과 눈처럼 고상하거나 중요하지 않으니 몸에 속하지 않는다거나 몸에 필요 없는 존재들이다라고 말하며 낙담하고 자조하고 뒤로 물러서는 장면이다.

> 21절: "눈이 손더러 내가 너를 쓸데없다 하거나, 또한 머리가 발더러 내가 너를 쓸데없다 하거나 하지 못하리라."

이 구절에서는 눈이 손에 대하여, 머리가 발에 대하여 우월감이 생겨서 거부하는 태도를 보여주고 있다. 그러나 손이나, 발가락이나, 귀나, 맹장이나 어떤 미약해 보이는 부분이라도 없어지거나 그 기능을 상실하면 우리 몸에 상당한 불편함이 생긴다.

성도들은 각각이 받은 은사가 다르고, 각각의 기질이 다르고, 각각의 호불호가 다른 것을 이해하고, 말씀의 테두리 안에서 서로 포용하고 용납하고 하나가 되는 것이 중요하다. 우리는 말씀의 테두리 안에서 대단히 자유롭고 창조적이고 다채로운 삶을 살 수 있고, 오직 죄가 되는 것을 경계하고 피하면 안전하다.

교회 공동체의 세 번째 성격은 공동체성이다. 이것은 몸의 통일성과 다양성 다음에 성도들이 이해하여야 하는 개념이다. 공동체성은 유기체성이라고도 부를 수 있다. 공동체에 속한 성도들은 원하건 원치 않건 서로에게 영향을 끼치기 때문에, 서로를 돌보아야 한다. 이것은 마치 유기체 안에 있는 세포나 기관들이 필연적으로 서로 영향을 끼치는 것과 흡사하다. 유기체 안에 있는 모든 세포와 기관들이 도울 때라야 그 유기체는 건강을 유지할 수 있는 것이다. 영적 유기체인 교회 공동체 안에서는 한 명의 성도라도 무시당하거나 혹은 스스로의 역할을 사보타주(sabotage)하면 몸 전체에 이상이 생긴다.

22-26절: "22 이뿐 아니라 몸의 더 약하게 보이는 지체가 도리어 요긴하고, 23 우리가 몸의 덜 귀히 여기는 그것들을 더욱 귀한 것들로 입혀주며 우리의 아름답지 못한 지체는 더욱 아름다운 것을 얻고, 24 우리의 아름다운 지체는 요구할 것이 없으니 오직 하나님이 몸을 고르게

하여 부족한 지체에게 존귀를 더하사, 25 몸 가운데서 분쟁이 없고 오직 여러 지체가 서로 같이하여 돌아보게 하셨으니.”

위의 구절들이 가르치는 것은 우리 몸의 여러 지체들이 서로서로 돌아보고 도와준다는 것이다. 특히 23절에서 말씀하시는 것은 우리 몸의 연약하고 못나 보이는 부분은 우리가 더욱 돌본다는 것이다. 이것은 여자 성도들이 화장하는 것을 보면 이해할 수가 있다. 화장은 주로 연약한 부분을 보완해주고, 돋보이게 해주기 위하여 필요하다. 코가 낮은 이는 코가 있는 부분을 밝게 하고 양옆은 짙은 색으로 뒷받침해준다. 눈이 작은 이는 눈꺼풀을 주로 짙은 마스카라로 칠함으로써 눈이 커 보이게 한다. 귀가 별로 아름다워 보이지 않으니, 귀걸이로 장식한다. 마찬가지로 사람들의 눈에는 초라하거나 미약한 성도들도 하나님께서 보시기에는 그 나름의 중요한 기능과 역할을 하고 있으므로, 성도들은 그들에게 관심을 가지고 인정하고 배려하고 격려하며 세워주는 행동이 필요하다는 것이다.

교회에서 모든 사람들의 눈에 띄게 잘하는 사람은 그리 자주 칭찬할 필요가 없다. 가끔 하면 된다. 그러나 조용히 눈에 띄지 않게 일해야 하는 사람들을 기억해야 한다. 뒷정리하는 이들, 쓰레기 줍는 이들, 부엌에서 설거지하는 이들, 교회에서 설비나 정비를 하는 이들, 교회는 이런 사람들을 늘 기억하고 더욱 감사하게 생각하며 소중하게 여겨야 한다. 그래야 교회가 평화롭고 건강한 연합을 유지할 수 있다.

말썽 많은 교회의 회복

제18장

교회의 설립과 운영

고린도전서 12장 27-31절

27-28절: "27 너희는 그리스도의 몸이요 지체의 각 부분이라. 28 하나님이 교회 중에 몇을 세우셨으니 첫째는 사도요 둘째는 선지자요 셋째는 교사요 그다음은 능력이요 그다음은 병 고치는 은사와 서로 돕는 것과 다스리는 것과 각종 방언을 하는 것이라."

이 본문에서는 교회에 주어진 은사들 중에 지도자들을 위한 은사와 그 외의 다양한 은사들을 열거하고 있다. 사도와 선지자와 교사는 지도자들을 위한 은사이다.

첫째로 '사도의 은사'가 있다. "사도"는 보내심을 받은 자라는 의미이다. 사도들은 교회들을 세우고, 교회에 특별히 권위 있는 말씀을 선포하는 역할을 맡았다. 오순절에 11사도와 맛디아는 신약 교회를 출범시키는 역할을 수행했다(행 1:15-26). 이 열두 명 외에 야고보와 바울과 그리고 아마도 바나바가 추가되었다(행 14:1, 14:4, 14:14).

고후 8장 23절: "디도로 말하면 나의 동무요 너희를 위한 나의 동역자요 우리 형제들로 말하면 여러 교회의 사자들이요 그리스도의 영광이니라.(As for Titus, he is my partner and fellow worker among you, as for our brothers, they are representatives (apostles) of the churches and an honor to Christ.)"

빌 2장 25절 "그러나 에바브로디도를 너희에게 보내는 것이 필요한 줄로 생각하노니, 그는 나의 형제요 함께 수고하고 함께 군사된 자요 너희 사자로 나의 쓸 것을 돕는 자라.(But I think it is necessary to send back to you Epaphroditus, my brother, fellow worker and fellow soldier, who is also your messenger, whom you sent to take care of my needs.)"

이 사도들은 좀 특별한 사람들로서 부활하신 예수 그리스도를 목격한 사람들이었다. 다른 견해를 가진 신학자들이 있기는 하지만, 초대 교회의 사도들은 더 이상 존재하지 않는다. 그러나 사도적인 사역을 하는 이들은 여전히 있다. 교회가 존재하지 않는 지역에 새로운 교회를 세우고, 예수 그리스도의 복음이 충분히 선포되지 않은 지역에서 복음을 선포하고 교회를 세우는 이들은 사도는 아니지만 "사도적 사역"을 하는 것이다.

복음적이고 하나님의 말씀을 선포하는 교회는 그냥 세워지는 것이 아니다. 하나님의 특별한 인도하심과 허락하심 속에서 가능한 것이다. 그런데 교회에 대하여 계속해서 근거 없는 비방의 말을 하는 사람들은 상당히 위험한 죄악을 범하고 있는 것이다.

초대 교회의 사도들은 일반적으로 복음 전도와 예언과 가르치는

말썽 많은 교회의 회복

은사와 목양하는 은사들을 가지고 있었다. 그런데 일단 교회가 세워지고 견고해지면, 사도들은 새로 세운 장로들에게 전도와 예언과 가르치는 일과 목양하는 일을 맡기고 자신들을 새로운 곳으로 떠나가는 일이 많았다.

둘째로 '선지자의 은사'가 있다. "예언"의 은사는 꼭 미래에 일어날 일에 대한 발언이 아니다. "예언"은 많은 경우에 현재의 상황에서 하나님의 백성들에 대한 하나님의 평가와 뜻과 목적을 선포하는 말씀을 의미한다. 구약 시대 예언자들의 예언의 상당한 부분도 미래의 사건을 이야기하는 것뿐만 아니라, 현재 하나님의 백성들을 향한 하나님의 뜻을 선포하는 것이 많았다.

셋째로 '교사의 은사'가 있다. 교사의 은사는 하나님의 일반적인 말씀을 잘 강해하고 가르치는 것을 의미한다. "예언"의 은사가 현 상황에 대한 직접적이고 구체적인 말씀이라면, "교사"의 은사는 좀 더 일반적이고 다양한 하나님의 말씀의 강해를 의미한다.

초대 교회에서도 교사들은 인기가 높았다. 그래서 교사가 되고자 하는 사람들이 많았다.

약 3장 1절: "내 형제들아, 너희는 선생 된 우리가 더 큰 심판을 받을 줄을 알고 선생이 되지 말라."

이 사람들은 주일 학교 교사가 아니라 성경을 강해하는 설교자를 의미한다. 아볼로가 대표적인 교사이며, 그는 바울이 세운 고린도 교회의 사역을 좀 더 하나님의 말씀에 견고하게 뿌리박게 하는 역할을 하였다.

> 고전 3장 5-6절: "5 그런즉 아볼로는 무엇이며? 바울은 무엇이뇨? 저희는 주께서 각각 주신 대로 너희로 하여금 믿게 한 사역자들이니라. 6 나는 심었고 아볼로는 물을 주었으되 오직 하나님은 자라나게 하셨나니."

바울의 사도적 사역과 아볼로의 교사로서의 사역이 서로 보완하며 고린도 교회가 그 지역에 뿌리를 내리고 지속될 수 있도록 한 것이다. 교사들은 다양한 가르침으로 성도들과 교회가 성숙하도록 돕는다. 목사와 교사는 동일인인 경우도 있으나, 좋은 교사 중에 목양을 잘하는 이가 드물고, 좋은 목양인 혹은 목사인 경우에 잘 가르치는 경우가 드물다.

로스앤젤레스에 위치한 동양 선교 교회의 개척자였던 임동선 목사에 의하면 목회는 발로 하는 목회, 무릎으로 하는 목회, 엉덩이로 하는 목회가 있다고 하였다. 그중에서 엉덩이로 하는 목회가 가장 오래간다고 하였다. 발로 하는 목회는 심방 중심의 목회이고, 무릎으로 하는 목회는 기도 중심의 목회이고, 엉덩이로 하는 목회는 설교 중심의 목회이다. 임동선 목사님은 건전하고 성경적인 설교의 중요성을 강조한 것이다.

담임 목사가 가르치는 은사가 있는 경우에는, 교회는 목사님으로 하여금 기도와 가르치는 사역에 전념하게 하고, 목양 혹은 돌보는 일은 여러 평신도 지도자들에게 분담하여 맡기는 것이 바람직하다.

말썽 많은 교회의 회복

넷째로 '능력 행하는 은사'가 있다. 하나님의 직접적 교회 징계나 교회나 개인의 문제들의 기적적 해결을 중개하는 은사이다.

다섯째로 '병 고치는 은사'가 있다.

여섯째로 '서로 돕는 은사'가 있다. 그리스도인들의 사역의 핵심은 그것이 영적으로 연약한 이든지, 육체적으로 연약한 이든지, 재정적으로 혹은 사회적으로 연약한 이든지, 연약한 이들을 돕는 것이다.

> 행전 20장 35절: "범사에 너희에게 모본을 보였노니, 곧 이같이 수고하여 약한 사람들을 돕고, 또 주 예수의 친히 말씀하신 바 주는 것이 받는 것보다 복이 있다 하심을 기억하여야 할지니라."

"돕는다"는 헬라어 단어의 어원적 의미는 '재정을 다루는 행위'였다. 교회에서는 재정을 지혜롭게 잘 다루는 사람들이 필요한 것이다. 그러나 시간이 흐름에 따라 이 단어는 모든 종류의 구체적 도움을 의미하는 것으로 발전되었다. 요리를 하거나, 만찬을 준비하거나, 빨래를 하거나, 교회 청소를 하거나, 의자를 배열하거나 치우거나, 차편을 제공하거나, 꽃을 준비하거나, 비서로서 일거나, 전화를 받거나, 심부름을 하거나, 정원을 가꾸거나, 페인트를 칠하거나, 망가진 것들을 고치거나, 장식을 하거나 하는 모든 일들이 돕는 은사에 포함되었다. 특히 병든 자나, 집이나 병원에 누워있는 자를 방문하거나, 교회에서 안내 위원으로 섬기거나, 교회 도서들을 정리하고 관리하거나, 온갖 종류의 사소해 보이는 일들을 하는 것이 돕는 은사이다.

특히 이 돕는 은사라는 단어는 사람보다는 선물 자체를 의미함으로써 모든 사람이 이 돕는 은사를 실천해야 함을 드러내고 있다. 교회에서는 모든 성도들이 이 돕는 은사를 실천하여야 몇몇 성실한 사람들이 거의 모든 일을 감당하는 현상을 극복할 수 있다. 목사나 장로나 권사나 집사들이 어떤 일을 부탁하면 큰 문제가 없는 한 순종하고 돕기를 바란다. 그것이 교회 전체에 좋고, 결국은 자신에게도 유익한 일이 된다.

일곱째로 '다스리는 은사', 이 시대의 말로 표현하면 '행정의 은사'가 있다. 다스리는 은사의 문자적 번역은 '조정'이다. 마치 비행기나 배를 조정하는 행위를 의미하고 있는 것이다. 교회의 가장 큰 방향은 성경에 의하여 혹은 사도나 선지자나 교사에 의하여 제시가 되고, 다스리는 은사 혹은 행정의 은사를 가진 사람은 교회가 그 방향으로 가도록 계속해서 조정하고 돌보는 것이다. 이 은사를 가진 사람은 영적 혹은 철학적인 묵상을 하는 사람보다는, 주변의 상황을 항상 관찰하고 있으면서, 상황에 민감하게 대처하는 기질을 가지고 있다.

미국의 조지 케넌(George Kenon)[3]이 미소 간의 냉전에 대처하여 억제 전략(Containment strategy)를 제시하고, 미국의 트루먼, 아이젠하워, 케네디 등의 역대 대통령들이 소련이 해체될 때까지 그 전략

---

3 『도덕적 인간과 비도덕적 사회』의 저자인 라인홀트 니부어(Reinhold Niebuhr)의 제자.

말썽 많은 교회의 회복

을 상황에 맞게 실천한 것과 비슷한 것이다.

이 행정의 은사를 가진 사람들은 공동체에 어떤 사람들이 있고, 어떤 은사나 재주를 가지고 있으며, 현재 상황에서 누가 어떤 일을 해주는 것이 공동체 전체에 유익한가를 민감하게 알아내는 기능이 있다.

여덟째로 '방언하는 은사'가 있다.

> 29-30절: "29 다 사도겠느냐? 다 선지자겠느냐? 다 교사겠느냐? 다 능력을 행하는 자겠느냐? 30 다 병 고치는 은사를 가진 자겠느냐? 다 방언을 말하는 자겠느냐? 다 통역하는 자겠느냐?"

위의 구절들은 주로 화려하고 눈에 띄는 은사들을 다루고 있다. 모든 이가 지도자가 될 수가 없고, 모든 이가 화려한 은사를 받을 수는 없다는 것이다. 모든 이가 교회에서 너도나도 한마디 해야만 하고, 자기주장을 관철시켜야 하고, 자기 권리 주장을 하여야만 하면, 교회는 주님께 순복하고 성도들 간에 서로 섬기는 본래의 모습을 잃어버리게 된다.

성경은 지도자 은사가 더 다른 은사들보다 더 낫거나 중요해서가 아니라, 하나님께서 저들을 세우셨기 때문에 순종하고 도우라고 가르치신다. 지도자들이 크게 혐의가 갈 만한 일을 한 적이 없고, 죄악된 것을 요구하는 것이 아니면, 순종하고 도와야 한다. 그래서 베드로 사도와 히브리서 기자도 성도들이 지도자들에게 순복하고 따를 것은 지시한다.

벧전 5장 5-6절: "5 젊은 자들아 이와 같이 장로들에게 순복하고, 다서로 겸손으로 허리를 동이라. 하나님이 교만한 자를 대적하시되 겸손한 자들에게는 은혜를 주시느니라. 6 그러므로 하나님의 능하신 손 아래서 겸손하라. 때가 되면 너희를 높이시리라."

히 13장 17절: "너희를 인도하는 자들에게 순종하고 복종하라. 저희는 너희 영혼을 위하여 경성하기를 자기가 회계할 자인 것같이 하느니라. 저희로 하여금 즐거움으로 이것을 하게 하고, 근심으로 하게 말라. 그렇지 않으면 너희에게 유익이 없느니라."

가정과 교회에서 순종을 배우지 못한 사람을 하나님께서 크게 축복하시고 사용하시는 법이 없다. 하나님께서 누구를 교회의 지도자들로 세우셨는지 인식하고 도와야 한다. 그러나 동시에 별로 눈에 띄지 않는 다양한 은사들을 가진 성도들을 인정하고, 다 같이 겸손과 사랑으로 존중하고 섬겨야 한다(29-31절).

이 시대 우리나라에서는 '사랑'이라는 단어가 대중 매체나 대중 문화 속에서 대단히 자주 사용된다. 그럼에도 불구하고 이 시대의 한국인들은 여전히 외롭고, '사랑한다'는 말을 노골적으로 하지 않던 때보다 이혼율은 왜 급상승했다. 왜 그럴까? 여러 가지 이유가 있겠지만, 중요한 이유 중에 하나는 사랑에 대한 이해가 상당히 잘못되어 있기 때문인 것으로 보인다. '사랑한다'는 말을 쉽게 하지만, 실상은 자신도 그 고백의 의미가 무엇인지 잘 모르고 있거나, 실상은 사랑이 아닌 다른 어떤 감정을 사랑으로 표현하고 있는 것이다.

사랑이라는 아름다운 단어 때문에 오히려 혼란 속에 빠지고 상처를 받고 있는 이 시대 사람들은 성경에서 가르치는 사랑의 개념으로 돌아갈 필요가 있다. 사랑 장(章)으로 알려진 고린도전서 13장은 먼저 사랑이 가장 중요하다는 선언으로 시작된다.

1-3절: "1 내가 사람의 방언과 천사의 말을 할지라도 사랑이 없으면 소리 나는 구리와 울리는 꽹과리가 되고 2 내가 예언하는 능력이 있어

모든 비밀과 모든 지식을 알고 또 산을 옮길 만한 모든 믿음이 있을지라도 사랑이 없으면 내가 아무것도 아니요. 3 내가 내게 있는 모든 것으로 구제하고 또 내 몸을 불사르게 내줄지라도 사랑이 없으면 내게 아무 유익이 없느니라."

성경은 몇 가지 눈에 띄는 성령의 은사들을 열거하며, 사랑은 이 모든 은사들보다 더 중요하다고 단언한다. 은사가 일종의 능력이나 기능이라면, 사랑은 그러한 능력을 사용하는 사람의 동기와 목적에 올바른 방향을 부여하는 내적 태도와 그의 외적 표현이다.

그래서 아름다운 방언을 해도 마음에 사랑이 없으면 다른 이들의 마음을 상한다(1절). "내가 사람의 방언과 천사의 말을 할지라도, 사랑이 없으면 소리 나는 구리와 울리는 꽹과리가 되고."

예언과 깊은 지식과 믿음의 은사가 있어도 사랑이 같이 가지 않으면 무의미하다(2절). "내가 예언하는 능이 있어 모든 비밀과 모든 지식을 알고, 또 산을 옮길 만한 모든 믿음이 있을지라도, 사랑이 없으면 내가 아무것도(Nothing) 아니요."

구제를 하고 순교를 해도 올바른 사랑의 동기로 하지 않으면 아무것도 성취하는 것이 없다(3절). "내가 내게 있는 모든 것으로 구제하고, 또 내 몸을 불사르게 내어 줄지라도, 사랑이 없으면 내게 아무 유익이 없느니라."

사랑이 가장 중요하다고 말을 땐 성경은 이제 본론으로 들어가며 사랑을 좀 더 구체적으로 정의한다. "사랑은 인내하고 친절하다.", "사랑은 인내하며 선행을 베푼다."(4-7절). 즉, 사랑의 기본적 정의는 다른 사람의 연약함이나 실수(失手)나 악행(惡行)을 오래 참으며, 친절을 베푸는 것이다(4절 상). 그리고 이렇게 행하기 위해서는 무엇보다도 먼저 자신을 부인하여야 한다(4-5절 상). 성령께서는 바울을 통하여 우리가 부인하고 억제하여야 할 다섯 가지 자기 중심적이고 이기적인 죄악을 열거한다. 그리고 둘째로 이웃의 죄악을 관용적인 태도로 다루어야 한다(5절 하-6절).

첫째, 자신을 부인한다는 것은 자기 마음속의 죄악과 이기심을 부인하는 것이다.

질투심, 자랑하고 싶은 마음, 남보다 자신을 높이는 마음, 예의를 지키지 않고 함부로 행하고 싶은 마음, 자신의 이익을 가장 먼저 생각하고 추구하는 마음을 부인하고 억제하는 것이다.

사랑은 "투기하지" 않는다(4절 상). 사랑은 다른 사람의 좋은 일(慶事)을 진심으로 축하해줄 수 있다. 고린도전서 1장 10절을 보면 고린도 교회 안에 분쟁이 있었다는 것을 알 수 있다. 서로 의견이 다른 사람들이 있었고, 서로 파당(派黨)을 만들어서 시기하고 질투했던 것이다. 고린도전서 3장 3절과 3장 21절은 이런 시기와 분쟁은 영적 미성숙(未成熟)의 증거라고 말씀하신다. 고린도전서 12장 14-25절에서는 서로 다른 은사를 받은 사람들이 서로 자기 은사가 더 크다고 분쟁하는 모습이 기록되고 있다. 성령께서는 사도 바울의 입을 통하여, 이러한 문제의 가장 좋은 해결책은 서로 사랑하는 것인데, 서로 시기 질투하지 말고 다른 이의 은사나 경사를 참으로 축하해 주라고 말씀하신다. 사랑은 질투하지 않는 것이고, 다른 이들의 성공, 경사, 업적 등을 진정으로 축하해 주는 것이다.

사랑은 "자랑하지" 않는 것이다(4절 중). 우리는 일반적으로 자신의 소유, 능력, 업적 등을 과시하고 싶은 성향을 가지고 있다. 그러나 이 성향을 의지적으로 억제하고, 사람들에게 인정받기보다는 미래에 있을 하나님의 인정과 보상을 바라보고 기대하는 것이 사랑이라는 것이다.

사랑은 "교만한 마음"을 품지 않는다(4절 하). 교만한 말과 행동을 하지 않는 것이다. 사랑은 겸손하게 말하고 행동한다. 겸손은 하나님 앞에서나 사람들과의 관계에서 자신의 영적 혹은 사회적 위치를 정확하게 알고 처신하는 태도를 의미한다. 반대로 교만은 자신의 영적 사회적 위치를 망각하고, 스스로 높아진 마음을 품거나, 이런 마음으로 말과 행동을 할 때 외적으로 표현된다. 교만해지면 모든 일에서 하나님께 영광을 돌려드리는 것이 아니라, 마음이 우쭐해져서 자신을 드러내기 시작하고 자신이 영광을 받기 시작한다.

그리스도인들이 교만해지면 고목에 붙어서 쪼아대는 딱따구리 비슷해진다. 나무를 쪼고 있던 중, 갑자기 벼락이 치고 큰 나무가 둘로 쫙! 하고 갈라졌다. 다행히도 딱따구리는 몸이 상하지 않고 도피했다. 거대한 고목이 둘로 갈라져서 땅에 떨어진 모습을 보며, 딱따구리가 말한다. "봐! 내가 해냈잖아." 사랑은 이런 교만한 태도를 버린다.

사랑은 "무례히" 말하거나 행동하지 않는다(5절 상). 사랑은 예의를 지켜서 말과 행동을 한다. 고린도 교회에는 예배에 무례한 옷차림과 단장을 하고 나타나는 여인들이 있었다. 당시는 정숙한 여인들은 공공장소에서 항상 머리를 가리는 천을 쓰고 있었고, 머리를 가리지 않고, 땋고 보석으로 단장하고 하는 것은 행실이 문란한 여인들의 행동이었다. 그런데 고린도 교회 안의 어떤 여인들도 이런

말썽 많은 교회의 회복

모습으로 교회 예배에 나타나곤 하였다. 그래서 사도 바울이 고전 11장 2-16절에서 성령 하나님의 감동하심에 따라 여인들이 단정한 옷차림과 매무시를 하고 예배에 나타나도록 권면하고 있는 것이다.

고린도 교회에서는 성찬식에서 무례했던 사람들도 있었다. 당시는 식사에 해당할 만한 분량의 빵과 포도주를 가지고 성찬식을 했는데, 어떤 이들이 자기가 가져온 빵과 포도주를 다른 이들과 나누기 싫어서, 하루 종일 일하고 예배에 늦게 오는 이들을 기다리지 않고 먼저 먹기 시작했던 것이다. 그래서 어떤 이들은 포도주에 취하도록 마시고 먹었고, 어떤 이들은 일을 마치고 간신히 예배에 참석해서 허기진 사람들도 있었다. 그래서 성령께서 사도 바울을 통하여 먼저 와서 먹고 마시는 부유한 사람들을 꾸짖은 것이 고린도전서 11장 17-22절까지의 내용이다. 탐욕과 무례함으로 성찬식을 잘못 시행하였는데, 하나님과 형제자매들에게 범죄하고, 심지어는 병들거나 죽은 사람들까지 있었다는 것이다.

예배 진행에서 무례했던 사람들도 있었다. 고린도전서 14장 26-33절을 보면, 고린도 교회에서는 방언과 예언을 받은 사람들이 자신들의 은사를 과시하기 위하여 예배 중에 서로 방언을 하고 예언을 하겠다고 경쟁하는 일들이 있었다. 방언도 예언도 좋은 것이나, 질서를 지키라고 사도 바울은 충고한다. 인간관계를 잘하려면 가까운 사이일수록 예의를 지켜야 한다. 교회 성도들 간에, 친구들 간에, 형제자매들 간에, 부부간에 항상 예의를 지켜야 한다.

사랑은 "자기 유익(有益)" 혹은 "자기만족"을 구하지 않는다(5절 중). 사랑은 이기심을 부인한다. 사랑은 하나님이나 교회의 만족을 구한다. 사랑은 사랑하는 사람의 만족을 구하고 자신의 만족을 구하지 않는다.

고린도전서 8장 8절과 10장 23-24절을 보면, 고린도 교회에서는 우상에게 바쳐진 제물들을 먹으며 자기만족만을 구했던 사람들이 있었다. 자기만 먹고 좋으면, 믿음이 어린 다른 형제자매들이 자신을 보고 오해하며 시험에 들건 말건 상관없다는 사람들이 있었다. 그러나 성경은 사랑은 자기만족보다는 다른 사람의 만족을 구한다고 말씀하신다.

부부간에도 뭐 그렇게 영적으로 도덕적으로 대단한 결정이 아니면 서로 "당신 원하는 대로 합시다. 당신 원하는 대로 합시다."라고 할 때 그 가정에 은혜가 넘치는 것이다. 부부(夫婦)가 외식을 할 때 양식(洋食), 중국식(中國食), 한식(韓食) 가운데 하나님의 뜻이 어디 있을까? 정답은 남편이나 아내가 원하는 대로이다. 사랑은 자기만족을 구하지 않는다.

자신의 자기중심성과 이기심과 죄성을 부인하고 억제하는 것은 저절로 되지 않는다. 이런 일은 성도들이 자신들의 연약함을 하나님께 고백하고, 그분을 의지하는 기도를 드리며, 의지적으로 노력할 때 가능해진다. 자기를 부인(否認)하는 것이 사랑의 출발점이다. 자신의 마음의 죄악들을 직면하고 고백하고 부인하는 사람들이 가정과 교회를 채울 때, 그 가정과 교회는 천국의 맛을 보기 시작한다. 가정과 교회에서 우리는 완성된 하나님의 나라, 천국의 모형을 발견하고 소망을 품게 되는 것이다.

둘째, 사랑은 이웃의 죄악에 관용하는 것이다.

고린도 교회에는 법정에서 억울한 일을 당한 사람들이 있었다(고전 6:8). 그리고 가난한 사람들이 성찬식(聖餐式)에서 억울한 일들을 당했다(고전 11:21-22). 이런 일들을 바로잡을 필요가 있지만, 성경은 먼저 관용하는 것을 가르친다. 관용한다는 것은 그 문제들을 간과하는 것을 의미하는 것이 아니고, 너그러운 태도로 다루는 것을 의미한다. 자신도 죄인임을 의식하는 피해자는 또 다른 죄인인 가해자를 다룰 때에 가혹한 분노보다는 불쌍히 여기는 마음으로 부드러운 정의를 추구하게 되는 것이다.

사랑은 "성내지 아니하며, 악한 것을 생각지 아니하며, 불의를 기뻐하지 아니하며, 진리와 함께 기뻐한다"(5절 하-6절). 사랑은 악행을 당하고도 쉽게 분노하지 않는다. 5절 중반(中盤)에 사랑은 "성내지 아니하며"라고 기록되어 있다. 사랑은 전혀 성내지 아니한다는 의미는 아니다. 단지 사랑은 쉽게 성내지 않는다는 의미이다. 만약 고린도 교인들이 쉽게 성내지 않았더라면, 고린도전서 6장 1-11절에 기록된 교인들끼리의 고소 사건은 없었을 것이다. 잠언 16장 32절은 "노하기를 더디 하는 자는 용사보다 낫고, 자기의 마음을 다스리는 자는 성을 빼앗는 자보다 나으니라."라고 가르친다. 이렇게 사랑은 다른 이들의 허물을 보고 쉽게 분노하지 않는다.

사랑은 다른 이들의 악행을 생각하지 않는다. 5절 하반 절(下半節)에 사랑은 "악한 것을 생각지 아니하며"라고 기록되어 있다. 사랑은 다른 이들의 악행을 용서하고, 그 기억을 희미하게 한다. 용서하지 않고 잊으면 마음에 병이 된다. 그러나 다른 이들의 악행을 용서하고 잊으면, 마음의 상처들이 치료되기 시작한다. 현실적으로 말하면 다른 이들을 악행을 전적으로 망각한다는 의미는 아니다. 악을 행한 이들에 대한 분노와 미움의 가시가 빠진 기억은 예리하지가 않고, 부드럽고 희미해진다. 이런 기억은 이후에 있을 수 있는 또 다른 악행에 대한 경고의 역할을 할 수는 있지만, 기억자의 마음을 예리하게 찌르지는 않는다.

고린도 교회에서는 성도들이 악행을 기록해 둘 만한 근거가 많았다. 고린도전서 6장 8절에는 믿는 사람들끼리 서로 속이고 사기행각을 벌렸던 일이 기록되어 있다. 고린도전서 7장 5절에는 부부간에 서로 무시하는 일들이 기록되어 있다. 고린도전서 8장 11절에는 우상 앞에 바쳐진 고기를 먹음으로써, 연약한 형제자매들을 무시하고 시험에 빠지게 하는 일들이 기록되어 있다. 그러나 이런 사건들이 해결이 되고, 서로 용서하고 나서는, 서로의 악행을 기억하지 말라는 권면의 말씀이다.

사랑은 히스토리컬(Historical)하지 않다. 한 번은 결혼한 지 몇 년 된 한 남자가 친한 친구와 만나서 자기 아내와 말다툼한 이야기들을 하고 있었다. 그가 이야기하기를, "아! 다른 것은 다 참아도 이것은 도저히 못 참겠더라. 우리 집 사람은 부부 싸움만 하면 히스토리컬해진다."고 했다. 듣고 있던 친구가 정정(訂正)하였다. "히스토리컬이 아니라 히스테리컬(Hysterical)이란 말이지?" 먼저 이야기하던 친구가 대답했다. "아니야. 우리 집사람은 히스토리컬해져. 우리가 말다툼을 시작하면 집사람은 우리가 데이트할 때부터 시작해서 내가 잘못하고 실수한 것들을 하나하나 논리적으로 끄집어내서 공격을 해대는데 견딜 재간이 있어야지. 나는 히스토리컬(Historical)한 사람은 도저히 참아낼 수가 없어."

아마도 이야기에 등장한 부인은 논리적으로 그것이 공평하고 정당하다고 생각한 모양이다. 그러나 성경은, "사랑은 악한 것을 생각

말썽 많은 교회의 회복

지 아니하며"라고 가르친다. 사랑은 다른 이들의 악행을 기억하고 계산하지 않는다. 용서하는 것이 중요하다. 유대인들은 "용서(容恕) 한다. 그러나 잊지는 않는다."고 말한다. 왜냐하면 한 집단의 죄악 은 그중에 뉘우치지 않는 사람들이 반드시 있고, 그들은 비슷한 죄 악을 또 저지를 수 있기 때문이다.

사랑은 다른 이들이 잘못되는 것을 기뻐하지 않으며, 잘되는 것 을 기뻐한다. 6절 말씀을 보면 "불의를 기뻐하지 아니하며, 진리와 함께 기뻐하고"라고 되어 있다. 이 말씀에는 두 가지 단계가 있다. 첫 번째 단계는 다른 이들의 인격과 생활 속에 있는 죄를 기뻐하지 않고, 진리를 기뻐한다는 의미이다. 두 번째 단계는 다른 이들이 자신들의 죄로 말미암아 결국은 겪게 되는 불행을 기뻐하지 않고, 진리에 순종함을 따른 축복을 기뻐한다는 말씀이다.

죄악에는 필연적으로 따르는 불행한 대가가 있다. 진리의 순종 에는 궁극적으로 축복이 따라온다. 사랑은 다른 이들의 죄악과 그 로 말미암는 불행한 대가를 기뻐하지 않는다. 솔로몬은 잠언 24장 17-18절에서 "네 원수가 넘어질 때에 즐거워하지 말며, 그가 엎드러 질 때에 마음에 기뻐하지 말라. 여호와께서 이것을 보시고 기뻐 아 니하사, 그 진노를 그에게서 옮기실까 두려우니라"라고 충고한다.

예수님께서도 자신을 거부하거나 배신하는 사람들이 맞이할 불 행한 미래를 내다보시며 고소해 하신 것이 아니라 눈물을 흘리며 슬퍼하시거나(눅 19:41-44, 마 23:37) 탄식하셨다(요 13:21-26). 특히 가 룟 유다에게 떡을 떼어서 수프에 적셔서 주는 행위는 특별한 사랑 의 표현이었다. 그러나 가룟 유다는 예수님의 사랑의 표현을 끝까 지 거부하고 스스로 멸망의 길로 갔다.

다윗도 10여 년간 자기 목숨을 빼앗으려 한 사울이 죽었을 때, "여~ 시원하다!"라고 반응하지 않고, 통곡하며 슬퍼하며 금식하였다(삼하 1:11-12). 그가 요나단을 사랑한 것이 사실이지만, 그는 여전히 사울을 하나님께서 세우신 왕으로 존중하고, 그의 슬픔을 애도하였다. 사랑은 다른 이들이 잘못되는 것을 기뻐하지 않으며, 잘되는 것을 기뻐한다.

사랑은 자신과 다른 사람의 연약함에 대하여 2중 잣대를 가지고 있다. 성숙한 사랑은 자신의 허물과 죄에는 엄격하나, 다른 사람의 허물과 죄에는 관대하다. 반대로 미성숙한 사랑은 자신의 허물과 죄에는 관대하고, 다른 사람의 허물과 죄에는 엄격하고 까다롭다.

교회에 사랑이 없다고 불평하는 성도들을 관찰해 보면 대략 다음과 같은 경우들이 있다. 성도들 간에 갈등이 있을 때, 자기편을 들어주지 않는다. 교회 전체에 영향을 끼치는 심각한 죄악의 문제가 있는데, 눈을 감아주지 않는다. 목사가 죄악을 지적하고 회개를 촉구하는 설교를 한다. 이러한 경우에 그들은 자신들이 사랑받지 못했다고 불평한다.

이러한 말과 생각들은 정직하지 않고 잘못된 것이다. 사랑의 계명은 모든 그리스도인들에게 주어진 것이다. 이 계명을 받은 성도들을 다른 사람들을 돌아보기 전에 먼저 자신이 실천하여야 한다. 교회에 사랑이 넘치면 모든 성도들에게 많은 도움이 될 것이다. 그러나 이미 예수 그리스도의 사랑을 십자가에서 목격하였고(요일 4:9-10), 우리 심령에 부어진 성령 하나님의 사랑(롬 5:5)을 체험한 성도가 사랑을 못 받았다는 말은 정직한 말이 아니다. 모든 성도들은 자신이 동료로부터 사랑을 받았든, 받지 못했든 사랑하도록 명령

말썽 많은 교회의 회복

받고 있다. 심지어는 원수까지 사랑하도록 명령 받았다(마 5:44). 사
랑의 계명에 순종하지 않고 사랑을 실천하지 않는 성도에 대한 핑
계는 존재하지 않는다.

제20장

사랑의 정의 2

고린도전서 13장 7절

고린도전서 13장 1-6절은 사랑을 인간관계에서 정의하고 있다. 기본적으로 모든 행위가 사랑이 동기로 뒷받침되지 않으면 무의미하다고 설파하고, 자신에게는 상대적으로 엄격하고, 타인에게는 상대적으로 관대하다고 설명하고 있다. 이제 7절에서는 하나님과의 관계에서 사랑이 어떻게 나타나야 하는지 설명한다.

7절의 요지는 고난 속에서 하나님에 대한 믿음을 잃지 않는 것이 사랑이라는 것이다. 그런데 하필이면 상황적 문맥이 왜 꼭 고난과 역경인가? 대한민국 교회에서 흔히 남자의 신앙은 군대에 가 보아야 알고, 여자의 신앙은 시집을 가 보아야 알 수 있다고 하였다. 하나님에 대한 사랑과 참믿음은 고난과 역경 속에서 증명될 수 있기 때문이다. 그리고 하나님에 대한 사랑과 믿음을 어떤 상황 속에서도 유지할 수 있을 때, 인간관계에서도 그 사랑이 지속될 수 있다.

사도 바울이 로마의 감옥에 두 번째 투옥이 되고, 이제는 확실하게 처형될 것을 내다보면서, 그는 다음과 같은 위대한 고백을 한다.

말썽 많은 교회의 회복

딤후 4장 7-8절: "7 내가 선한 싸움을 싸우고 나의 달려갈 길을 마치고 믿음을 지켰으니, 8 이제 후로는 나를 위하여 의의 면류관이 예비되었으므로, 주 곧 의로우신 재판장이 그날에 내게 주실 것이니, 내게만 아니라 주의 나타나심을 사모하는 모든 자에게니라."

7절에서 고백하는 것처럼 사도 바울에게 있어서도 믿음을 지키는 것은 당연한 일이 아니었다. 그도 영적인 싸움을 하여야 했고, 인내로서 믿음의 경주를 달려야 하였다. 특히 고난 속에서 믿음을 끝까지 지키는 것은 쉽기만 한 것이 아니다. 고난 가운데서 하나님의 사랑하는 사람은 다음과 같은 네 가지 반응을 보인다.

첫째로 사랑은 모든 것을 참는다(Love always protects). 사랑은 하나님께서 전혀 우리의 기도와 간구에 귀를 기울이지 아니하시고, 우리를 저버리신 것처럼 느껴질 때에도 의지적으로 끝까지 참고 기다리는 것이다. 믿음과 인내는 밀접한 관계가 있다.

한 선교사의 가족들이 선교지의 내란(內亂)을 피하여 고국으로 돌아가던 중 배가 침몰하여 다 익사(溺死)하였다. 선교지에 남은 이 선교사는 예배 직전에 전보(電報)를 받고는, 가족들이 고향에 무사히 도착했다고 광고한다. 회중(會衆)들은 예배 시간 이후에 선교사의 아내와 아이들이 고향에 무사히 도착했다는 말의 의미를 이해하게 된다. 이 선교사는 가족을 다 잃어버리는 고통을 겪으면서도 하나님을 원망하거나 그분의 사랑에 대한 믿음을 잃어버리지 않고 참을 수 있었다.

둘째로 사랑은 모든 것을 믿는다(Love always trusts). 사랑은 하나님의 영원한 사랑과 약속들을 끝까지 믿는다. 사랑은 우리의 환경이 아무리 암담해 보여도, 하나님께서 우리를 위한 소망과 미래를 예비하시는 것 즉 하나님의 약속들을 의지적으로 믿는다.

엘리 비젤(Eli Wiesel)이라는 유대인 작가가 2차 대전 중 아우슈비츠 수용소에서 직접 겪었던 일들을 『낮과 밤』이라는 자전적 소설 속에 기록하였다. 특히 일부(一部)인 밤(Night)에서 다음과 같은 실화를 기록하고 있다.

하루는 수용소의 모든 포로와 죄수들이 밖에 집합하도록 명령을 받았다. 그들은 유대인인 두 명의 어른과 한 명의 소년이 교수형에 처해지는 것을 지켜보도록 강요되었다. 두 명의 어른은 교수대에 매달려 금방 죽어갔으나, 소년은 몸무게가 가벼워서인지 쉽게 죽지 않고, 목을 맨 밧줄의 끝에 매달려 계속 버둥거렸다. 이런 처참한 광경을 지켜보다가 한 사람이 탄식하며 속삭였다. "하나님은 어디 계시는가?"

엘리 비젤은 아무 대답도 할 수가 없었다. 아이가 교수대에 매달려진 지 거의 30분이 흘러간 후, 그 사람은 넋두리처럼 또 중얼거렸다. "하나님은 과연 어디 계시는가?"

엘리 비젤은 거의 미칠 지경이 되었다. 그때 엘리 비젤의 마음속에 한 목소리가 들려왔다. "하나님은 저 교수대 위에 매달려 계시다."

연합군들이 독일에 진군해 들어가서 집단 포로수용소를 해방시

말썽 많은 교회의 회복

컸을 때, 한 수용소 건물의 내벽에 찬송가의 구절들이 기록되어 있었다. 한 사람이 집단 수용소에서 죽어가면서도 하나님 사랑에 대한 믿음을 포기하지 않았던 것이다. "그 크신 하나님의 사랑 말로 다 형용 못하네, 저 높고 높은 별을 넘어 이 낮고 낮은 땅 위에… 하늘을 두루마리 삼고 바다를 먹물 삼아도, 한없는 하나님의 사랑 다 기록할 수 없겠네."

이처럼 인류의, 혹은 한 인간의 처절한 죄악과 고통의 밤이 끊임없이 지속되는 것처럼 느껴질 때에도, 사랑은 의지적으로 하나님의 존재와 사랑을 믿고 의지하고 기다린다.

셋째로 사랑은 바란다(Love always hopes). 사랑은 적극적이고 긍정적이다. 사랑은 고난과 역경 속에서 소망을 포기하지 않는다. 그것이 영원한 천국의 소망이건, 현세의 소망이건 그리스도인들에게는 항상 소망이 있다.

특히 아무리 고통스러워도 사랑은 하나님께서 고난을 통하여 우리의 인격을 연단하시고 그리스도를 닮게 하시는 것을 바라본다. 하나님은 우리의 구원 즉, 칭의(稱義)와 성화(聖化)를 중심으로 우리의 인생을 경영(經營)하신다. 경건한 낙관주의자들, 즉 소망을 계속 간직한 사람들만이 독일의 강제 수용소라는 극한 상황 속에서도 살아남았다. 우리는 어떠한 고난 가운데서도 우리의 속 사람이 조금씩 주님을 닮아가는 것을 소망으로 삼을 수 있다. 어떤 험한 상황 가운데서도, 자신들의 영적 성장과 고난의 극복을 위하여 우리 능력 안에서 할 수 있는 것들에 최선을 다하면서 우리는 소망을 유지할 필요가 있다. 최악의 경우에도 우리는 천국에 예약이 되어 있는 사람들이 아닌가?

넷째로 사랑은 모든 것을 견딘다(Love always perseveres). 사랑은 어떠한 연단과 역경도 예수 그리스도께서 십자가를 지신 것을 기억하며 끝까지 견뎌낸다.

K 선교사 부부와 세 아이들은 이집트에서 선교사 가족으로 살고 있었다. 어느 날 남편 선교사님이 갑작스런 교통사고로 돌아가셨다. 그러나 K 선교사와 세 아이들은 하나님을 원망하지 않고 계속해서 이집트에서 선교사로 일하였다.

저자가 신앙생활을 하면서 어려울 때마다 되뇌었던 구호는 "포기하지만 않으면 이 일을 마무리 지을 수 있다." 혹은 "포기하지만 않으면 이 일을 끝낼 수 있다."였다. 하나님께서 내가 도저히 감당할 수 없는 일을 맡기신 적이 없다고 믿었기 때문이다. 그리고 믿고 인내한 것이 다 이루어졌다.

별은 밤에 빛난다. 대낮에 혹은 모든 일이 쉽게 진행될 때에 반짝거리는 것은 가짜별일 가능성이 크다. 하늘나라의 진정한 별은 인생의 밤 속에서, 고난과 역경 속에서, 빛을 발한다.

단 12장 3절: "지혜 있는 자는 궁창의 빛과 같이 빛날 것이요, 많은 사람을 옳은 데로 돌아오게 한 자는 별과 같이 영원토록 빛나리라."

말썽 많은 교회의 회복

제21장

영원한 것을 추구하라
고린도전서 13장 8-13절

친구들 중에 아주 잘생긴 녀석들이 있었다. 그런데 20년 정도 헤어져 있다가 만나니, 인물이 다 평정이 되었다. 너무 잘생긴 녀석들은 그 인물을 유지하느라고 피곤하다. 나 같이 더 나아지면 나아졌지, 더 못해질 일이 없는 사람은 마음이 평안하다. 왜 이런 이야기를 하는가? 어차피 닳아지고, 낡아지고, 사라질 것에 집착하면 인생이 허망해진다는 것이다. 가능한 한 오래가는 것, 혹은 심지어 영원한 것에 집착해야 시간이 갈수록 더 좋다는 것이다. 제21장의 본문은 신앙생활을 하면서, 더 성숙한 것, 더 온전한 것, 더 영원한 것을 추구하라는 권면하고 있다.

첫째, 더 성숙한 것을 추구하라.

8-10절: "8 사랑은 언제까지든지 떨어지지 아니하나(Love never fails or ends), 예언도 폐하고, 방언도 그치고, 지식도 폐하리라. 9 우리가 부분적으로 알고, 부분적으로 예언하니, 10 온전한 것이 올 때에는 부분적

으로 하던 것이 폐하리라."

예언, 방언, 지식의 말씀 등의 은사는 다 사라질 때가 온다. 궁극적으로 천국에 가서는 이런 은사들이 더 이상 필요 없다. 그러나 천국에서도 여전히 사랑은 존재하고 또 실천되는 것이다. 하나님과 성도들과의 영원한 사랑의 관계가 완성되고 실천되고 진행되는 곳이 천국이다. 사도 바울은 예언, 방언, 통변, 지식 등의 기적적인 은사들이 현재 우리의 신앙생활에 어느 정도 도움이 될 수는 있지만, 영원한 하나님의 사랑을 즐기며, 그 사랑으로 서로 사랑하는 성도들의 천국 삶에 비교하면 여전히 어린아이의 일과 같은 것이라고 말하고 있다.

> 11절 "내가 어렸을 때에는 말하는 것이 어린아이와 같고, 깨닫는 것이 어린아이와 같고, 생각하는 것이 어린아이와 같다가, 장성한 사람이 되어서는 어린아이의 일을 버렸노라."

둘째, 더 온전한 것을 추구하라.

> 12절: "우리가 이제는 거울로 보는 것같이 희미하나, 그때에는 얼굴과 얼굴을 대하여 볼 것이요, 이제는 내가 부분적으로 아나, 그때에는 주께서 나를 아신 것같이 내가 온전히 알리라."

고린도전서가 기록될 당시는 구리거울을 썼다. 그리고 이 구리거울은 사람의 형상을 희미하게 비추어줄 수 있을 뿐이었다. 예언, 방언, 통변, 지식, 능력 행함 등의 은사는 우리가 구리거울을 통하여 보는 것처럼 하나님의 성품과 섭리를 희미하게나마 보도록 하는 도움을 준다. 그러나 영원한 천국에 들어가서 예수님을 직접 대면하여 만나는 가운데 온전한 지식을 가지게 되면, 더 이상 그런 은사들의 도움이 필요하지 않다는 것이다.

이 세상에서의 신앙생활도 초자연적 은사들을 소유한 것보다는 하나님의 사랑을 깊이 이해하고 체험적으로 아는 것이 하나님에 대한 살아있는 지식을 쌓는 데 도움이 된다. 그리고 하나님의 사랑을 체험적으로 깊이 알아가는 것은, 하나님의 성경 말씀을 잘 이해하고, 말씀을 붙잡고 기도하고, 하나님의 말씀을 실천함으로써 이루어지는 것이다.

셋째, 더 영원한 것을 추구하라.

13절: "그런즉 믿음, 소망, 사랑 이 세 가지는 항상 있을 것인데 그중에 제일은 사랑이라."

모든 은사와 능력은 때가 되면 그 기능들이 없어지고 더 필요하지 않게 되는데, 믿음과 소망과 사랑은 영원히 존재하게 되는 것이고, 그중에서도 특히 사랑이 가장 중요하다는 것이다. 사랑이라는 성령의 열매는 이 세상에서나 영원한 천국에서나 우리에게 큰 유익을 가져온다.

어떤 교도소 원목이 장애인 아동을 가진 부모들을 위하여 예배를 인도하였다. 예배가 끝나고 한 어머니가 다음과 이야기를 하였다. "내 아들이 결코 정상이 될 수 없다는 것을 알았을 때, 나는 끊임없이 왜 이런 일이 나에게 일어났을까 스스로에게 질문하고 있었습니다. 처음에는 아무 해답도 찾을 수가 없었지요. 그러나 마침내 해답을 얻었습니다. '네가 사랑의 진정한 의미를 깨닫게 하기 위한 것이다.'라는 생각이 나의 마음속에 들어왔기 때문입니다."

우리는 같이 어울리기 어려운 사람들을 이러한 관점에서 보아야 한다. 이 세상에서 성도들이 만나게 되는 많은 존재들과 사물들 중에서 오직 하나님과 하나님의 말씀, 인간의 영혼과 하나님과 인간의 영혼을 위해 한 일들이 영원하다. 하나님께 기도하는 것과 하나님의 말씀을 공부하고 실천하는 것과 인간의 영혼 구원을 위하여 복음을 전하거나 그들의 영과 육을 돌보고 섬기거나 사회의 부패를 방지하는 소금과 빛으로 사는 일들이 가장 중요하다.

영원한 하늘나라에서 하나님과 이웃에 대한 사랑은 계속 유지된다. 땅의 부귀영화는 경건하게 얻었거나 불의하게 얻었거나 결국 지나가고 사라진다. 그러나 영원한 일에 봉사한 성도들이 천국에서 받는 상급은 영원하다.

우리의 하루하루가 당장 먹고살기 힘들고, 학업을 진행하거나, 직장을 얻거나, 직장에서 수행하는 일에 숨이 가쁘고 벅차도, 주님의 나라와 의를 먼저 구하며, 영원한 것을 추구하여야 한다. 그래야 인생의 후반기에 후회가 없고 만족과 보람이 있을 것이며, 영원한 만족을 기대할 수 있을 것이다.

다메섹 근처에서 극적으로 예수님을 만나고, 남은 인생을 많은 고난 가운데서 주 예수를 따르고 섬긴 바울은 인생의 마지막 부분들을 정리하며 다음과 같이 고백할 수 있었다.

말썽 많은 교회의 회복

딤후 4장 7-8절: "7 내가 선한 싸움을 싸우고 나의 달려갈 길을 마치고 믿음을 지켰으니, 8 이제 후로는 나를 위하여 의의 면류관이 예비되었으므로 주 곧 의로우신 재판장이 그날에 내게 주실 것이니 내게만 아니라 주의 나타나심을 사모하는 모든 자에게니라."

금과 다이아몬드가 각각 우리 앞에 놓여 있다면, 우리는 어느 것을 취할 것인가? 머리 회전이 빠른 이 시대의 사람들은 두 가지를 다 취하려고 할 것이다. 그런데 두 가지를 다 가질 수가 없고 하나만 선택하여야 한다면, 우리는 일반적으로 더 가치가 있는 다이아몬드를 취할 것이다. 성령의 은사들은 금과 같고, 하나님을 사랑하고 형제자매들을 사랑하는 것은 다이아몬드와 같다.

이 시대의 그리스도인들은 사랑을 실천하지 못할 핑계들을 많이 가지고 있다. 그들은 흔히 자신들이 충분한 사랑을 받아 본 적이 없어서 다른 이들을 사랑할 수 없거나 섬길 수 없다고 말한다. 그러나 성경은 그렇게 말씀하시지 않는다. 우리가 예수 그리스도를 만나고 사랑의 복음을 받아들였다면, 우리는 아무리 서툴러도 사랑의 실천을 시작할 수 있다. 사랑의 계명은 모든 구원받은 그리스도인들에게 주어진 것이다.

제22장

방언과 예언의 의미

고린도전서 14장 1-25절

고린도에는 예수님을 믿지 않아도, 이단 종파나 우상 숭배를 하면서 방언을 하는 사람들이 있었다. 물론 이런 방언은 악령들이 주었거나 심리적인 것이었을 것이다. 그런데 이런 배경에서 자란 고린도 교회 성도들은, 예수님을 믿고 나서도, 여러 가지 은사 중에서도 방언을 가장 크고 중요한 은사로 생각하고 사모하는 경향이 있었다.

성경은 성령으로 말미암은 방언의 은사를 사용하는 데 있어 성도들이 명심하여야 할 몇 가지 원칙을 제시하려 한다. 그리고 이 원칙들을 제시하기 전에 그것들의 기초가 되는 방언과 예언의 기본적인 차이점을 먼저 설명한다. 즉, 방언은 자신을 세우고, 예언은 교회를 세우는 것이다(1-5절). 세운다는 것은 개인의 믿음이 견고해지게 한다, 혹은 교회가 성숙해지고 안정되게 한다는 의미이다.

이 시대의 신학자들은 방언에 관한 두 가지 극단적 견해를 제시한다. 어떤 학자들은 방언을 비롯하여 고린도전서 12장 8-10절에

말썽 많은 교회의 회복

나타난 초자연적인 아홉 가지 은사들만 성령의 은사라고 생각하거나, 이 은사들만 중요하다고 생각하는 경향이 있다. 어떤 다른 학자들은 이런 은사들은 더 이상 존재하지 않으며, 특히 방언의 은사는 심리적인 것이거나 마귀에 의한 것이라고 주장한다. 아주 경건하고 탁월한 설교자들 중에도 그런 분(존 맥아더, John MacArthur Jr.)이 있다. 그러나 방언을 하는 사람들 중에도 상당한 인격을 갖추고 사역의 열매를 맺는 분을 보게 되면, 그들의 방언이 다 마귀와 악령들로부터 시작되었다고 주장하기가 조심스럽다.

통역의 은사에 관해서도 논란거리가 있다. 어떤 성도가 방언과 통역을 번갈아 말하고 있는데, 방언에는 별 차이가 없는 것 같은데 통역은 다양한 내용을 말하는 경우가 있다. 이 현상에 대한 한 가지 해석은 통역의 은사는 방언을 그대로 번역하는 것이라기보다는, 하나님께 방언으로 기도한 것에 관하여 하나님께서 평이한 말로 반응하시는 것으로 이해할 수 있는 것이다. 그래서 통역은 방언으로 기도한 것보다 훨씬 길거나 짧을 수가 있다고 설명한다.

고린도전서 13장에서 사랑은 자기에게는 좀 더 엄격하고, 다른 이에게 관대하다고 선포되었다. 혹은 사랑은 다른 이들에게 인내하며 친절을 베푸는 것이라고 할 수 있다. 이런 면에서 볼 때 방언으로 자신의 믿음과 정서를 세우는 것은 다른 이들을 사랑하기 위한 간접적 준비는 되지만, 다른 이들을 직접적으로 사랑하는 것은 아니다. 1-5절에서 성경은 방언을 지나치게 중시하는 것을 경계하고, 모든 은사가 자기 자신보다는 궁극적으로 교회 공동체에 유익을 끼쳐야 함을 설명하고 있다.

1절: "사랑을 따라 구하라. 신령한 것을 사모하되, 특별히 예언을 하려고 하라."

방언을 비롯한 모든 은사를 교회와 공동체를 사랑하고, 그것들에 유익을 끼치기 위하여 구하라는 것이다. 이러한 영성을 개발하려는 노력은 좋은 것이고, 특히 자신과 교회를 향한 하나님의 뜻을 발견하거나 하나님의 음성을 듣는 예언의 은사를 구하는 것이 바람직하다는 것이다.

2절: "방언을 말하는 자는 사람에게 하지 아니하고 하나님께 하나니 이는 알아듣는 자가 없고, 그 영으로 비밀을 말함이니라."

방언은 하나님께 다른 언어로 혹은 천국의 언어로 기도하는 것이고, 비밀스럽게 기도하는 것이다.

3절: "그러나 예언하는 자는 사람에게 말하여 덕을 세우며 권면하며 안위하는 것이요."

예언의 은사는 듣는 사람들의 믿음을 세워주며, 그들이 사명을 이루어 나가도록 격려하며, 하나님의 뜻을 행하거나 사명을 이루는 중에 어려움을 겪는 이들을 위로하는 것이다. 이 시대에서는 영감이 넘치는 설교를 예언이라고 부를 수 있다. 예언은 꼭 미래의 일을 말하는 것(Foretelling)만 의미하는 것이 아니고, 더 큰 부분은 하나님 백성들의 현재 상태를 진단해주고 무엇을 고치고, 무엇을

말썽 많은 교회의 회복

행하며, 어떤 방향으로 나아가야 할지는 가르치는 것(Forth-telling)
이었다.

> 4절: "방언을 말하는 자는 자기의 덕을 세우고 예언하는 자는 교회의
> 덕을 세우나니"

방언의 은사는 개인의 믿음이 자라고 성품이 성숙하는 데 도움
이 되고, 예언을 하는 자는 교회 공동체의 믿음을 세우는 데 도움
이 된다. 루마니아가 공산화되고 리처드 범블랜드 목사의 사모인
사브리나 범블랜드는 투옥되어, 겨우 서 있을 수 있는 좁은 공간에
갇혔다. 일종의 고문이었다. 그녀는 몹시 괴로워하다가 자신도 모
르게 갑자기 방언으로 기도하기 시작해서 몇 시간을 지속했다. 범
블랜드 여사는 이 시간 동안 조그만 공간에 갇힌 고통을 잊어버릴
수 있었다고 간증하였다. 데이비드 프라이어(David Prior)도 방언은
정서적으로 상처가 많은 사람들에게 큰 위로와 평강과 치료를 가
져오는 수가 많다고 가르친다.

> 5절: "나는 너희가 다 방언 말하기를 원하나, 특별히 예언하기를 원하
> 노라. 방언을 말하는 자가 만일 교회의 덕을 세우기 위하여 통역하지
> 아니하면 예언하는 자만 못하니라."

어떤 성도가 순전히 방언만을 하며 자신에게만 유익이 되게 하는
것은 별로 탁월한 경우가 아니라는 것이다. 공동체 사람들이 알아
들을 수 있는 말로 통변까지 하여야 더 가치가 있다는 것이다.

위와 같이 방언과 예언에 관한 기본 지식과 평가를 제시한 후, 성경은 방언의 은사를 사용하는 데 있어서의 몇 가지 원칙을 제시하고 있다.

첫째로 교회를 세우기 위해서는 알아들을 말을 하여야 한다(6-12절 상). 교회를 세움으로써 사랑을 실천하기 원하면, 다른 이들이 알아들을 수 있는 언어를 사용하여야 한다.

> 6절: "그런즉 형제들아 내가 너희에게 나아가서 방언을 말하고, 계시나 지식이나 예언이나 가르치는 것이나 말하지 아니하면 너희에게 무엇이 유익하리요?"

성도들을 향한 하나님의 뜻이나 하나님과 교리에 관한 지식이나 하나님의 말씀을 알아들을 수 있는 말로 선포하여야 듣는 이들에게 유익이 있다는 것이다. 7-8절에서는 저, 거문고, 나팔 등의 악기의 예를 들며, 다 분별할 수 있는 소리를 내야 듣는 이들에게 도움을 줄 수 있다고 설명한다.

9-12절에서는 세상에 다양한 언어들이 있는데, 서로 언어가 다르면 소통이 되지 않는 것처럼, 교회 안에서도 서로 이해할 수 있는 언어로 소통하며 교회의 교제와 성장에 기여해야 참으로 신령한 사람이라고 가르친다.

둘째로 통변의 은사를 위하여 혹은 교회를 세우기 위해서는 영으로 기도하고 마음으로 기도하라고 권면한다(12절 하-19절). 이것은

말썽 많은 교회의 회복

방언으로 기도하고, 보통의 언어 혹은 우리말로 기도하라는 가르침이다.

12-13절: "12 교회의 덕 세우기를 위하여 풍성하기를 구하라. 13 그러므로 방언을 말하는 자는 통역하기를 기도할지니"

교회 예배에서 방언만 많이 하는 것이 별로 도움이 되지 못하기 때문에 통역하기를 위하여 기도하라는 것이다. 통역하는 방법은 14-15절에서 나온다. 곧 방언으로 기도하고 찬양하고 자국말로 기도하기를 번갈아 하라고 지시한다. 이렇게 하지 않으면 비록 교회의 예배에 참석하였지만, 아직 "무식한 처지에 있는 자", 즉 아직 예수님을 개인적으로 만나지 못한 사람은 혼란에 빠져 아무 반응도 하지 못할 것이라고 경고한다(16절). 결과적으로 방언으로만 감사하고 기도하면 불신자나 초신자들의 믿음이 자라는 데 별 유익을 끼치지 못한다고 결론짓는다(17절).

한편 사도 바울은 방언 기도의 한계를 지적하는 자신이 방언의 은사가 없어서 질투함으로써 이런 말을 하고 있는 것이 아니라는 것을 분명하게 한다. 자신은 어떤 성도보다도 방언을 더 많이 말한다는 것이다(18절). 그러나 교회의 유익과 영적 성장을 위해서는 수많은 방언을 하는 것보다 평이한 언어로 다섯 마디 지혜로운 말을 하는 것이 낫다고 선언한다(19절).

셋째로 교회를 세우기 위하여 이성과 상식을 지혜롭게 사용하라고 권면한다(20-25절). "지혜에는 아이가 되지 말고 악에는 어린아이가 되라. 지혜에는 장성한 사람이 되라."는 것은 이성과 상식을 성숙하게 사용하라는 의미이다(20절). 이어서 사도 바울은 21절에서 이사야서 28장 11절을 인용하고 있다. 이 구절은 하나님께서 거듭 불순종하는 백성들에게 심판의 한 형태로서 불분명한 말과 방언으로 말씀하시겠다고 선포한다. 사도 바울이 이 심판의 말씀을 언급하는 이유는 방언만 하고 통변이나 예언의 말씀이 없는 예배는 예수 믿지 말라는 말이나 다름없다는 것이다(21-22절).

이제 23-25절에서 방언만 말하는 예배와 예언이 있는 예배를 대조 설명하고 있다.

> 23-25절: "23 그러므로 온 교회가 함께 모여 다 방언으로 말하면, 무식한 자들이나 믿지 아니하는 자들이 들어와서 너희를 미쳤다 하지 아니하겠느냐? 24 그러나 다 예언을 하면 믿지 아니하는 자들이나 무식한 자들이 들어와서 모든 사람에게 책망을 들으며 모든 사람에게 판단을 받고, 25 그 마음의 숨은 일이 드러나게 되므로, 엎드리어 하나님께 경배하며, 하나님이 참으로 너희 가운데 계시다 전파하리라."

"무식한 자들"은 예배에 참석하였지만, 아직 예수님을 믿고 영접하지 않은 사람들을 의미한다. 성경은 이들이 그리스도인들이 방언만 말하는 예배에 참석하면 사이비 종교나 우상 숭배자들이 방언하는 것과 별로 다름이 없다고 생각하지 않겠느냐고 반문한다(23절). 이 시대에도 예수님을 모르는 사람들 앞에서, 성도들이 방언만 하고 통변이나 예언을 하지 않으면 오해받기 십상이다. 그러나 예배

말썽 많은 교회의 회복

중에 예언의 말씀이 선포되면 믿지 않는 자들도 마음에 찔림을 받고, 회개하고 하나님을 인정하고 받아들일 것이라고 성경은 대안을 제시한다(25절).

고린도전서 14장에서 강조하는 것은 방언을 하거나, 통변을 하거나, 예언을 하거나 그것이 참으로 교회와 형제자매들을 세우는 것인가 혹은 혼란에 빠뜨리는 것인가를 계속 점검하라는 것이다. 그것이 사랑이라는 것이다. 그래서 이 시대의 성도들도 우리의 은사나 공부나 직장이나 출세가 자기만 좋은 것인가? 아니며 교회 공동체와 사회 공동체를 세우는 혹은 유익을 가져오는 것인가? 가끔 점검해 보아야 한다. 그래서 바울은 로마서에서도 동일한 정신의 권면의 말을 한다.

> 롬 4장 7-8절: "7 우리 중에 누구든지 자기를 위하여 사는 자가 없고, 자기를 위하여 죽는 자도 없도다. 8 우리가 살아도 주를 위하여 살고 죽어도 주를 위하여 죽나니, 그러므로 사나 죽으나 우리가 주의 것이로라."

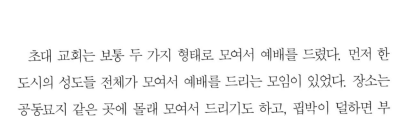

제23장
예배와 교회의 질서
고린도전서 14장 26-40절

초대 교회는 보통 두 가지 형태로 모여서 예배를 드렸다. 먼저 한 도시의 성도들 전체가 모여서 예배를 드리는 모임이 있었다. 장소는 공동묘지 같은 곳에 몰래 모여서 드리기도 하고, 핍박이 덜하면 부유한 성도들의 큰 집에서 모여서 예배를 드렸다. 또 다른 예배는 이 전체 예배 외에 평범한 집에서 소규모 가정 교회 모임으로 모였다.

오늘 읽은 본문의 말씀에서 발견할 수 있는 예배와 교회의 무질서는 주로 소규모 가정 교회 모임에서 있어 났던 것으로 보인다.

고린도 교회는 여러 가지 초자연적인 은사가 많은 교회였다. 그런데 소규모 가정 교회 모임에 성도들이 모여서 다 같이 방언하고 다 같이 예언하고 하면서, 누가 무슨 말을 하고 무슨 가르침을 나누는지 알아들을 수 없을 정도로 뒤죽박죽이 되는 일들이 흔히 있었던 것으로 보인다. 그래서 성령의 감동하심에 따라 사도 바울은 소규모 가정 예배에 관하여 몇 가지 지침을 제시하고 있다.

첫째로, 가정교회에서 공적 예배를 드릴 때, 방언은 두세 사람이

말썽 많은 교회의 회복

통역이 있을 때만 하라(26-28절). 26절의 모임은 소그룹 가정 교회의 예배이다. 이들이 찬송시를 외우거나, 설교, 방언, 통역들을 할 때에 모든 것이 듣는 성도들의 믿음이 자라도록 하고, 교회에 유익이 되게 하여야 한다는 것이다(26절). 만일 방언을 하게 되면 순서대로 하고, 세 사람을 넘어서지 않도록 하라고 지시한다. 세 사람이 넘는 여러 사람들이 동시에 방언을 하면 무언중에 방언의 은사에 지나치게 강조점을 두게 되고 다른 은사들은 간과되기 쉽다. 혹은 방언하는 사람들만 지나치게 주목받고, 다른 은사를 가진 사람들은 간과되기 쉽다(27절).

바울이 통역하는 자가 없으면 방언하는 자는 교회에서 잠잠하라고 명령하는 것은 사도 바울 자신의 경험을 통하여 방언의 은사는 그것을 받은 사람이 충분히 절제할 수가 있으며, 심지어는 소리 없이 혼자서만 할 수도 있다는 사실을 알고 있었기 때문일 것이다(28절). 고린도 교회에서 예배의 무질서가 나타난 이유 중의 하나는 방언과 통역의 은사에 대한 한 가지 오해였다. 고린도 교회 성도들 중의 일부는, 방언의 은사나 통역의 은사는 성령께서 강권하셔서 하기 때문에 도저히 절제(Self-control)가 안 되고 어떤 황홀경(Ecstasy) 속에서 하게 된다고 생각했다. 그런데 이런 주장은 상당히 위험하다. 이런 은사들을 처음 받을 때는 그럴 수도 있을지 모른다. 그러나 성령께서 성도들의 의지와 이성적 판단을 무시하고 강제적으로 일을 하시는 경우는 거의 없다. 차라리 이방 종교에서 악령의 영향을 받는 사람들이 절제가 안 되는 황홀경에 들어가는 경우가 많다. 그래서 사도 바울은 절제하라고 명령하는 것이다.

둘째로, 가정교회에서 공적 예배를 드릴 때 예언은 두세 사람이 순서대로 하라(29-33절). 무엇보다 먼저 예배 중에 주어진 모든 "예언의 말들"이 올바른 것인지 아닌지? 혹은 성경적인지 아닌지? 저울질하여야 한다(29절). 예언의 말이 주어질 때 두 사람이 동시에 말하여서는 안 되고 차례대로 하여야 한다. 한 사람이 예언을 하던 중에 다른 이에게 또 다른 예언의 말이 임하면, 첫 번째 사람이 양보하여야 한다(30절). 예언의 은사가 강력하게 임해서 절제할 수 없다는 말은 진실이 아니다. 하나님께서는 예언의 은사가 예언하는 자의 통제를 받게 하셨고, 예언의 은사는 충분히 절제될 수 있게 하셨다(32절). 무질서와 혼돈은 하나님께서 기뻐하시는 상태가 아니다. 하나님께서는 화평과 질서의 하나님이시다(33절).

당시의 소규모 가정 교회 모임에서 다 같이 방언하고 다 같이 예언하며, 성령께서 강권하셔서 하지 않을 수 없다고 주장하는 것을 성경은 반박하고 있는 것이다. 방언이나 예언이나 성령 하나님으로부터 제대로 받은 것이면 충분히 절제될 수 있다는 것이다. 현대식으로 이야기하면 예배 시간에 여러 사람이 설교를 하려고 나서지 말라는 것이다.

셋째로, 가정교회에서 공적 예배를 드릴 때 잡담을 금하라(34- 35절). 당시 예배 시간에 잡담하는 여인들이 있었다(34절 상). 새로운 것이나 신기한 가르침이 주어지면 예배 시간 중에도 그것에 관하여 서로 이야기하기 시작한 것으로 보인다. 성경은 이것이 단순한 잡담의 문제가 아니라, 겸손과 복종의 문제가 개입되어 있음을 시사하고 있다(34절 하). 당시 그리스 문화에서는 여인들이 남편들의 소

　　　　　　　　　　　　　말썽 많은 교회의 회복

유물처럼 되어 있었다. 그러나 예수님을 믿고 나서 그리스도인 여성들은 새로운 자유와 상승된 위치를 얻게 되었다. 그런데 어떤 여인들은 이 새로운 자유와 지위를 남용하기 시작하고, 예배 시간에 잡담하는 것으로 나타났다. 성경은 예배 시간에 잡담하는 것은 부끄러운 행위라고 말한다. 대신 예배 후 집에 돌아가서 남편들에게 물어보라고 권한다(35절).

고린도 교회에서 나타난 예배의 무질서는 하나님께서 세우신 권위에 대한 불복종의 문제와 연결되어 있었다. 이것은 복음으로 말미암아 주어진 자유를 남용하고, 허락된 경계선(Boundary)을 넘어선 것이다. 결과적으로 예배 중에 교회에서 함부로 말하고 행동하며 무질서를 가져온 것이다. 이것에 대하여 사도 바울은 경고하고 계신 것이다. 이런 문제는 남자 성도들에게도 나타날 수 있고, 동일한 원리가 적용된다.

그래서 사도 바울의 결론은 공적 예배와 교회에 절제와 질서가 있어야 한다는 것이다(36-40절). 고린도 교회의 어떤 여성 지도자들은 하나님의 말씀이 자신들에게 임하였다고 주장하며 자신들의 교리와 원칙들을 만들어 내고 있었다(36절). 그러나 바울은 자신의 편지가 하나님께로부터 받은 말씀을 기록한 것으로 확신하였다. 오히려 교회의 여자 선지자나 지도자들 중에 사도 바울의 가르침과 어긋나는 것을 가르치는 사람들이 잘못되었음을 지적하며, 자신의 사도로서의 권위를 받아들일 것을 명령한다(37절). 자신의 사도로서의 권위를 인식하지 못하는 자는 하나님의 말씀을 제대로 깨닫지 못한 것이라고 선언한다(38절). 그러면서도 바울은 방언의 은사와 예언의 은사를 사용함에 있어서 어떤 부작용이 있었다고 해서, 또 다른 극단으로 치우치면서 예언과 방언을 다 거부할 필요는 없다고 말한다(39절). 모든 은사를 "적당하게 하고 질서대로(In a fitting and orderly way)" 사용하는 것을 권한다(40절). 즉 모든 성도들과 모든 은사들과 모든 사역들이 자기 위치와 기능이 있는데, 그 위치를 지키며 행하면 큰 문제가 없을 것이라는 것이다.

공적 예배 중에는 항상 절제와 질서가 있어야 한다. 교회 안에서는 모든 형제들과 모든 자매님들이 항상 말과 행동에 절제하며 서로를 존경하며 화평과 질서를 유지하여야 한다. 교회 안의 질서는 자기 위치를 아는 것과 권위를 가진 자에게 순복함(34절)이 있어야 유지가 된다.

제24장
부활의 논리적 증거
고린도전서 15장 1~19절

이 장에서 성경은 바울을 통하여 예수 그리스도의 부활에 대한 논리적 증거를 제시한다. 그러나 고린도전서 15장의 이러한 시도는 예수 그리스도의 부활을 믿지 않는 불신자들을 대상으로 설득하려는 것이 아니다. 오히려 예수를 믿는다고 하면서 성도들의 육체적 부활을 부인하는 일부 고린도 교인들을 깨우치려는 시도이다.

예수님을 아직 믿지 않은 사람들에게 부활의 역사학적 증거를 보여주려면 조쉬 멕도웰(Josh McDowel)이 쓴 『The Resurrection Factor』 같은 책을 소개할 수 있을 것이다.

고린도전서 15장에서 성경은 예수 그리스도의 부활에 대한 논리적 증거로서 먼저 크게 두 가지 대지로 자신의 주장은 제시한다. 첫 번째 대지는 부활은 복음의 필수적 요소이라는 것이다(1-11절). 두 번째 대지는 예수의 부활과 성도들의 부활은 불가분의 관계로 연결되어 있다는 것이다(12-19절).

첫 번째 대지인 부활은 복음의 필수적 요소라는 주장은 1-2절에 등장한다.

> 1–2절: "1 형제들아 내가 너희에게 전한 복음을 너희로 알게 하노니, 이
> 는 너희가 받은 것이요 또 그 가운데 선 것이라. 2 너희가 만일 나의 전
> 한 그 말을 굳게 지키고 헛되이 믿지 아니하였으면, 이로 말미암아 구
> 원을 얻으리라."

바울 사도는 1절에서 고린도 교회 교인들이 받은 복음 위에 그들
의 믿음과 인생이 세워져 있다고 선포한다. 그리고 이 복음을 희석
시키거나 혼잡하게 만들지 않고 본래 내용을 보존하고 믿고 있어야
구원을 제대로 받은 것이라고 주장한다. 바울은 우리가 복음의 내
용을 분명하게 알고 받아들이고 보존하는 것을 삶과 죽음의 문제
로 심각하게 간주하고 있다. 고린도 교인들이 복음의 내용에 관하
여 오해와 혼란 속에 빠졌을 때, 사도 바울은 또 다른 설명을 하기
보다는, 그가 전했던 복음을 다시 반복하고 있다. 중요한 메시지와
중요한 설교는 반복적으로 들을 필요가 있다(3-4절).

> 3–4절: "3 내가 받은 것을 먼저 너희에게 전하였노니, 이는 성경대로
> 그리스도께서 우리 죄를 위하여 죽으시고, 4 장사 지낸 바 되었다가,
> 성경대로 사흘 만에 다시 살아나사"

고린도 교인들이 붙잡아야 하는 복음의 핵심 내용은 메시아의
대속적 죽음과 부활이다. "성경대로"라는 것은 이사야 53장과 시편
22편 등에 예언된 대로 그리스도 즉 메시아가 고난을 받으시고 죽

말썽 많은 교회의 회복

으셨다는 것이다. 또한 구약의 희생 제사들도 이러한 메시아의 죽음을 모형으로서 혹은 그림자로서 예시(豫示)하고 있다. 4절에서 예수 그리스도의 "장사(葬事)" 즉, 무덤에 묻히신 것이 언급되는 것은 그분께서 분명히 죽으셨다는 것을 의미한다. 그분이 시편 16편 10절과 에스겔 37장 13절 같은 성경의 예언대로 부활하신 것은 그분의 분명한 죽음을 전제로 한다. 그분이 분명히 죽으신 것이 아니라면, 부활이라기보다는 소생 사건이 발생한 것이다. 이 부활 사건에는 많은 목격자들이 있다. 5-8절에서 목격자들이 열거된다.

> 5-8절: "5 게바에게 보이시고, 후에 열두 제자에게와, 6 그 후에 오백여 형제에게 일시에 보이셨나니, 그중에 지금까지 태반이나 살아 있고 어떤 이는 잠들었으며, 7 그 후에 야고보에게 보이셨으며, 그 후에 모든 사도에게와, 8 맨 나중에 만삭되지 못하여 난 자 같은 내게도 보이셨느니라"

예수 그리스도께서 무덤에 묻히심이 그분의 죽음의 분명한 증거 중의 하나이면, 부활하신 예수의 목격자들은 그분의 분명한 부활의 한 증거이다. 6절에 나타난 오백여 목격자들은 예수님께서 감람산에서 승천하시는 것을 본 사람들일 것으로 짐작할 수 있다. 8절에서 사도 바울은 자신을 팔삭둥이로 스스로 낮추며, 다른 사도들과는 달리 자신이 교회를 핍박하기 위하여 다마스커스로 가던 중에 예수님을 만난 사건을 증언한다. 예수님의 부활을 전혀 기대하지 않았던 바울인 부활하신 예수님을 만나고 목격한 사건은 예수님의 부활의 강력한 증거가 된다. 예수님의 부활의 증거를 이야기하던 바울은 자신을 다메섹으로 가는 길에서 만나주신 예수님을 언급하고는, 곧바로 자신을 구원하시고 사용하여 주신 하나님의 은혜에 대한 감사와 감격을 토로한다.

> 9-11절: "9 나는 사도 중에 지극히 작은 자라. 내가 하나님의 교회를 핍박하였으므로, 사도라 칭함을 받기에 감당치 못할 자로라. 10 그러나 나의 나 된 것은 하나님의 은혜로 된 것이니, 내게 주신 그의 은혜가 헛되지 아니하여, 내가 모든 사도보다 더 많이 수고하였으나, 내가 아니요 오직 나와 함께 하신 하나님의 은혜로라. 11 그러므로 내나 저희나 이같이 전파하매, 너희도 이같이 믿었느니라."

10절에서 사도 바울은 다른 사도들보다 더 많은 곳에서 복음을 전하고, 더 많은 교회를 세우고, 더 많은 영감과 성경을 받고, 더 많은 고난을 받은 일들이, 오직 하나님의 무조건적인 사랑과 도우심으로 가능한 일이었다고 고백한다.

사도 바울이 이렇게 자신이 이야기하던 주제를 잠시 벗어나서, 하나님의 사랑과 은혜에 감격하여 감사를 표하는 것은 그의 일상적인 습관이 되었다(딤전 1:12-17, 엡 3:8).

이제 바울은 두 번째 대지로서 예수의 부활과 성도들의 부활은 불가분의 관계로 연결되어 있다고 선언한다(12-19절). 이 대지를 설명하기 위하여 바울은 여덟 개의 논리적 고리들을 제시한다. 첫째로 성도의 부활이 없으면, 예수의 부활도 없었다고 선언한다.

12-13절: "12 그리스도께서 죽은 자 가운데서 다시 살아나셨다 전파되었거늘, 너희 중에서 어떤 이들은 어찌하여 죽은 자 가운데서 부활이 없다 하느냐? 13 만일 죽은 자의 부활이 없으면, 그리스도도 다시 살지 못하셨으리라."

고린도 교회에는 인간들의 부활을 전반적으로 부인하는 사람들이 있었다. 그러자 사도 바울은 인간들의 부활의 가능성이 전혀 없다면, 예수 그리스도의 부활도 불가능했다고 반박한다. 예수님은 완전한 하나님으로서 완전한 인성을 가지고 우리들에게 오셨다. 만약 하나님께서 인간들의 부활의 가능성을 전적으로 배제하셨다면, 완전한 인성을 가지신 예수님께서도 그 범주에 포함되었을 것이라는 주장이다.

둘째로 예수님의 부활도 없었다면, 사도 바울 자신의 전도도 무의미했다고 선언한다.

14절 상: "그리스도께서 만일 다시 살지 못하셨으면 우리의 전파하는 것도 헛것이요."

"헛것"이라는 헬라어 단어는 '텅 빔' 혹은 '공허함'을 의미한다. 복음에서 부활을 빼고 나면, 아무것도 남지 않게 된다. 그렇다면 사도 바울과 다른 모든 사도들의 전도도 무의미한 노력이었다는 것이다.

셋째로 예수의 부활도 없었다면, 고린도 교인들의 믿음도 무의미하다고 선언한다.

14절 하: "…또 너희 믿음도 헛것이며"

1-2절에 의하면 고린도 교회 성도들의 믿음은 전적으로 사도 바울의 복음 전도에 의한 것이었는데, 만약 바울이 전한 복음이 잘못되었다면, 고린도 교회 성도들이 믿음도 방향이 잘못되고 무의미하게 되어버렸다는 것이다.

넷째로 예수의 부활도 없었다면, 바울을 비롯한 모든 성도들은 거짓 증인들이다.

> 15절: "또 우리가 하나님의 거짓 증인으로 발견되리니, 우리가 하나님이 그리스도를 다시 살리셨다고 증거하였음이라. 만일 죽은 자가 다시 사는 것이 없으면, 하나님이 그리스도를 다시 살리시지 아니하셨으리라."

하나님께서 예수를 부활시키지 않으셨는데, 바울과 다른 사도들이 하나님께서 예수를 부활시키셨다고 선포하였다면, 자신들이 거짓 증언한 것이 된다는 것이다. 혹은 예수가 구원자가 아닌데 구원자라고 잘못 증언하였다는 것이다.

다섯째의 논리적 고리는 앞의 주장들(12-14절)을 반복 강조한다.

> 16-17절: "16 만일 죽은 자가 다시 사는 것이 없으면, 그리스도도 다시 사신 것이 없었을 터이요, 17 그리스도께서 다시 사신 것이 없으면, 너

희의 믿음도 헛되고…"

여섯째로 예수의 부활도 없었다면, 성도들의 죄 문제가 그대로 남아있다고 선언한다.

17절 하: "너희가 여전히 죄 가운데 있을 것이요."

죽음은 인간들의 죄성과 죄악의 최종 결과로서 하나님과의 영원한 분리를 상징한다. 그런데 만약 예수가 부활하지 않았다면 그 이유로서 두 가지 가능성이 있다. 한 가지는 예수가 죄 없는 하나님의 아들이 아니라, 사실은 죄 있는 인간으로서 죽음을 통하여 하나님과 영원히 분리된 것이다. 또 다른 가능성은 예수님께서 죄는 없었을지 모르나, 하나님께서 그의 대속의 죽음과 사역을 인정하지 않으신 것이다. 예수가 부활하셨다면 그것은 그가 죄가 없으심과 인류의 죗값을 치르는 사역에 성공하신 것을 의미하는 것이다.

일곱째로 예수님의 부활도 없었다면, 이미 죽은 성도들도 영원히 잃어버려졌다고 선언한다.

18절: "또한 그리스도 안에서 잠자는 자도 망하였으리니."

부활이 없고, 죽음의 극복이 없다면, 이미 죽은 모든 성도들도 죽고 망하고 사라졌다는 것이다.

여덟째로 예수님의 부활도 없었다면, 그리스도인들은 가장 가련한 자들이다.

> 19절: "만일 그리스도 안에서 우리의 바라는 것이 다만 이생뿐이면, 모든 사람 가운데 우리가 더욱 불쌍한 자리라."

만약 예수님께서 부활하지 않으셨다면, 예수님은 우리의 구원자라기보다는 기껏해야 우리 인생의 모범이나 훌륭한 선생님 정도이다. 그렇다면 그리스도인들은 가련한 사람들이다. 충성스런 그리스도인들은 예수님의 가르침대로 살거나 혹은 복음을 전하기 위하여 고난도 받아야 한다. 만약 부활이 없고 죽음 이후의 삶이 없다면, 이 모든 것이 쓸데없는 고생만 한 것이라는 것이다.

교회에 다니는 한 영국 할머니가 계셨다. 신학적 현대주의(Modernism)가 한창 유행할 때, 한 회의주의적인 설교가가 라디오에서 설교하는 것을 들었다. 이 할머니는 이제껏 자기가 믿어왔던 모든 것이 엉터리고 헛것이었다고 결론을 짓고는 자살하고 말았다.

예수 그리스도의 육체가 부활하신 것을 믿지 않는다면, 차라리 예수를 믿지 않은 것이 더 나을 수 있다. 예수 그리스도의 복음은 하나의 완전체이다. 그 내용을 다 믿고 받아들이거나 다 거부하거나 해야 한다. 복음의 내용의 일부를 선택적으로 받아들이거나 거부하는 것은 불가능하다.

예수를 믿어도 일평생 믿음을 지키는 것이 쉽지 않을 수도 있다. 이 믿음의 여정에서 회의가 생길 때도 있고, 거짓 교리에 미혹될 때도 있다. 그러나 우리는 끝까지 성경적인 복음에 대한 믿음을 지키고 하나님 앞에 설 수 있어야 한다.

제25장

부활의 미래와 현재의 의미

고린도전서 15장 20-34절

앞에서 예수님의 부활의 신학적 논리적 증거를 제시한 바울은 이제 부활이 우리의 미래와 현재에 어떤 의미를 가지는가를 설명한다. 바울은 미래에 일어날 일들과 현재 벌어지고 있는 일들을 열거하며, 부활을 인정하지 않으면서 어떻게 이러한 일들의 의미를 발견하거나 설명할 수 있느냐고 반어법적으로 질문을 던진다.

1. 부활의 미래적 의미

먼저 부활이 예수님의 재림의 때에 어떤 의미를 가지는가를 네가지로 설명한다(20-28절).

첫째로 예수님의 부활은 성도들의 부활을 보장한다고 전제한다(20-22절). 예수님의 부활과 성도들의 부활은 밀접하게 연결되어 있다. 성경에 의하면 예수 그리스도와 성도들은 온전히 하나로 연합

말썽 많은 교회의 회복

되어 있기 때문이다.

> 롬 6장 8절: "만일 우리가 그리스도와 함께 죽었으면, 또한 그와 함께 살 줄을 믿노니."

> 갈 2장 20절: "내가 그리스도와 함께 십자가에 못 박혔나니, 그런즉 이 제는 내가 산 것이 아니요 오직 내 안에 그리스도께서 사신 것이라. 이 제 내가 육체 가운데 사는 것은, 나를 사랑하사 나를 위하여 자기 몸 을 버리신 하나님의 아들을 믿는 믿음 안에서 사는 것이라."

> 고전 15장 20절: "그러나 이제 그리스도께서 죽은 자 가운데서 다시 살아, 잠자는 자들의 첫 열매가 되셨도다."

로마서와 갈라디아서의 구절들은 성도들이 그리스도와 연합되어 같이 죽고 같이 살아났음을 선포한다. 농사를 짓는 이들에게 곡식 과 과일의 첫 열매는 장차 많은 열매가 맺을 것을 상징적으로 보여 주는 전조 혹은 징후였다. 고린도전서의 구절은 예수님께서 부활 하신 사건은 장차 무수한 성도들이 부활할 것을 보여주는 전조라 는 것이다.

아담과 예수님은 두 종류의 조상이다. 아담이 죽을 수밖에 없는 인생들의 조상이 되었다면, 예수 그리스도는 영원히 살 인생들의 조상이 되었다(21-22절).

> 21-22절: "21 사망이 사람으로 말미암았으니, 죽은 자의 부활도 사람

으로 말미암는도다. 22 아담 안에서 모든 사람이 죽은 것같이, 그리스
도 안에서 모든 사람이 삶을 얻으리라."

아담이 영적으로 죽고 육체적으로 죽을 인생들의 조상이 된 것
처럼, 예수 그리스도께서는 영적으로 살고 육체적으로 살 인생들의
조상이 되셨다는 것이다. 인류는 깊은 공동체성으로 묶여있다. 죽
음으로 묶이던지 생명으로 묶이던지, 두 가지 운명 앞에서 하나를
선택을 하여야 하는 존재이다.

둘째로 예수님께 속한 자들의 부활은 그분의 재림의 때에 실현될
것이다.

23절: "그러나 각각 자기 차례대로 되리니, 먼저는 첫 열매인 그리스도
요, 다음에는 그리스도 강림하실 때에 그에게 붙은 자요."

예수님께서 먼저 부활하셨고, 예수님께 속한 자들 혹은 예수님
을 믿은 성도들이 장차 미리에 부활하게 될 것이다. 시간차가 있지
만 이것이 인류의 부활의 순서이다.

셋째로 자신의 재림의 때에 성도들의 부활을 이루신 예수님께서
하나님의 왕국을 하나님께 돌려드릴 것이다. 예수님은 마지막 원수
인 죽음을 비롯하여, 모든 정사와 권세와 능력의 모든 악령들을 정
복하시고, 하나님께서 그 권세를 돌려 드린다.

24-27절: "24 그 후에는 나중이니, 저가 모든 정사와 모든 권세와 능력을 멸하시고, 나라를 아버지 하나님께 바칠 때라. 25 저가 모든 원수를 그 발 아래 둘 때까지 불가불 왕 노릇 하시리니, 26 맨 나중에 멸망받을 원수는 사망이니라. 27 만물을 저의 발 아래 두셨다 하셨으니, 만물을 아래 둔다 말씀하실 때에 만물을 저의 아래 두신 이가 그중에 들지 아니한 것이 분명하도다."

24절의 "모든 정사와 모든 권세와 능력"은 악령들의 계급 즉 모든 악령들의 세계를 의미한다고 해석할 수 있다. 예수님께서 재림하셔서 모든 악령들과 그들의 나라를 멸망시키시고, 그가 이 땅에서 완성하신 하나님의 나라를 하나님께 돌려 드릴 것이다.

예수님과 하나님의 사역은 밀접하게 연결되어 있다. 예수님께서 공생애와 십자가와 부활의 사역을 통하여 세상 만물을 정복하시고 하나님께 되돌려 드린다. 그러나 동시에 예수님의 모든 사역에 늘 하나님의 도우심과 함께 하심이 있다.

넷째로 예수님 자신도 하나님의 권위에 자신을 순복시키실 것이다.

28절: "만물을 저에게 복종하게 하신 때에는, 아들 자신도 그때에 만물을 자기에게 복종케 하신 이에게 복종케 되리니, 이는 하나님이 만유의 주로서 만유 안에 계시려 하심이라."

성자 하나님이신 예수님께서 성부 하나님보다 열등하셔서 복종하시는 것이 아니다. 두 분의 역할과 사역이 서로 다른 가운데 우주 만물을 다스리시는 성부 하나님께 성자 하나님께서 순복하심으로써 우주 만물에게 모범을 보이시는 것이다.

위에서처럼 사도 바울은 예수님의 재림의 때에 성도들의 부활과 함께 일어날 하나님의 왕국의 완성과 봉헌과 성부 하나님에 대한 우주적 복종이라는 장엄한 사건들을 열거하고 설명하고 있다. '그리스도인들의 소망인 미래의 이러한 일들이—전 우주를 구원하시는 하나님의 우주적 드라마— 예수님의 부활이 없이 어떻게 가능하겠는가?'라는 반어법적 증명 혹은 강조를 하고 있는 것이다.

2. 부활의 현재적 의미

바울은 이제 부활이 당시의 고린도 교인들에게 어떤 현재적 의미를 가지는가를 설명하기 시작한다. 그는 당신에 일어나고 있던 세 가지 일을 열거하며 부활의 필연성을 설명한다(29-34절).

첫 번째로 바울은 죽은 자들을 위하여 세례를 받는 사람들의 이야기를 끄집어낸다.

> 29절: "만일 죽은 자들이 도무지 다시 살지 못하면, 죽은 자들을 위하여 세례 받는 자들이 무엇을 하겠느냐? 어찌하여 저희를 위하여 세례를 받느뇨?"

고린도 교인들 중에서 죽은 자들을 위하여 세례를 받은 일이 최소한 한 번은 있었던 것으로 보인다. 예수님을 믿고 영접한 사람들이 미처 세례를 받기 전에 전염병이나 재앙으로 한꺼번에 죽은 경우에, 고린도 교인들이 안타까운 마음으로 대신 세례를 받았을 수 있다. 물론 이런 행위가 꼭 올바르다는 것은 아니다. 단지 바울은 만약 고린도 교인들이 부활을 믿지 않는다면 그런 의식의 논리적 근거가 없다는 것이다. 왜 아무 의미도 없는 무의미한 몸짓들을 하였느냐고 반어법적으로 묻고 있는 것이다.

두 번째로 바울은 주를 위한 고난도 부활이 없이는 무의미하다고 주장한다.

> 30-32절: "30 또 어찌하여 우리가 때마다 위험을 무릅쓰리요? 31 형제들아 내가 그리스도 예수 우리 주 안에서 가진바 너희에게 대한 나의 자랑을 두고 단언하노니, 나는 날마다 죽노라. 32 내가 범인처럼 에베소에서 맹수로 더불어 싸웠으면, 내게 무슨 유익이 있느뇨?"

30절에서 바울은 부활이 없다면 복음을 전하면서 당하는 핍박과 위험을 꼭 받을 필요가 있겠느냐고 반어법으로 되묻는다. 31절에서는 바울은 믿음을 지키고 복음을 전하기 위하여 자신은 날마다 목숨을 걸고 죽을 각오로 산다고 단언한다. 이것도 부활이 있기에 의미 있는 헌신이고 노력이라는 것이다. 32절에서는 맹수처럼 사나운 복음의 원수들과 핍박하는 자들을 대항하여 계속 사명을 완수했다고 해도 부활이 없으면 아무 의미도 보람도 상급도 없다고 결론짓는다. 계속해서 바울은 반어법적 질문으로 부활의 당위성과 필연성을 주장하고 있다.

세 번째로 그리스도인들의 도덕적이고 경건한 삶의 기초로서의 부활이다. 참으로 그리스도를 위한 고난과 세속적 문화와 유행을 거슬러 가며 지켜내는 경건이 다 무의미한 것일까? 인간들의 현실적 감각이나 상식에 의지하여 판단해 보아도 그럴 수는 없다. 그런데 부활이 없다면, 논리적으로 그리스도를 위한 고난과 경건은 다 무의미한 것이 된다.

> 32절 하–34절: "32 하 죽은 자가 다시 살지 못할 것이면, 내일 죽을 터이니 먹고 마시자 하리라. 33 속지 말라. 악한 동무들은 선한 행실을 더럽히나니, 34 깨어 의를 행하고 죄를 짓지 말라. 하나님을 알지 못하는 자가 있기로 내가 너희를 부끄럽게 하기 위하여 말하노라."

32절은 예수 그리스도에 대한 믿음이 없는 그리스인들의 격언이었다. 부활이 없다면 세속적이고 쾌락주의적인 인생관이 더 지혜로운 것일 수도 있다는 것이다. 33절은 거짓 복음을 가르치는 자들과 같이하면 결국은 도덕적 문제가지 생긴다는 주장이다. 거짓된 복음, 거짓된 교리는 결국 거짓되고 죄악된 행위까지 가져오게 된다.

예수님께서는 스스로의 역할과 사역에 충실하셔서 성부 하나님께 순복하셨다. 마찬가지로 그리스도인들도 하나님께서 자신에게 하나님의 나라 안에서 혹은 교회 안에서 맡기신 역할과 사역을 발견하고 충실하게 수행하여야 한다.

그리스도인들은 부활과 하나님 나라의 소망을 가지고, 복음을

말썽 많은 교회의 회복

위하여 고난도 받고, 경건하고 도덕적인 삶을 살기도 하여야 한다. 우리가 너무 현실적 축복과 성공에만 집착하면 이런 소망을 놓칠 수 있다.

제26장
부활의 몸
고린도전서 15장 35-41절(35-58절)

고린도 교인들 중에는 부활의 몸에 관하여 질문하는 사람들이 있었다(35절). 그들은 부활의 몸은 현재 인간들의 몸과 어떤 차이가 있는지 궁금해하였던 것으로 보인다.

> 35절: "누가 묻기를 죽은 자들이 어떻게 다시 살며, 어떠한 몸으로 오느냐 하리니."

고린도 교인들이 왜 이런 질문을 하였을까? 고린도 교인들이 영적인 부활은 믿었으나, 육체적인 부활에 관하여서는 믿지 않은 그리스 문화에 물든 사람들이어서 그랬을 가능성이 있다. 부활에 대하여 반신반의했을 수도 있고, 부활의 미래적 의미와 현세적 의미에 대하여 깨달으면서 감정적으로 압도된 이들이 놀라운 마음으로 질문했을 수도 있다.

이들의 질문에 대답하는 가르침의 결론은 50절에 기록되어 있다.

말썽 많은 교회의 회복

50절: "형제들아 내가 이것을 말하노니, 혈과 육은 하나님 나라를 유업으로 받을 수 없고, 또한 썩은 것은 썩지 아니한 것을 유업으로 받지 못하느니라."

이 결론에 도달하기 위하여 사도 바울은 세 가지 예와 한 가지 설명을 제시한다.

1. 자연계에서 발견할 수 있는 다양한 몸들

바울은 대자연 속에 나타난 다양한 몸체들의 세 가지 예를 열거하며 부활의 몸이 현재의 몸과 많이 다를 수 있음을 설명한다. 첫 번째 예는 식물의 씨와 그 씨에서 자라나온 식물의 본체의 차이이다.

36-37절: "36 어리석은 자여, 너의 뿌리는 씨가 죽지 않으면 살아나지 못하겠고, 37 또 너의 뿌리는 것은 장래 형체를 뿌리는 것이 아니요, 다만 밀이나 다른 것의 알갱이뿐이로되"

부활에 대한 인간들의 이해를 돕기 위하여, 하나님께서는 대자연 속에 부활의 원리를 기록해 놓으셨다. 식물의 씨와 몸체는 서로 모양이 다르지만, 식물의 씨가 땅에 떨어져서 죽고 그 형체를 잃어버리면, 그 식물의 크고 아름다운 몸체가 일어나게 된다. 씨가 땅에 떨어져서 썩는 것이 아니라, 죽는 것이다. 한 알의 씨가 자기의 생명과 자신의 형체에 대하여 죽을 때, 새로운 생명과 새로운 몸과 새로운 형체로 일어나고 새로운 결실이 생기는 것이다.

두 번째 예는 사람과 짐승과 새와 고기들의 다양한 몸들의 차이이다.

> 38-39절: "38 하나님이 그 뜻대로 저에게 형체를 주시되, 각 종자에게 그 형체를 주시느니라. 39 육체는 다 같은 육체가 아니니, 하나는 사람의 육체요, 하나는 짐승의 육체요, 하나는 새의 육체요, 하나는 물고기의 육체라."

하나님께서 사람과 짐승과 새와 고기들에게 각각 다른 육체를 주셨다면, 부활할 성도들을 위하여 또 다른 몸을 예비하시는 것은 별로 특별한 일이 아니라는 것이다.

세 번째 예는 천체의 다양한 몸체들이다. 태양과 달과 별 등이 다양한 몸체와 형체와 빛을 가진 것을 보면, 하나님께서 부활할 성도들을 위하여 새롭거나 특별한 몸을 예비하시는 것은 별로 이상한 일이 아니라는 주장이다.

> 40-41절: "40 하늘에 속한 형체도 있고, 땅에 속한 형체도 있으나, 하늘에 속한 자의 영광이 따로 있고, 땅에 속한 자의 영광이 따로 있으니, 41 해의 영광도 다르며, 달의 영광도 다르며, 별의 영광도 다른데, 별과 별의 영광이 다르도다."

말썽 많은 교회의 회복

실제로 태양은 스스로 빛을 내는 발광체이다. 태양은 원자핵융합으로 초래되는 불길에 휩싸여 있다. 달은 스스로는 빛을 내지 못하나, 태양의 광선을 받아서 반사함으로써 만물의 휴식을 위하여 밤하늘을 은은하게 밝힌다. 수많은 별들이 각각 다른 온도의 불길을 가지고 다양한 빛을 발산한다. 하나님께서 천체를 이렇게 다양하게 만드셨다면, 현재 인간들의 몸과는 다른 부활의 몸을 준비하시는 것을 별로 특별한 사건은 아니다.

38-39절에서 사람과 짐승과 새와 고기들의 다양한 몸들을 이야기하고, 40-41절에서 태양과 달과 별의 다양한 영광을 이야기하는 것은 하나님께서 각 몸을 그 환경에 맞게 창조하셨다는 사실을 비유로 설명하기 위함이다. 하나님께서는 각 육체가 자기의 환경과 위치를 최대한으로 즐기고 활용할 수 있도록 창조하셨다는 것이다. 별들이 땅 위에서나 물속에서 그 기능을 다 할 수가 없고, 고래가 물을 떠나서 하늘 위에서 날아다니며 먹고살기는 곤란하다. 태양이 밤에 설치면 사람들이 휴식을 취할 수가 없고, 달이 낮에 떠오르면 인생들이 일하는 데 곤란하다.

마찬가지로 우리의 현재 육체는 지구 위에서의 생활에 적합하도록 창조되었다. 하지만 부활의 육체는, 하나님의 왕국이 이 땅 위와 온 우주에 온전히 이루어질 때, 우리가 그 왕국을 유산으로 받고 즐기고 누리기에 합당한 몸으로 지어졌다는 것이며, 그래서 부활의 몸이 지금의 몸과는 다른 특별한 몸이 되는 것이 하나도 이상하지 않다는 것이다.

2. 자연적인 몸과 부활의 몸의 대조

바울은 이제 자연적인 몸과 부활의 몸의 대조하며 설명한다. 혹은 육적인 몸과 부활의 몸의 여섯 가지 차이점을 열거하면 설명한다.

첫 번째는 썩을 몸과 영원히 썩지 않을 몸의 차이이다.

> 42절: "죽은 자의 부활도 이와 같으니, 썩을 것으로 심고, 썩지 아니할 것으로 다시 살며"

현대의 몸을 계속 부패하는 길로 가는 몸이나, 부활의 몸은 영원히 썩지 아니하는 몸이다. 오히려 영원히 새로워지는 몸이라고 추측해볼 수도 있다(고후 4:16).

두 번째는 욕된 몸과 영광스러운 몸의 차이이다.

> 43절 상: "욕된 것으로 심고 영광스러운 것으로 다시 살며…"

현재의 몸은 영광이 없으나, 부활의 몸은 영광이 찬란한 몸이 되리라는 것이다. 영광의 가장 기본적인 의미는 빛이다. 성도들의 만난 천사들이 많은 경우에 영적으로만 아니라 물질적으로도 빛이 나는 존재들이었던 것처럼(단 10:6, 12:3, 슥 9:16, 마 17:2, 눅 24:4, 행 10:30, 행 12:7, 계 15:6, 19:8), 부활한 성도들의 몸에서도 빛이 날 것이다.

세 번째는 연약한 몸과 강한 몸의 차이이다.

43절 하: "...약한 것으로 심고 강한 것으로 다시 살며"

현재의 몸은 3미터 이상의 높이에서 떨어져도 부러지고 상하는 몸이지만, 부활의 몸은 온 우주를 여행하고 다스릴 수 있는 강한 몸이 되리라는 것이다.

네 번째는 자연적인 몸과 영적인 몸의 차이이다.

44절: "육의 몸으로 심고, 신령한 몸으로 다시 사나니, 육의 몸이 있은 즉 또 신령한 몸이 있느니라."

현재의 몸은 지구 위에서의 생활에 적합하고, 부활의 몸은 신령한 몸, 즉 영적으로 물리적으로 완성된 하나님의 왕국에서의 생활에 적합한 몸이라는 것이다.

다섯 번째는 생령이 된 아담과 생명을 주시는 영이신 예수님은 많이 다른 존재이므로, 예수님께서 새로운 영적 생명과 새로운 육체를 주시는 것이 합당하다는 주장이다.

45절: "기록된바 첫 사람 아담은 산 영이 되었다 함과 같이, 마지막 아담은 살려 주는 영이 되었나니"

아담은 하나님의 숨길로부터 생명을 받아서 살아있는 존재가 되었지만, 마지막 아담 예수는 믿는 자들을 비롯한 다른 피조물들에게 생명을 주시는 분이라는 것이다. 예수 그리스도는 부활의 첫 열매로서 부활의 몸을 입으셨고, 그를 믿고 받아들인 수많은 성도들에게 새로운 생명과 새로운 육체를 주실 것이다.

여섯 번째는 자연적인 몸이 먼저 오고, 영적인 몸이 뒤따라오는 순서를 설명한다.

> 46절: "그러나 먼저는 신령한 자가 아니요, 육 있는 자요, 그다음에 신령한 자니라."

현재의 육체가 있은 다음에 부활의 육체가 따라오고 드러난다는 것이다. 하나님께서는 아담과 이브에게 영원히 죽지 않을 잠재력이 있는 육체를 주셨다. 그러나 불순종과 죄악으로 말미암아 그들은 죽을 수밖에 없는 육체가 되었다. 이제 예수님을 믿고 받아들이며 새로운 피조물이 된 성도들은(고후 5:17) 장차 영원히 죽지 않을 영적인 몸 혹은 신령한 몸을 받음으로써 하나님의 새 창조 혹은 구원이 완성될 것이다.

3. 아담과 예수님의 대조

성경은 이제 아담과 예수님을 비교 대조하며, 자연적 인간들과 구원받은 인간들이 어떻게 달라질 것인가를 설명한다. 아담의 후손들과 생명의 근원이신 예수 그리스도로 말미암아 새롭게 창조된 인생들은 당연히 다를 수밖에 없다는 것을 이 단계 논리로 설명한다. 먼저 첫 번째 사람 아담은 흙에서 왔고, 두 번째 사람 예수님은 하늘에서 왔다.

47절: "첫 사람은 땅에서 났으니 흙에 속한 자이거니와, 둘째 사람은 하늘에서 나셨느니라."

아담은 흙으로 빚어진 존재이지만, 예수님께서는 하늘에서 오신 하나님 자신이라는 것이다. 둘째로 아담과 같이 땅에서 온 자연적 인간들과 예수님과 같이 구원받고 하늘에 속한 인간들이 있다.

48절: "무릇 흙에 속한 자는 저 흙에 속한 자들과 같고, 무릇 하늘에 속한 자는 저 하늘에 속한 자들과 같으니"

자연적인 인간들은 아담의 후손들로서 아담과 같이 연약한 육체를 가지고 있고, 아담과 같이 사망할 수밖에 없다(창 5:5). 예수님을 믿고 영접한 자들은 예수님의 새로운 생명을 받아서 새로운 존재가 되었으며, 그분과 함께 영원히 살게 될 것이다(요 11:25-26). 이 영생은 성도들이 예수님의 재림의 때에 부활의 몸을 입음으로써 가능하게 될 것이다.

4. 부활의 몸의 영적 특권

바울은 이제 부활의 몸의 영적 특권을 설명함으로써 부활 후의 삶이 어떠할 것인가를 설명하고자 한다.

첫째로 부활한 성도들의 성품은 성화의 과정을 마치고 영화롭게 될 것이다. 자연적인 사람들은 아담의 성품을 닮았고, 구원받은 사람들은 예수님의 성품을 닮기 시작한다. 그리고 드디어 부활의 몸을 입게 될 때 아담의 성품을 닮은 죄성을 완전히 벗게 될 것이다.

> 49절: "우리가 흙에 속한 자의 형상을 입은 것같이, 또한 하늘에 속한 자의 형상을 입으리라."

둘째로 부활한 성도들은 완성된 하나님의 나라를 유산으로 받아서 누리기 시작할 것이다. 혈과 육 즉 현재의 육체는 완성된 하나님의 왕국을 받아서 누릴 수가 없으며, 썩어질 것은 영원히 썩지 않을 것을 받아서 누릴 수가 없다.

> 50절: "형제들아 내가 이것을 말하노니, 혈과 육은 하나님 나라를 유업으로 받을 수 없고, 또한 썩은 것은 썩지 아니한 것을 유업으로 받지 못하느니라."

그러나 영원히 썩지 않고 강하고 영광스러운 부활의 육체를 받은 성도들은 완성된 하나님 나라의 모든 축복을 누리기 시작할 것이다. 부활하신 예수님의 행적을 관찰하면 부활의 육체를 입은 성도들이 누릴 특권들 일부를 엿볼 수 있다. 부활하신 예수님은 시간과 공간을 초월하시는 듯한 모습을 보이셨다. 엠마오로 가는 제자들과 만나서 대화를 나누시다가 홀연히 사라지셨다(눅 24:31). 부활하신 그날 예수님께서는 제자들이 숨어 있는 집의 방에 갑자기 나타나셨다(눅 24:36, 요 20:19). 여드레 후에 도마가 제자들과 함께 있는 집에 문을 통하지 않고 나타나셨다(요 20:26). 그분은 또 많은 제자들이 보는 앞에서 하늘로 올라가셨다(행 1:9). 그러면서도 그분은 제자들과 함께 먹고 마시시며 자신의 육체를 가지신 분이심을 증명하셨다(눅 24:39-43, 계 22:2). 완성된 하나님의 나라는 유령 같은 존재들이 허공에 떠다니면서 기도와 찬송만 하는 재미없는 곳이 아니고, 영화롭게 된 영혼과 육체를 가지고 온 우주를 무대로 일하면서 하나님을 섬기는 흥미진진한 곳일 것이다.

과거 우루과이 축구 대표팀 스트라이커였던 다리오 실바라는 34세의 선수가 2006년 9월 24일 교통사고의 후유증으로 오른쪽 다리 무릎 아래를 절단하면서 15년에 걸친 프로선수 생활을 마감했다. 그는 우루과이에서, 스페인 프리메라 리가에서, 잉글랜드 프리미어 리그에서 활약했던 1급 선수 중의 하나였다. 자기에게 명성과 돈과 인기를 가져다준 축구를, 최소한 프로급 경기에서는 더는 할 수가 없게 되었다. 그렇다면 그의 인생 가치는 다 사라져 버린 것인가? 그의 인생 가치는 건강한 육체와 그 육체의 스포츠 기능에 달려있었던 것인가? 인생의 가치가 육체와 그 육체의 기능에 달린 그토록 피상적인 것일까?

우리 인생이 그토록 허무한 것은 아닐 것이다. 더구나 영원하신 하나님과 그분의 독생자 예수 그리스도와 연결된 인간들의 삶이 단지 그들의 허약한 육체에 의하여 그 가치가 제한되지는 않을 것이다. 우리는 영원하신 하나님을 섬기고, 그분의 영원한 생명을 나누어 받아서, 그분의 영원한 사역과 일에 동참하여 사는 영광스러운 존재라는 것이 성경의 가르침이다.

말썽 많은 교회의 회복

제27장

부활의 영광

고린도전서 15장 51-58절

나이가 들어가면서 몸이 말을 듣지 않아 실망하는 이들, 자기 몸을 별로 좋아하지 않는 이들에게 좋은 소식이 있다. 자신의 육체에 대한 가장 성경적인 반응은, 우리 영혼뿐만 아니라 육체를 신묘막측하게 지으신 하나님께 감사드리며 이 모습 이대로 받는 것이다. 그러나 그렇지 못해도 또 소망이 있다. 하나님께서 궁극적으로 우리의 이 연약한 육체를 강하고 영광스러운 부활의 육체로 바꾸어 주시는 것이다. '미모지상주의, 몸매 지상주의'에 영향받는 현대인들이 주목하여야 할 좋은 소식이다.

사도 바울이 여기서 알려주는 이 새로운 비밀은 모든 사람이 육체의 죽음을 보는 것이 아니고, 어떤 이들은 육체의 영광스런 변화를 체험할 것이라는 소식이다. 예수 그리스도의 재림의 순간까지 육체가 살아있는 성도들은 그들의 육체가 죽음 다음에 다시 부활하는 것이 아니라, 바로 부활의 육체로 바뀌는 놀라운 체험을 하게 될 것이다.

51절: "보라 내가 너희에게 비밀을 말하노니, 우리가 다 잠잘 것이 아니요, 마지막 나팔에 순식간에 홀연히 다 변화하리니"

1. 이 사건의 순서

우리 주님의 재림의 때에, 마지막 나팔 소리와 함께 이미 죽은 성도들이 먼저 부활할 것이다. 그 직후에 아직 생존하고 있던 그리스도인들은—육체의 죽음을 겪지 않고— 눈 깜박할 사이에 부활의 육체를 덧입는 것을 체험할 것이다.

고전 15장 52절: "나팔 소리가 나매, 죽은 자들이 썩지 아니할 것으로 다시 살고, 우리도 변화하리라."

살전 4장 16-17절: "16 주께서 호령과 천사장의 소리와 하나님의 나팔로 친히 하늘로 좇아 강림하시리니, 그리스도 안에서 죽은 자들이 먼저 일어나고, 17 그 후에 우리 살아남은 자도 저희와 함께 구름 속으로 끌어올려, 공중에서 주를 영접하게 하시리니, 그리하여 우리가 항상 주와 함께 있으리라."

위의 두 구절의 가르침을 종합하면 천사장의 나팔 소리에 이미 죽은 성도들이 부활하고, 육체가 살아있던 성도들은 그 육체가 부활의 육체로 변하여 공중으로 끌어올려져서 주님을 만나게 된다는 것이다.

2. 이 사건의 목적

이 사건의 목적은 죽은 성도들이나 살아있는 성도들이나 완성된 하나님의 나라를 유산으로 받아서 누리기 위하여 부활의 몸 혹은 영광스런 몸을 입도록 하는 것이다. 부패하여야 할 것은 부패하지 않을 것으로 덧입어야 하고, 죽어야 할 것은 죽지 않을 것으로 덧입어야 한다.

> 53-54절 상: "53 이 썩을 것이 불가불 썩지 아니할 것을 입겠고, 이 죽을 것이 죽지 아니함을 입으리로다. 54 이 썩을 것이 썩지 아니함을 입고, 이 죽을 것이 죽지 아니함을 입을 때에는…"

54절의 말씀은 이사야서 25장 8절에 "사망을 영원히 멸하실 것이라."는 예언을 언급하는 것으로 생각된다. 부활과 육체의 영광스런 변화를 통하여 이 예언이 실현될 것이다.

3. 이 사건에 나타난 하나님 영광

사도 바울은 이 사건을 내다보며 감격에 벅차서 승리의 찬가를 부른다.

> 54절 하-57절: "54 …사망이 이김의 삼킨 바 되리라고 기록된 말씀이 응하리라. 55 사망아 너의 이기는 것이 어디 있느냐? 사망아 너의 쏘

는 것이 어디 있느냐? 56 사망의 쏘는 것은 죄요, 죄의 권능은 율법이라. 57 우리 주 예수 그리스도로 말미암아 우리에게 이김을 주시는 하나님께 감사하노니”

인생들은 죽음의 공포와 횡포에 시달려 왔다. 사랑하는 사람들이 우리가 내다보지 못하는 곳으로 떠나가고, 우리는 뒤에 남겨지는 고독과 두려움으로 괴로워했다. 그리고 깊이 이해할 수 없는 죽음에 대한 본능적인 두려움으로 우리의 품위와 존엄성을 망가뜨리는 행위들을 종종 행하면서 괴로워했다. 그런데 그 극복할 수 없을 것 같았던 적(敵)인 죽음을 이기고 기뻐하는 찬가가 55절에서 사도 바울의 입에서 흘러나오는 것이다. 더구나 그는 선교 사역 중에 수시로 죽음의 위협을 대면하는 사람으로서 그의 고백의 진실성을 의심할 여지가 없었다.

전갈의 무기가 그 쏘는 꼬리에 있는 것처럼, 사망의 무기는 죄악에 있다. 죄악이 전혀 없으면 죽음도 없다. 율법은 순종하는 자들에게 축복을, 불순종하는 자들에게 저주를 약속한다(신 28장). 죄악의 파괴적 능력의 배경이 되는 것은 “이에는 이, 눈에는 눈”의 공평한 보복을 주장하는 율법이다(56절).

그러나 자신의 죽으심과 부활로 사망의 쏘는 무기를 제거해 버리신 우리 주 예수님으로 말미암아, 우리는 죄악과 죽음에 대한 승리를 선포하며 기뻐할 수 있다(57절).

어떤 벌들은 단 한 번 벌침을 쏘고는 죽을 수밖에 없다. 그래서 능숙한 양봉업자들은 이러한 벌들이 자신들의 보호복에 침을 쏘도록 유도한다. 그래서 한 번 벌침을 쏜 벌들은 더 이상 이들에게 위협이 되지 못한다. 마귀와 악령들은 모든 인간들의 죄악을 근거로 예수 그리스도를 죽음으로 몰고 갔다. 그러나 그분이 한 번 죽으시고 부활하심으로써 마귀와 악령들의 독침은 영원히 제거되고, 그들은 더 이상 죽음으로 성도들을 위협할 수 없게 되었다.

4. 권면

성경은 이 영광스런 부활 사건을 내다보며 고린도 교인들에게 두 가지 권면을 말씀을 전한다. 첫째로 믿음으로 견고하게 서라는 것이다. 그리고 어떤 일에도 흔들리지 말라는 것이다.

58절 상: "그러므로 내 사랑하는 형제들아 견고하며 흔들리지 말며…"

성도들에게 부활의 소망이 있다면, 어떤 역경이 있어도 마음이 흔들리지 않고 견고할 수 있다는 것이다. 둘째로 전적으로 주의 일에 충성하라는 것이다.

58절 하: "…항상 주의 일에 더욱 힘쓰는 자들이 되라. 이는 너희 수고가 주 안에서 헛되지 않은 줄을 앎이니라."

성도들에게 부활의 소망이 있다면, 어떤 어려움이 있어도, 하나님의 일을 충성스럽게 수행할 수가 있다는 것이다.

우리에게 참으로 부활의 소망이 있다면, 부활한 다음의 완성된 하나님의 나라의 생활을 위하여 준비하는 성도들이 되는 것이 지혜롭다. 부활이 있고, 하나님 앞에서 우리가 땅에서 하나님의 나라와 의를 위하여 일한 것들에 대한 평가가 있다면, 우리는 땅에서 성공하는 일만을 위하여 살지는 않을 것이다. 땅에서 성공하고 인정받는 것 이상으로, 우리의 주인이신 하나님과 예수님 앞에서 인정받기 위하여 애쓸 것이다.

부활의 소망을 굳게 붙잡고 믿음으로 분투한 자들에게 영원한 상급이 풍성하게 주어진다. 진정한 축복은 많은 수고와 기다림 후에 주어진다. 큰 고기는 쉽게 잡히지 않는다. 큰 고기는 많은 수고와 노동 끝에 끌어올려진다. 이 현상에 관하여 교회선교연합(Church and Missionary Alliance)의 창시자인 앨버트 벤저민 심슨(A. B. Simpson)은 이렇게 이야기했다. "하나님께서는 모든 귀한 축복과 사역의 열매들을 잘 보이지 않도록 감추셔서, 부지런한 자들에게 보상이 되고, 진지한 자에게 상이 되고, 게으른 자에게 실망이 되게 하셨다."

비엔나에 한 젊은 음악가가 있었다. 훌륭한 교향곡을 짓는 것이 그의 소원이었다. 마침내 그럴 기회가 왔다. 새 교향곡을 쓰고, 여러 번 고치고 또 고치는 가운데, 자기 친구들에게 보여주고 의견을 물었다. 친구들은 한결같이 탁월한 작품이라고 이야기해 주었지만, 이 젊은 작곡가는 계속해서 가다듬는 가운데 걸작을 만들어 보려고 노력했다. 마침내 청중들에게 자기 작품을 시연할 날이 다가왔다.

교향악단이 그의 신곡을 아름답게 연주했다. 연주가 끝나자 잠간의 침묵이 흐른 다음에 청중들이 우레와 같은 갈채를 보냈다. 그러나 이 젊은 작곡가는 여전히 긴장한 것처럼 보였다. 한 백발의 노신사가 젊은 작곡가에서 다가와서, 그의 어깨에 손을 얹고, "잘했어, 루돌프, 잘했어."라고 이야기하자 드디어 그는 미소를 짓고 만족스런 표정을 지었다. 이 노신사는 젊은 작곡가의 스승(Master)이었다. 그의 선생님이었던 것이다. 우리의 인생은 여러 사람들로부터 칭찬받는 것도 좋지만, 우리의 스승(Master)이신 예수님으로부터 칭찬을 받고 좋은 평가를 받는 것이 무엇보다 중요하다.

제28장
영적 사역의 후원
고린도전서 16장 1-12절

복음과 말씀의 사역자들과 그들 가족의 재정적인 필요를 어떻게 채워야 하는가? 그들은 너무 신령해서 하늘에서 내리는 만나를 날마다 받아서 먹거나, 초자연적인 방식으로 물질이 공급되는 방식으로 경제생활을 영위하는가? 고린도전서 16장 앞부분에서 사도 바울은 좀 더 현실적인 방식으로 이 필요들이 채워져야 함을 이야기한다. 성경은 영적 사역에 대한 성도들의 재정적 후원에 관하여 가르치고 있다.

1. 헌금에 관하여

사도 바울은 고린도 교회를 비롯한 여러 이방인 교회들이 재정적인 어려움을 겪고 있는 예루살렘 교회를 돕도록 권면하였다(롬 15:26, 고후 8:2, 8:20, 고후 9:5, 9:11, 9:13). 이것은 이방인 교회들이 예루살렘 교회로부터 영적 축복을 나누어 받았기 때문이고(롬 15:27),

224

문화와 인종을 뛰어넘는 전 세계 교회의 연합을 위한 것이기도 하였다(고후 8:13-14).

바울은 고린도 교인들의 헌금에 관하여 세 가지 지침을 제시한다. 첫 번째는 정기적으로 하라는 것이다.

> 1-2절 상: "1 성도를 위하는 연보에 대하여는, 내가 갈라디아 교회들에게 명한 것같이, 너희도 그렇게 하라. 2 매 주일 첫날에(On the first day of every week) 너희 각 사람이(Each one of you)…"

고린도 교인들은 예루살렘 교회를 위한 헌금을 매주 첫날 즉, 주일에 일정한 액수를 떼어서 모아놓도록 권면을 받았다. 당시도 지금과 마찬가지로 매주 혹은 매달 주기적으로 헌금을 따로 떼어놓지 않으면, 다른 일에 다 지출을 한 다음에 막상 헌금할 돈은 부족한 경우들이 있었을 것이다. 고린도 교인들이 예루살렘 교회를 위한 헌금을 정기적으로 하였다면, 자신들의 교회를 위한 헌금은 더욱 정기적으로 하였을 것이다. 또한 고린도 교회의 "각 사람", 즉 부유하거나 가난하거나 모든 사람이, 일정한 날에 헌금을 따로 떼어놓아야 하였다.

성경이 제시하는 두 번째 지침은 생활비에 적절한 비율로 하라는 것이다.

> 2절 중: "…이를 얻은 대로 저축하여 두어서(Should set aside a sum of money in keeping with his income, saving it up)…"

이것은 고린도 교인들의 재정적 수입에 비례하여 헌금을 하여야 한다는 가르침이다. 많은 수입이 있는 이들은 더 많은 헌금을 하여야 하였을 것이고, 수입이 적은 이들은 비례하여 적을 헌금을 하여야 하였을 것이다. 우리 주님께서도 가난한 이들의 정성 어린 헌금을 큰 액수로 간주하셨다(막 12:42-44).

헌금에 관하여 성경이 제시하는 세 번째 지침은 계획적으로 하라는 것이다.

> 2절 하: "내가 갈 때에 연보를 하지 않게 하라(Saving it up so that when I come no collections will have to be made)."

예루살렘 교회를 위한 헌금을 미리 모아두어서, 사도 바울이 고린도에 왔을 때 갑작스럽게 헌금을 마련하려고 하지 말라는 것이다. 갑작스럽게 하는 경우에는 반드시 부작용이 생길 것이다. 헌금할 재정을 이미 낭비하였다든지, 헌금 액수가 너무 많아서 부담스럽게 느껴진다든지, 그래서 억지로 헌금을 한다든지 하는 일이 벌어질 것이다.

성경은 덤으로 교역자가 재정을 다루는 지혜를 보여준다. 바울은 이방인 교회들이 예루살렘 교회를 위하여 자신에게 맡긴 헌금들을 자신이 직접 다루지 않았다. 그는 이방인 교회가 지정한 일군들이 그 헌금을 직접 소지하고 자신과 예루살렘까지 동행하도록 하였다.

말썽 많은 교회의 회복

3-4절: "3 내가 이를 때에 너희의 인정한 사람에게 편지를 주어, 너희의 은혜를 예루살렘으로 가지고 가게 하리니, 4 만일 나도 가는 것이 합당하면 저희가 나와 함께 가리라."

교역자는 재정 문제에 있어서 가능한 직접 다루지 않고 다른 일군들을 통하여 간접적으로 다루는 것이 지혜롭다. 적절한 거리를 두는 것이 여러 가지 오해의 소지를 예방할 수 있다. 예루살렘 교회의 사도들도 재정적인 문제가 불거져 나왔을 때, 헬라파 성도들이 지정한 일군들로 하여금 그 문제를 다루게 하였다(행 6:3-4).

2. 바울의 전도 여행 계획

바울은 자신의 여행 계획을 고린도 교회에 알리며 그들의 후원을 부탁한다. 바울은 이들의 신세를 지는데 별로 거리낌이 없다. 그가 그들에게 끼치는 영적인 축복이 확연하게 크기 때문이 아닌가 생각한다.

5-7절: "5 내가 마게도냐를 지날 터이니, 마게도냐를 지난 후에 너희에게 나아가서, 6 혹 너희와 함께 머물며, 과동할 듯도 하니, 이는 너희가 나를 나의 갈 곳으로 보내어 주게 하려 함이라(So that you can help me on my journey, wherever I go). 7 이제는 지나는 길에 너희 보기를 원치 아니하노니, 이는 주께서 만일 허락하시면 얼마 동안 너희와 함께 유하기를 바람이라."

바울은 마게도냐 교회들을 돌아보고 고린도로 가서, 고린도 교인들과 겨울을 같이 지낼 계획이었다. 그리고 그들의 재정적 후원을 받아서 여행을 계속할 계획이었다. 바울은 자신의 선교 사역을 위하여 고린도 교회의 재정적 후원을 받는데도 별로 거리낌이 없었다 (6절).

바울은 사역을 하는 데 있어서 저항이 많다고 해서, 반드시 복음의 문이 닫혀있는 것으로 간주하지 않았다(8-9절). 오히려 핍박과 저항이 성령 하나님께서 능력으로 일하고 계심을 반중하는 근거일 수도 있다.

> 8-9절: "8 내가 오순절까지 에베소에 유하려 함은, 9 내게 광대하고 공효를 이루는 문이 열리고, 대적하는 자가 많음이니라."

사도 바울은 3차 전도 여행 중에 에베소에서 약 3년간 머무르며 전도와 목회 사역을 하는 가운데, 고린도전서를 기록한 것으로 생각된다. 이때 에베소에서 큰 영적 부흥이 일어났다. 그러나 성령 하나님의 큰 능력이 나타나는 가운데 모든 일들이 순탄했던 것은 아니고, 마귀와 악령들의 반격이 있는 가운데 바울의 사역에 반대하고 저항하고 핍박하는 이들도 있었던 것이다. 영적 부흥이 있을 때는 마귀와 악령들의 반격도 반드시 있다는 것이 앞서서 사역했던 선배들의 공통적인 경험이다.

말썽 많은 교회의 회복

3. 디모데에 관하여

바울은 자신이 양육하고 훈련한 젊은 목회자인 디모데가 자신의 첫 번째 편지인 고린도전서를 휴대하고 고린도로 가도록 파송하였던 것으로 보인다. 자신의 전령 역할을 했던 디모데를 고린도 교인들이 환대하고 존중하고 받아들이도록 부탁한다.

10-11절: "10 디모데가 이르거든 너희는 조심하여, 저로 두려움이 없이 너희 가운데 있게 하라. 이는 저도 나와 같이 주의 일을 힘쓰는 자임이니라. 11 그러므로 누구든지 저를 멸시하지 말고, 평안히 보내어 내게로 오게 하라. 나는 저가 형제들과 함께 오기를 기다리노라."

바울이 디모데를 위하여 고린도 교인들에게 한 부탁은 세 가지이다. 첫째로 디모데를 환영하여 그가 두려움이 없이 그들과 머무르도록 하라는 것이다. 둘째로 디모데를 존중하여 달라는 것이다. 고린도 교인들은 자부심이 강하여 사도 바울이나 베드로나 아볼로 같은 카리스마가 있고 유명한 지도자들 외에는 쉽게 받아들이지 않고 멸시하였을 수 있다. 그들은 바울의 사도로서의 권위를 의심한 적도 있었다(고전 4:1-3, 8-13, 9:1-12). 디모데가 젊은 사역자였다는 사실이 고린도 교인들에게 그를 존경하는 것을 더 어렵게 하였을 수 있다. 그러한 디모데를 배려한 부탁을 사도 바울은 하고 있는 것이다. 셋째로 디모데가 다시 자기가 있는 에베소로 잘 돌아오도록 관심을 기울여달라는 것이다. 이 부탁에는 재정적 도움이 포함되어 있을 수도 있다.

디모데는 소심하고(딤후 1:7-8), 예민한(딤전 5:23) 사람이었던 것으로 보인다. 그러나 사도 바울은 그가 하나님의 부르심을 받은 목회자이고, 그가 고린도 교인들에게 끼칠 수 있는 영적 축복에 관하여 분명하게 꿰뚫어 보고 있었다. 바울은 고린도 교인들이 디모데를 존중함으로써 그의 사역을 통하여 더 많은 은혜를 체험하도록 권하고 있다.

결론

신약 성경에 나타난 초대 교회는 상당히 국제적이었다. 이들은 서로 다른 지역에 위치하고 있어도 서로 도우며 연합되어 있었다. 예루살렘 교회는 선교사들과 지도자들을 파송하여 이방인 교회들을 설립하고 양육하였고, 이방인 교회들은 예루살렘 교회가 재정적인 어려움을 겪을 때 헌금을 보내어 재정적으로 도왔다. 뿐만 아니라 초대 교회들도 바울과 디모데 같은 교역자들을 재정적으로 지원하는 것이 그들의 당연한 의무임을 인식하고 있었던 것으로 보인다. 최소한 바울은 막 설립된 이방 교회들로부터 재정적 후원을 받는 것을 고사했어도(고전 9:12, 살전 2:9), 일반적인 원리는 교회가 영적 지도자들의 생활과 사역을 재정적으로 책임지는 것이 올바름을 가르쳤다(고전 9:13-14).

말썽 많은 교회의 회복

제29장

강하고 담대하라!

고린도전서 16장 13-24절

사도 바울이 고린도 교회를 향한 첫 번째 편지를 마무리지으며, 영적이고 개인적인 권면의 말들과 고린도 교회에 있는 자신의 동역자를 위한 부탁, 다른 이방 교회들에 문안 인사 등을 남기고 있다. 그의 첫 번째 마무리 인사는 "강하고, 담대하고, 견고하라. 계속해서 충성하라."이다.

1. 강하고 담대하라

13-14절: "13 깨어 믿음에 굳게 서서 남자답게 강건하여라. 14 너희 모든 일을 사랑으로 행하라."

이 영적은 권면은 다섯 개의 가르침으로 구성되어 있다.

첫째로 "깨어(Be on your guard) 있으라"는 말은 "영적 공격에 대비하라" 혹은 "영적 전투를 의식하며 살라"는 것이다.

군인이 잠들어 있다가 적의 기습 공격을 받으면 전투에서 승리하기 어렵다. 그리스도인들은 하나님의 자녀들일 뿐만 아니라 영적인 군인들이다. 우리는 마귀와 악령들과의 영적 전투를 치루고 있음을 의식하고 있어야 적들의 공격에 적절하게 대응하고 이길 수가 있다.

영적으로 깨어 있다는 것은 또한 하나님의 인도하심을 민감하게 분별하는 것을 의미하기도 한다. 우리 생각대로 싸우는 것이 아니라, 우리의 대장이시고 총사령관이신 예수 그리스도의 지시에 따라 영적 전투를 수행하여야 큰 승리를 거둘 수 있는 것이다. 또한 전도와 섬김의 기회 혹은 사역의 기회를 민감하게 포착하고 행하는 것을 의미하기도 한다. 전도와 양육과 섬김의 사역은 적들의 강력한 진을 하나님의 말씀과 사랑으로 허물고 우리의 편으로 편입시키는 것을 의미하기도 한다.

성경에서 성도들이 영적으로 깨어 있도록 권면할 때는 항상 기도생활과 연결 지어서 말씀하신다. 예수님께서는 십자가 사역을 앞두신 밤에 자기 제자들에게 영적으로 깨어서 기도하도록 지시하셨다. 사도 바울도 기도함으로써 특히 감사 기도를 통하여 영적으로 깨어 있도록 골로새 교인들을 권면하였다.

> 마 26장 40-41절: "40 제자들에게 오사 그 자는 것을 보시고 베드로에게 말씀하시되 너희가 나와 함께 한 시 동안도 이렇게 깨어 있을 수 없더냐? 41 시험에 들지 않게 깨어 있어 기도하라. 마음에는 원이로되 육신이 약하도다 하시고"

골 4장 2절: "기도를 항상 힘쓰고, 기도에 감사함으로 깨어 있으라."

성경은 성도들이 예수님의 재림에 대비할 수 있기 위하여 영적으로 깨어 있도록 가르치신다. 이때도 꾸준한 기도 생활이 언급된다.

눅 21장 36절: "이러므로 너희는 장차 올 이 모든 일을 능히 피하고, 인자 앞에 서도록 항상 기도하며 깨어 있으라 하시니라."

성경은 영적 전투를 수행하기 위하여, 그리고 마귀와 죄악의 유혹을 대항하기 위하여 영적을 깨어 있어야 함을 가르친다.

벧전 5장 8절: "근신하라, 깨어라, 너희 대적 마귀가 우는 사자같이 두루 다니며 삼킬 자를 찾나니"

둘째로 "믿음에 굳게 서도록(stand firm in the faith)" 가르친다.

고린도후서 11장 3절에 의하면, 고린도 교인들은 거짓 교사들의 가르침에 쉽게 영향을 받았다. 그래서 사도 바울은 고린도 교회 성도들이 건전한 믿음을 지키도록 권면하고 있다. 이 말씀을 좀 더 개인적으로 적용한다면, 그리스도인들이 날마다의 생활 속에서 하나님에 대한 신뢰를 바탕으로 생각하고 결정하고 행동하라는—혹은 믿음으로 살라는— 권면으로 이해할 수 있다.

로마 군대는 대형을 유지하면서 싸웠다. 방패로 서로를 방어하면서, 혹은 창으로, 혹은 검으로 싸웠던 것이다. 그런데 한 병사가 겁을 먹고 물러나거나, 자기 위치를 떠나면 전체 대형이 흐트러지고 적의 공격에 약점을 노출했다. 모든 그리스도인들은 자기 믿음과 위치를 지키고, 자기 사역을 하고, 자기 본문을 다하며 계속해서 충성해야 교회가 평안하고 은혜가 넘칠 수가 있다.

셋째로 "남자답게(be men of courage)" 용기를 가지도록 가르친다.
혈과 육과 싸우지 말고, 악령들과 싸우고, 핍박과 공격을 잘 인내하고 견디라. 그리스도인들의 남자다움은 공격적이고 싸우고 하는 것보다는, 어려움을 묵묵히 잘 견디고 인내하면 하나님의 뜻을 이루어나가고, 하나님의 일을 수행하는 것을 의미한다.

넷째로 "강건하라고(be strong)" 가르친다.
강건하라는 것은 견고하라, 꾸준하라 등의 의미로 해석할 수 있다.

다섯째로 "모든 일을 사랑으로 행하라(Do everything in love)"고 가르친다.
강하고 담대한 것만을 강조하다 보면 온유함 겸손함 등을 잃어버릴 수가 있다. 그래서 성경은 범사에 사랑으로 행하도록 권면하고 있다.

2. 충성하는 스데바나의 가족에 관하여

바울은 고린도 교회의 영적 지도자이고 자신의 동역자인 스데바나와 그와 같은 위치에 있는 성도들에 대한 고린도 교인들의 올바

말썽 많은 교회의 회복

른 태도에 관하여 가르친다.

> 15-18절: "15 형제들아 스데바나의 집은 곧 아가야의 첫 열매요, 또 성
> 도 섬기기로 작정한 줄을 너희가 아는지라, 내가 너희를 권하노니, 16
> 이같은 자들과 또 함께 일하며 수고하는 모든 자에게 복종하라. 17 내
> 가 스데바나와 브드나도와 아가이고의 온 것을 기뻐하노니, 저희가
> 너희의 부족한 것을 보충하였음이니라. 18 저희가 나와 너희 마음을
> 시원케 하였으니, 그러므로 너희는 이런 자들을 알아주라."

강하고 담대하고 견고하며, 계속해서 충성하는 스데바나의 가족
을 예로 들면서 고린도 교회 성도들을 권면하는 것이다. 스데바나
와 같이 주님과 교회를 위하여 열심히 일하는 자들에게 복종하고,
그들과 적극적으로 협력하여야 한다. 성도들은 교회에서 앞장서서
일하는 목사, 장로, 안수집사들뿐만 아니라, 자원 봉사하시는 여러
평신도 지도자들을 존경하고, 그들에게 적극적으로 협조하여야 한
다. 성경은 협조 정도가 아니라, 신실한 일군들에게 복종하라고 16
절에서 명령하신다.

3. 작별 인사

바울은 이제 고린도 교인들에게 작별 인사를 하며 자신의 편지
를 마무리짓는다.

19-24절: "19 아시아의 교회들이 너희에게 문안하고, 아굴라와 브리스가와 및 그 집에 있는 교회가 주 안에서 너희에게 간절히 문안하고, 20 모든 형제도 너희에게 문안하니, 너희는 거룩하게 입맞춤으로 서로 문안하라. 21 나 바울은 친필로 너희에게 문안하노니, 22 만일 누구든지 주를 사랑하지 아니하거든 저주를 받을지어다. 주께서 임하시느니라. 23 주 예수 그리스도의 은혜가 너희와 함께 하고, 24 나의 사랑이 그리스도 예수의 안에서 너희 무리와 함께 할지어다."

여러 곳의 여러 교회와 여러 성도들이 믿음과 자기 위치를 지키며 충성하는 것을 알면, 서로 격려를 받는다. 에베소를 비롯한 소아시아의 교회들, 아굴라와 브리스길라, 또 그들이 집에서 교회로 모이는 성도들과 형제자매들을 기억하는 것이 고린도 교인들이 믿음으로 견고하게 서는 데에 도움이 되었던 것이다.

결론

목재로 집을 지을 때 화학 약품으로 처리된 재료를 사용한다. 그래야 집의 기둥과 벽이 썩지 않는 것이다. 그뿐만 아니라 목재로 집을 지은 다음에 또다시 지은 집을 먼저 방부제로 칠한다. 이렇게 이중으로 보호하는 것이다. 이와 마찬가지로 그리스도인들도 이중의 보호가 필요하다. 그리스도인들은 예수님을 믿음으로써 영원한 형벌로부터 구원받고 보호받았다. 그러나 우리 영혼은 여전히 우리의 옛 자아와 세상에 숨어있는 죄악들로 말미암아 훼손

말썽 많은 교회의 회복

되고 피해를 입을 수 있다. 그래서 우리는 이미 받은 구원 위에 하나님의 말씀, 성령의 인도하심을 받는 기도, 믿음의 형제자매들과의 교제, 말씀과 기도로 날마다 성화되는 사고방식과 정서 등으로 자신들을 보호하여야 한다.

플루타크가 스파르타의 왕과 그를 방문한 외국 대사와의 어떤 대화를 기록하였다. 스파르타의 강력한 국방력에 관하여 들어온 대사는 그 도시를 둘러싸고 있는 견고한 성벽을 볼 것을 기대하고 왔다. 그러나 그런 것은 전혀 찾아볼 수 없었다. 대사는 의아해하며 왜 견고한 방벽들을 볼 수 없느냐고 스파르타 왕에게 물었다. 왕은 "아! 그것 말입니까? 우리는 강력한 방어벽을 가지고 있습니다. 내일 제가 스파르타의 성벽을 보여 드리겠습니다."라고 대답했다. 다음 날 왕은 외국 사신을 도시 밖의 넓은 들판으로 데리고 나갔다. 그곳에는 만 명의 완전 무장한 스파르타 군대가 전투 대형으로 도열해 있었다. 스파르타 왕은 전혀 두려움이 없이 당당하게 자기 위치에 서 있는 스파르타 병사들을 손으로 가리키며 말했다, "스파르타의 방벽을 보십시오. 일만 명의 투사들 한 사람 한 사람이 강력한 성벽의 벽돌입니다."

하나님의 교회가 자신을 악령들과 세상과 죄악의 공격으로부터 자신을 보호하고 사명을 다하려면 교회 구성원 한 사람 한 사람이 믿음으로 굳건하게 서야 한다. 그리고 지도자 역할을 하는 성도들과 적극적으로 협조하며 자신뿐만 아니라, 교회 전체를 위한 시각과 안목을 가지고 헌신하여야 한다. 우리뿐만 아니라 전

세계에 흩어져 있는 모든 하나님의 교회와 성도들이 동일한 싸움을 싸우며 사명을 감당하고 있는 것을 기억하고, 더욱 분발하여야 한다. 이것이 우리가 예수님께서 재림하실 때 그분의 칭찬과 상을 받을 수 있는 방법이다.

2부

고린도후서

제30장
하나님의 위로
고린도후서 1장 1~11절

우리 그리스도인들의 삶에 왜 고난이 있어야만 하는 것일까? 어떤 분들이 가르치는 것처럼 우리가 신앙생활만 열심히 하면, 사회적으로 무사형통하고 늘 건강하기만 하면 안 되는 것일까?

필자가 알기로는, 또 필자가 믿기로는 우리 그리스도인들이 삶에 늘 고난과 역경이 정도 나름이지만 따르고 있다. 사도 바울은 수많은 고난과 역경과 환란과 고통을 겪으신 분이다. 이 서신서의 11장 23절에서 27절까지는 그가 받은 수많은 역경과 고통을 기록하고 있다.

고후 11장 23-27절: "23 내가 수고를 넘치도록 하고, 옥에 갇히기도 더 많이 하고, 매도 수없이 맞고, 여러 번 죽을 뻔하였으니, 24 유대인들에게 사십에 하나 감한 매를 다섯 번 맞았으며, 25 세 번 태장으로 맞고 한 번 돌로 맞고 세 번 파선하는데 일 주야를 깊음에서 지냈으며, 26 여러 번 여행에 강의 위험과 강도의 위험과 동족의 위험과 이방인의 위험과 시내의 위험과 광야의 위험과 바다의 위험과 거짓 형제 중의

위험을 당하고, 27 또 수고하며 애쓰고 여러 번 자지 못하고 주리며 목
마르고 여러 번 굶고 춥고 헐벗었노라.”

'바울은 사도니까, 혹은 복음 전도자이니까 그렇겠지.'라고 생각
할 수 있지만, 실상은 이것은 정도의 차이이지 모든 그리스도인들
의 경험이 되어야 한다. 성도들의 고난에 관하여 예수님과 사도 바
울이 동일한 견해를 제시한다.

마 10장 24-25절: “제자가 그 선생보다, 또는 종이 그 상전보다 높지 못
하나니, 제자가 그 선생 같고 종이 그 상전 같으면 족하도다. 집주인을
바알세불이라 하였거든, 하물며 그 집사람들이야.”

딤후 3장 12절: “무릇 그리스도 안에서 경건하게 살고자 하는 자는 핍
박을 받으리라.”

예수님과 사도 바울이 모든 그리스도인들에게 보편적으로 있는
고난을 말씀하고 계신다. 우리 그리스도인들의 삶에 왜 고난이 있
어야 하고, 왜 역경과 고통이 가끔가끔 있어야 하는가? 본문의 말
씀은 하나님의 위로라는 관점에서, 세 가지 이유를 제시하고 있다.

첫 번째 이유는 하나님께서 성도들이 하나님의 위로를 체험하게
하시기 위하여 직간접적으로 고난과 역경과 고통을 허락하신다는
사실이다.

　　　　　　　　　　말썽 많은 교회의 회복

3절: "찬송하리로다. 그는 우리 주 예수 그리스도의 하나님이시요, 자비의 아버지시요, 모든 위로의 하나님이시며"

우리 하나님께서는 무정하고 잔인하신 분이 아니시다. 그는 자비의 하나님, 자신의 아들과 딸들이 고통 속에 있을 때, 마음이 찢기는 듯한 아픔을 느끼시며 불쌍히 여기시는 자비의 아버지이시다. 또 그는 모든 위로의 하나님이시다. 그분이 이해하지 못하시는 고난과 역경과 고통은 없다. 또한 그가 위로하지 못하실 아픔이 없으신 모든 위로의 하나님이시다.

4절: "우리의 모든 환난 중에서 우리를 위로하사, 우리로 하여금 하나님께 받는 위로로써 모든 환난 중에 있는 자들을 능히 위로하게 하시는 이시로다."

하나님께서는 모든 환난 중에서 모든 위로를 능히 허락하실 수 있으신 분이시다.

5절: "그리스도의 고난이 우리에게 넘친 것같이, 우리의 위로도 그리스도로 말미암아 넘치는도다."

성도들이 넘치도록 고난과 역경을 겪으면, 하나님께서는 또한 넘치도록 위로를 허락하신다. 이것이 하나님의 약속이고 성경의 보장이다.

하나님께서 고난과 역경과 고통을 허락하시고, 또 위로를 허락하시는 분이시라면, 하나님께서는 병 주고 약 주시는 분이신가? 인간들이 병 주고 약 주면 위선적일 수도 있지만, 하나님께서는 그렇지 아니하시다. 예수 그리스도 우리 주께서 고난과 역경의 삶을 사셨다. 그래서 큰 고난과 역경을 겪어본 사람들만이, 그분의 심정을 깊이 이해하고, 영적 정서적 성숙을 이루어 갈 수가 있다. 깊은 고통을 겪는 일이 없이, 깊은 영적 인격적 성숙을 이루는 법이 없다. 그래서 사랑의 하나님께서 자신의 자녀들인 성도들도 고난과 눈물의 골짜기를 통과하게 하신다.

두 번째 이유는 우리가 이러한 과정을 통해서만, 올바른 위로자가 될 수 있기 때문이다. 하나님께서는 죄악과 고통 속에 신음하는 인생들에게, 당신의 자녀들을 통하여, 하나님의 사랑과 위로가 나타나기를 원하신다. 이러한 일은 고통과 위로의 경험을 통과한 성도들 없이는 불가능하다.

6절: "우리가 환난 받는 것도 너희의 위로와 구원을 위함이요, 혹 위로 받는 것도 너희의 위로를 위함이니, 이 위로가 너희 속에 역사하여 우리가 받는 것 같은 고난을 너희도 견디게 하느니라."

사도 바울이 먼저 고난과 역경 중에서 하나님의 위로를 받았다. 그래서 그는 고린도 교인들이 고난과 역경 속에 들어갈 때 위로할 수 있는 그릇으로 빚어져 갔다.

젊어서 한때 춥고 배고파보지 않은 사람들은 가난한 사람들을 깊이 이해할 수가 없다. 오랫동안 병을 앓아보지 않은 사람들은 병자들을 깊이 사랑할 수가 없다. 고통을 겪고, 마음이 찢기는 아픔을 당해본 사람들만이, 깊은 고통 중에 있는 사람들을 크게 위로할 수 있는 능력이 생긴다. 우리는 고통과 하나님의 위로를 통해서만 진정한 위로자가 될 수가 있다.

세 번째 이유는 그리스도인들은 고통과 위로를 통하여, 믿음과 인격이 견고해져 가기 때문이다.

> 7절: "너희를 위한 우리의 소망이 견고함은, 너희가 고난에 참예하는 자가 된 것같이, 위로에도 그러할 줄을 앎이라."

사도 바울은 하나님의 교회를 지극히 사랑했다. 그는 팔레스타인, 소아시아, 마게도냐, 그리스의 이곳저곳에서 복음을 전하고 교회를 세우고 다녔다. 그가 한 지역에 교회를 세우고 떠나고 난 후에는 그가 세운 교회가 당하는 시험과 고난에 관한 소식을 자주 들었다. 아마도 그는 처음에는 너무나 걱정이 되고 안타까워서 잠을 이루지 못하고 체중이 빠질 지경이었을지 모른다. 그는 사랑과 위로의 사람이었기 때문이다. 그러나 그가 고난과 하나님의 위로를 겪는 교회들에게 하나님의 위로가 임한다는 사실을 깨달으며 마음의 평정을 찾기 시작했던 것이다. 그는 더 이상 다른 이들의 고통에 무감각하거나, 지나치게 걱정하는 두 가지 극단으로 흐르지 아니하고, 견고함과 성숙함을 갖추어가지 시작한 것이다.

우리는 고통과 하나님의 위로를 통하여, 우리 스스로가 고난을 겪거나 사랑하는 사람들이 고통 속에 들어갈 때, 지나치게 흔들리지 아니하는 영적, 인격적 성숙과 견고함을 이루어 가는 것이다. 그래서 많은 고난과 역경과 고통을 통과하고, 하나님의 위로를 체험하는 그리스도인들만이 하나님의 큰 축복의 통로가 될 수 있다.

결론

다미안 신부는 한 무리의 나병 환자들에게 선교사가 되기를 자청하였다. 그러나 그가 신실하게 몇 년간 복음을 전하고 도움을 주어도 아무도 그리스도인이 되려고 하지 않았다.

어느 날 다미안 신부가 한 나병 병자에게 그 이유를 물었을 때, 이런 대답을 들었다. "당신은 문둥병자가 아니지 않소. 우리는 당신이 정직하고 신실한 것을 알지만, 당신은 문둥이의 고통을 깊이 이해할 수가 없소."

다미안 신부는 여러 날을 고민한 후, 스스로 나병 병자가 되기로 결정하였다. 자기의 피부에 상처를 내고, 나병 환자의 고름을 발랐다. 몇 년 후 그의 피부에 하얀 반점들이 생기기 시작했을 때, 나병 환자들이 다미안 신부와 같이 예수를 믿기 시작했다.

필자는 위스콘신주의 에덴(Eden Wisconsin)에 있는 예수전도단 수양관(YWAM camp)을 방문하고 2박 3일 정도 묵으면서 한 미국인 자매와 이야기할 기회가 있었다. 이 젊은 자매는 많은 실패와 고통을 겪어온 자매였다. 역기능 가정에서 자랐고, 십 대 후반에 가출하였다. 한 남성을 만나서 결혼했으나, 비슷하게 역기능 가정에서 자란 남편과의 결혼 생활은 오래가지 못했다. 이혼을 하였고, 많은 상처를 안고 살아가고 있었다.

그녀는 예수전도단을 통하여 예수님을 믿게 되었다. 예수전도단 캠프에서 직원으로 일하면서 그녀는 하나님의 위로와 치료의 손길을 체험하기 시작하였다. 한번은 캠프의 다른 구성원들과 거대한 폭포가 있는 곳으로 연수회를 떠났다. 그녀와 동료들이 거대한 폭포수가 떨어지며 가리고 있는 암벽의 안쪽에 바짝 붙어서 걸어가고 있었다. 쩍쩍 갈라진 거대한 바위벽들의 고통을 바라보고 있는 자매에게 하나님의 말씀이 주어졌다. 하나님께서 이렇게 말씀하시는 것 같았다. "사랑하는 딸아, 네가 이 암벽들의 쩍쩍 갈라진 틈바구니들을 보느냐? 네 마음이, 네 가슴이 많은 상처와 고통들로 쩍쩍 갈라져 나갔다고 해도, 물 같은, 폭포수 같은 성령께서 너를 덮으시고 치료하실 때, 너는 마치 이 폭포같이 많은 사람들로 하여금 위로와 격려를 받게 하고, 하나님의 영광을 찬양하게 하는 아름다운 자가 되리라."

제31장
신뢰의 회복
고린도후서 1장 12-22절

바울과 고린도 교회 성도들 간에 신뢰가 깨어졌다. 고린도 교회 성도들이 사도 바울을 불신하기 시작하였다. 그 불신은 고린도 교회 자체 안에 있었던 죄악의 문제와 이 교회를 방문하려던 사도 바울의 계획에 변화가 생긴 것이 불씨가 되어 생겨나고 자랐다(1:15-17, 1:23).

짐작하기로는 고린도 교회 안에 들어온 거짓 사도들이(고후 11:5, 12-15, 12:11) 사도 바울의 방문 계획의 변경을 빌미로 하여 사도 바울의 행동과 사역 동기에 의문을 던지기 시작했을 뿐만 아니라, 사도 바울의 메시지 즉, 복음의 진실성에까지 의문부호를 달기 시작한 것으로 보인다(고후 11:4).

그러자 사도 바울은 이 강력한 두 번째 편지를 고린도 교회에 보내며, 이 문제를 해결하려고 노력하고 있다. 사도 바울은 자신의 인격과 사역 동기를 의심하는 고린도 교회 성도들에게 단도직입적으로 그렇지 않다고 자신을 변호하며 세 가지 요지의 주장을 펼친다.

　　　　　　　　　　　　　　　　말썽 많은 교회의 회복

첫째, 사도 바울은 자신이 고린도 교회 성도들과 함께 있었을 때, 거룩함과 진실함으로 행동했다고 주장한다. 그리고 한 가지 증거로서 자신의 메시지는 단순하고 이해하기 쉬운 말들로 전달되었다고 말한다.

> 12-14절: "12 우리가 세상에서 특별히 너희에게 대하여 하나님의 거룩함과 진실함으로써 하되(In the holiness and sincerity that are from God), 육체의 지혜(Worldly wisdom)로 하지 아니하고, 하나님의 은혜로 행함은, 우리 양심의 증거하는 바니, 이것이 우리의 자랑이라. 13 오직 너희가 읽고 아는 것 외에 우리가 다른 것을 쓰지 아니하노니, 너희가 끝까지 알기를(You will come to understand fully) 내가 바라는 것은, 14 너희가 대강 우리를 아는 것같이, 우리 주 예수의 날에 너희가 우리의 자랑이 되고, 우리가 너희의 자랑이 되는 것이라."

사도 바울은 범사에 진실하게 행하려고 노력하였다. 특히 고린도 교인들과의 관계에서 더욱 그러하였다. 그는 세상 사람들이 자기의 이익을 추구하기 위하여 쓰는 지혜를 쓰지 않고, 하나님과 성도들을 사랑하고 하나님의 영광과 성도들의 유익을 추구하는 은혜와 지혜로 행하였다. 그는 이 문제에 관하여 양심에 거리낌이 없었다.

그는 단순하고 명확한 메시지를 전하였다. 고린도 교회 성도들이 읽고 이해할 수 있는 메시지만 증거하였던 것이다. 진실하고 정직한 말은 대체로 복잡하지 않다. 사람들은 무엇인가 숨길 것이 있거나, 상대방이 진실을 알게 되는 것을 막으려고 할 때, 말이 복잡해진다.

사도 바울은 고린도 교인들이 자신에 관하여 부분적으로만 이해하고 오해도 있지만, 궁극적으로 온전히 이해하고, 그 정도가 아니라 자랑스럽게 여길 정도가 되기를 바랐다. 그는 자신과 고린도 교인들이 재림하시는 주님 앞에 떳떳하고 자랑스럽게 서게 될 날을 고대하였다.

둘째, 사도 바울은 자신의 초기 계획도 신실함과 정직함으로 세워진 것이었다고 주장한다.

> 15-17절: "15 내가 이 확신을 가지고, 너희로 두 번 은혜를 얻게 하기 위하여 먼저 너희에게 이르렀다가, 16 너희를 지나 마게도냐에 갔다가, 다시 마게도냐에서 너희에게 가서, 너희가 보내줌으로 유대로 가기를 경영하였으니, 17 이렇게 경영할 때에 어찌 경홀히 하였으리요? 혹 경영하기를 육체를 좇아 경영하여(Do I make my plans in a worldly manner) 예, 예하고 아니, 아니라 하는 일이 내게 있었겠느냐?"

사도 바울은 본래 고린도 교회를 두 번 방문할 계획이었다. 에베소 교회를 떠나서 해로로 고린도와 고린도 교회를 방문한 다음에, 육로로 마게도냐 교회들을 방문하고, 다시 육로로 고린도 교회를 돌아와서, 해로로 예루살렘 쪽으로 갈 계획이었던 것이다(15-16절). 그래서 사도 바울이 고린도 교회를 지난번에 방문하였을 때, 곧 돌아오겠다고 하였는데, 부득이한 사정이 생겨서 계획에 변경이 생긴 것이다.

사도 바울은 갑작스런 사정의 변화로 방문 계획에 변화가 생긴

말썽 많은 교회의 회복

것이지, 처음부터 두 번 방문 계획이 없었으면서, 두 번 방문하겠다고 말한 것이 아니라는 것이다(17절). 한국식으로 이야기하면, 겉으로는 예, 예 하면서 속으로는 아니라고 생각하고 말한 적이 없다는 것이다. 혹은 당장 곤란한 상황을 모면하기 위하여 거짓말을 하거나, 애매모호하게 이야기한 적이 없다는 것이다. 억지 생떼를 부리는 사람들이 꽤 있는 대한민국 문화에서 이런 말이 꼭 잘못된 것인지는 잘 모르겠다. 그러나 그리스 문화에 속한 고린도에서는 이런 말이 큰 문제가 될 수 있었다.

사도 바울은 계속해서 자신이 진심이 없이 애매모호하게 말한 적이 없다고 선언한다. 마찬가지로 예수 그리스도도 구약 시대 하나님의 약속들이 다 진실하게 실현된 결과라고 설명한다.

18-20절: "18 하나님은 미쁘시니라. 우리가 너희에게 한 말은 예하고 아니라 함이 없노라. 19 우리 곧 나와 실루아노와 디모데로 말미암아 너희 가운데 전파된 하나님의 아들 예수 그리스도는 예하고 아니라 함이 되지 아니하였으니, 저에게는 예만 되었느니라. 20 하나님의 약속은 얼마든지 그리스도 안에서 예가 되니, 그런즉 그로 말미암아 우리가 아멘 하여, 하나님께 영광을 돌리게 되느니라."

바울은 하나님께서 신실하게 말씀하시고 이루신 것처럼, 자신도 신실하게 말하였다고 주장한다. 하나님께서 구약시대에 모든 약속들을 주시되, 신실함과 진실함으로 주시고, 그 모든 약속들이 예수님의 오심을 통하여 다 실현된 것같이, 사도 바울과 그 동역자들의 약속도 신실한 것이었다는 것이다.

셋째, 사도 바울은 자신이 참으로 구원받은 자이고, 하나님께서 세우신 종이라고 주장한다.

> 21-22절: "21 우리를 너희와 함께 그리스도 안에서 견고케 하시고, 우리에게 기름을 부으신 이는 하나님이시니, 22 저가 또한 우리에게 인 치시고, 보증으로 성령을 우리 마음에 주셨느니라."

하나님께서 성도들에게 기름을 부으셨다는 것은 성령께서 그들 안에 거하게 하셨다는 의미이다(21절). 하나님께서 성도들에게 인 치셨다는 것은 하나님의 소유로 삼았다는 의미이다(22절 상). 중동에서 목축을 하는 이들은 가축들에게 낙인을 찍음으로서 자신의 소유임을 나타내는 증거로 삼았다. 그리고 성도들 안에 거하시는 성령 하나님은 그들이 끝까지 믿음을 버리지 않고, 장차 천국에 들어가도록 인도할 것을 다짐하고 약속하는 증거이기도 하였다(22절 하).

사도 바울은 예수님을 믿고 영접한 사람들에게 대한 신뢰가 상당하다는 것을 보여준다. 오늘날 대한민국의 명목상 교인과는 상당히 거리가 있는 것으로 보이지만, 사도 바울은 한 사람이 진심으로 예수님을 믿었다면, 어떤 상황 속에서도 믿음을 버리지 않을 것이라고 생각했다. 그들이 끝까지 예수님께 붙어있을 것이라는 믿음과 엉터리 교리를 가르치는 사람들에게 계속해서 미혹되지는 않을 것이라는 믿음이 21-22절에 나타난다.

하물며 하나님께 기름 부으심을 받고 사도로 부르심을 받은 것을 여러 사역의 증거로 나타내 보이고 증명한 사도 바울은, 고린도 교인들이 자신에 대한 신뢰를 곧 회복할 것이라는 확신을 보인다. 이

말썽 많은 교회의 회복

미 14절에서 고린도 교회의 구원받은 성도들이 지금은 자신에 대한 오해를 가지고 있을지 모르나, 궁극적으로는 자신을 충분히 이해하고 마음을 돌이켜 사도 바울을 자랑스럽게 여길 것이라는 믿음을 언급한 적이 있다.

결론

교회 목회자들과 성도들 간에, 혹은 성도들과 성도들 간에 끊임없이 오해를 불러일으키고, 그 사이를 내려는 영적 공격이 악령들과 죄악에 빠진 사람들에 의하여 주어진다. 이러한 공격을 방비하기 위하여, 기본적으로 해야 할 일 두 가지가 있다. 첫째로 성도들은 항상 서로를 위하여 기도하여야 한다. 특히 악령들이 성도들의 사이에 끼어들지 못하도록 기도하여야 한다. 둘째로는 서로 의사소통(Communication)을 끊임없이 하여야 한다.

신뢰의 관계를 유지하기 위하여 하지 말아야 할 일도 두 가지가 있다. 첫째로 서로의 신뢰를 깨뜨리는 말과 행동을 하지 않도록 항상 주의하여야 한다. 모든 성도들은 진실함과 정직함을 유지하기 위하여 늘 기도하고 노력하여야 한다. 특히 상대방에 대하여 억측과 넘겨짚기를 하고 나서는, '아니면 말고' 하는 식의 말과 행위는 당장 그만두어야 한다. 둘째로 범죄한 경우는 서로 죄악을 고백하고 용서를 비는 일들이 항상 있어야 한다. 크건 작건 간에 죄악이 사람들 간의 사이를 내는 수가 많다.

2006년 월드컵 경기를 앞두고 조 추첨이 진행이 되었다. 그 결과를 보고 이탈리아 언론이 '음모론'을 제기했다. 이탈리아를 어려운 조에 넣기 위해서 전 독일 국가대표 선수였던 "마테우스가 추첨 도중에 공 하나를 집었다가 급히 다른 공으로 바꾸는 모습이 포착됐다."고 주장했다. 이 방송의 논지는 마테우스가 '온도 차이'를 통해 자신이 선택하는 공을 임의대로 결정했다는 것이다. 이탈리아가 4번 그룹의 체코, 미국, 가나 등과 한 조가 되면서 이탈리아 언론이 격앙한 것이다.

이에 대하여 한 언론이 흥미로운 반응을 보였다. 이 언론은 이탈리아는 음모가 많은 나라가 아니냐는 것이다. 그래서 자기네가 음모가 많다 보니까 이런 일도 음모라는 관점에서 보는 것으로 짐작된다는 것이다.

말썽 많은 교회의 회복

제32장

적극적 신앙생활

고린도후서 1장 23절-2장 11절

바울은 고린도 교인들과의 신뢰의 관계를 회복하기 위하여 자신의 사역 태도와 성령 하나님의 기름 부으심을 기본적으로 언급하였다. 이제 문제가 된 사건과 자신의 결정에 대하여 좀 더 자세히 설명하며 오해를 풀기 위하여 노력하고, 자신의 오해에 부채질한 사람들의 처리에 관하여 지시한다.

1. 오해를 풀라

사도 바울은 자신이 에베소에서 고린도로 즉시 가지 않고, 마게도냐를 거쳐서 가게 된 경위를 설명한다. 그는 세 가지 이유로 지체하였다.

첫째, 고린도 교회 성도들이 스스로 견고하게 서고 성장하도록 하기 위해서였다. 바울은 고린도 교인들의 성장을 자신의 명령에 순종하는 것보다 더 중요하게 여겼다.

> 23-24절: "23 내가 내 영혼을 두고 하나님을 불러 증거하시게 하노니, 다시 고린도에 가지 아니한 것은 너희를 아끼려 함이라. 24 우리가 너희 믿음을 주관하려는 것이 아니요, 오직 너희 기쁨을 돕는 자가 되려 함이니, 이는 너희가 믿음에 섰음이라."

바울은 고린도 교회 성도들을 다시 꾸짖고 도전하고 하는 일을 피하기 위하여서 고린도 교회를 직접 방문하는 것을 피하였다(23절). 그는 고린도 교회 성도들이 스스로 생각하고 결정하고 순종하며 성장하기를 원하였다(24절).

바울은 '권위를 가진 자가 끊임없이 명령하며 즉시 순종을 요구하는 것은 성도들의 영적·정신적 성장에 도움이 되지 않는다고 생각하였다. 성도가 하나님 앞에 직접 서서 그분의 뜻을 헤아리고 자발적으로 그 뜻을 행하는 성숙한 성도로 자라가기 위해서는 그들에게 시간 여유를 주고 스스로 결정하도록 인내하는 것이 필요하다. 스스로 생각하고, 스스로 판단하고, 자발적으로 순종하고 행하는 가운데 더 큰 영적 성장과 성숙이 있다.'고 바울은 생각했다.

둘째, 고린도 교회 성도들이 슬퍼하는 대신 기쁨을 누리게 하기 위해서였다. 바울은 고린도 교인들이 슬픔보다 기쁨을 누리는 가운데 신앙생활을 하고 성장해 가기를 원하였다.

> 1-3절: "1 내가 다시 근심으로 너희에게 나아가지 않기로 스스로 결단

하였노니(So I made up my mind that I would not make another painful visit to you), 2 내가 너희를 근심하게 하면, 나의 근심하게 한 자밖에 나를 기쁘게 하는 자가 누구냐? 3 내가 이같이 쓴 것은, 내가 갈 때에 마땅히 나를 기쁘게 할 자로부터 도리어 근심을 얻을까 염려함이요, 또 너희 무리를 대하여 나의 기쁨이 너희 무리의 기쁨인 줄 확신함이로라.”

사도 바울은 감정적으로 격앙된 고린도 교회 성도들과 냉각기를 가지기를 원하였다(1절). 사도 바울은 고린도 교회 성도들을 근심하게 하거나 슬퍼하게 하는 것을 가능한 한 피하려고 최선을 다하였다(2절). 사도 바울에게는 그리스도인들이 가능한 한 기쁨으로 믿음 생활을 하는 것이 중요하였다. 그래서 대면하면 감정이 격화될 고통스런 방문을 당장 하기보다는 편지로 소통하기 원하였다(고후 7:8-9).

8-9절: “8 그러므로 내가 편지로 너희를 근심하게 한 것을 후회하였으나, 지금은 후회하지 아니함은, 그 편지가 너희로 잠시만 근심하게 한 줄을 앎이라. 9 내가 지금 기뻐함은 너희로 근심하게 한 까닭이 아니요, 도리어 너희가 근심함으로 회개함에 이른 까닭이라. 너희가 하나님의 뜻대로 근심하게 된 것은 우리에게서 아무 해도 받지 않게 하려 함이라.”

바울은 대면하는 것보다는 덜 감정적이 되는 편지로 고린도 교인들의 문제를 지적하였으나(고린도전서), 고린도 교인들은 상당히 괴로워하고 근심한 것으로 보인다. 그러나 하나님의 은혜로 그들의 근심은 올바른 회개를 가져오고, 신앙적인 교정(矯正)을 가져왔다.

셋째, 고린도 교회 성도들이 사랑받는다는 것을 알도록 하기 위해서였다. 바울은 징계보다는 사랑으로 문제를 해결하기 원하였다.

> 4-5절: "4 내가 큰 환난과 애통한 마음이 있어 많은 눈물로 너희에게 썼노니, 이는 너희로 근심하게 하려 한 것이 아니요, 오직 내가 너희를 향하여 넘치는 사랑이 있음을 너희로 알게 하려 함이라. 5 근심하게 한 자가 있었을지라도, 나를 근심하게 한 것이 아니요, 어느 정도 너희 무리를 근심하게 한 것이니, 어느 정도라 함은 내가 너무 심하게 하지 아니하려 함이라."

사도 바울의 마음에 갈등이 있었다. 그에게는 고린도 교회와 성도들이 하나님께서 기뻐하시는 경건하고 충성스런 사람들이 되도록 인도하려는 사명감이 있었다. 동시에 그 과정에서 그들이 근심하는 것을 피하고, 오히려 사랑받는 하나님의 자녀들임을 알게 되기 원하는 강렬한 소원도 있었다. 바울은 이 두 가지 바람 가운데서 고민하였다(4절).

그러나 바울은 고린도 교회의 일탈을 다루지 않을 수가 없었다. 고린도 교회 안에서 있었던 어떤 심각한 죄악의 문제는 교회 전체에 영향을 끼쳤다(5절). 교회 징계는 목사와 범죄한 형제간의 개인적인 문제가 아니라, 전체 교회와 범죄한 사람 간의 공적인 문제이다.

말썽 많은 교회의 회복

2. 용서하라. 마귀의 궤계를 피하라

바울은 고린도전서와 그리고 잃어버린 신랄한 편지로(고전 7:7-9) 고린도 교회 안의 어떤 죄악의 문제를 다룬 후에, 관련자들이 회개하자마자 다음과 같은 조치를 취한다. 첫째로 용서하고, 둘째로 회개하고 돌이킨 자를 위로하도록 권한다.

> 6-7절: "6 이러한 사람이 많은 사람에게서 벌 받은 것이 족하도다. 7 그런즉 너희는 차라리 저를 용서하고 위로할 것이니 저가 너무 많은 근심에 잠길까 두려워하노라."

심각한 죄의 문제가 있었던 자는 사도 바울의 편지를 받고 각성한 고린도 교인들에 의하여 교제의 단절이라는 징계를 받았다(6절). 바울은 이제 회개한 자를 용서하고 위로하며 불필요한 근심에 빠지지 않도록 보호하라고 고린도 교인들에게 권면한다. 셋째로 회개한 자에게 사랑을 재확인해주도록 권한다.

> 8절: "그러므로 너희를 권하노니, 사랑을 저희에게 나타내라."

넷째, 마귀의 궤계를 피하도록 경고한다.

> 9-11절: "9 너희가 범사에 순종하는지 그 증거를 알고자 하여 내가 이것을 너희에게 썼노라. 10 너희가 무슨 일이든지 뉘게 용서하면, 나도 그리하고, 내가 만일 용서한 일이 있으면 용서한 그것은 너희를 위하

여 그리스도 앞에서 한 것이니, 11 이는 우리로 사단에게 속지 않게 하려 함이라. 우리가 그 궤계를 알지 못하는 바가 아니로라."

회개하고 돌이킨 교인을 신속히 용서하고 위로하지 않으면, 쓴 뿌리와 증오심이 생기기 시작한다. 그리고 이러한 일은 결국 교회의 분열을 가져올 수 있다.

결론

교회 안에서 오해나 심각한 죄악의 문제가 발생했을 때, 다음과 같은 두 가지 사항을 늘 염두에 두어야 한다. 첫째, 함부로 부정적인 판단을 하지 말아야 한다. 함부로 넘겨짚어서 생각하고, 함부로 부정적인 말들을 하지 말아야 한다. 가능한 한 최선을 다해서 긍정적으로 생각하여야 하고, 분명한 증거들이 누적되고 회개하지 않은 죄악의 문제가 발견되면 그때 다루어야 한다(1:23-2:5). 둘째 교회 징계의 문제는 미묘한 균형을 요구한다(2:6-11). 교회는 경건하기도 하여야 하지만, 사랑이 넘치기도 하여야 한다. 죄악에 빠진 성도들이 하나님의 말씀과 교회의 권징에 순종하도록 잘 권하여야 한다. 그리고 그들이 회개하는 즉시, 용서와 위로와 교제의 회복을 베풀어야 한다.

성도들은 적극적으로 믿음 생활을 하는 것이 좋다. 명령 받기 전에, 자발적으로 일하고, 꾸지람을 듣고 슬픔을 당하기 전에 기쁨으로 순종하는 것이 좋고, 징계 받고 정신 차리는 것보다 하나

말썽 많은 교회의 회복

님의 따뜻한 사랑이 있을 때 열심히 교회와 성도들을 섬기는 것이 좋다.

그리고 죄악에 빠진 경우가 발생하면, 당사자는 교회 권징의 문제까지 대두되기 전에 미리미리 본인이 알아서 회개하고 돌이키는 것이 가장 탁월한 해결 방식이다.

제33장
복음 사역의 영광과 축복
고린도후서 3장 7-18절

    사도 바울이 고린도 교회 안의 문제를 해결하기 위하여, 고린도 전서 이후에 한 번 고통스런 방문을 하고, 그래도 문제가 해결이 되지 않아서, 고통스런 편지를 써서 그 문제가 대략 해결이 되었다. 그러나 그 편지 이후에 새로운 상황이 전개되고, 새로운 문제가 생겨나기 시작하였다. 고린도후서에서 "거짓 사도들"이라고 불리는 어떤 유대인들이 고린도 교회에 들어와서, 사도 바울이 전한 것과는 다른 복음을 가르치고, 고린도 교회 성도들 사이에 사도 바울의 사도성에 대한 의심의 씨앗을 뿌리기 시작하였다. 고린도후서 2장 12-17절을 보면, 바울의 대리인으로 디도가 먼저 고린도를 방문하고 마케도니아로 돌아와서 사도 바울을 만나서 이런 일에 대한 보고를 한 것으로 보인다.

    그들은 모세를 통하여 주어진 율법의 중요성을 지나치게 강조하면서, 모세는 예수 그리스도와 동등하거나 심지어는 더 높은 신분을 가진 선지자라고 가르치기 시작하였다. 그리고 예수 그리스도는 모세를 통하여 주어진 구약(Old Covenant)의 일부 정도로 가르

쳤던 것이다.[4]

고린도 교회 성도들이 이들의 가르침에 쉽게 휘둘린 것은 당시의 사람들은 예스러운 것들을 더 귀하게 여기는 경향이 있었기 때문이다. 요즈음 문화는 무엇이나 새롭고 튀는 것을 더 가치 있는 것으로 여기는 경향이 있지만, 당시는 전통적인 사고방식과 풍습이 '신'들과 더 가깝다고 여겼다. 키케로 같은 사람은 "옛적에는 신들과 더 가까웠다."라고 기록하기도 하였다.[5]

이런 경향이 있었던 고린도 사람들은 예수 그리스도의 복음을 모세의 율법을 재해석하거나 이단적으로 풀이한 새로운 학설 정도로 여기는 가르침에 미혹된 것이다. 이것을 바로잡기 위하여 성경은 예수 그리스도를 통하여 주어진 복음과 복음 사역이 율법이나 율법 사역보다 얼마나 더 탁월한가를 설명하고 있다. 바울은 복음 사역의 영광과 복음이 가져오는 자유와 아름다운 변화라는 두 가지 논점을 제시한다.

1. 복음 사역의 영광

성경은 먼저 복음 사역에 함께 하시는 성령 하나님 때문에 이 사역은 율법 혹은 의문의 사역보다 더 영광스럽다고 설명한다.

---

4 폴 바네트, 정옥배, 『고린도후서 강해』, IVP, 2002, 68쪽.
5 위와 같음.

7-8절: "7 돌에 써서 새긴 죽게 하는 의문의 직분도 영광이 있어 이스라엘 자손들이 모세의 얼굴의 없어질 영광을 인하여 그 얼굴을 주목하지 못하였거든, 8 하물며 영의 직분이 더욱 영광이 있지 아니하겠느냐?"

율법의 대표격인 십계명은 돌판에 새겨졌다. 이 율법은 좋은 것이다. 율법을 지키는 이스라엘 백성들과 나라에는 큰 축복을 가져왔다. 그러나 율법을 사람들이 깨뜨리기 시작하면 저주와 죽음을 가져오는 글들이 되었다. 이러한 율법의 사역도 영광이 있었다. 율법을 가르치는 모세와 아론과 제사장들과 레위인 들은 존귀한 직분을 맡은 것이었다(히 5:4, 민 16:9-11). 이 존귀한 직분을 상징적으로 보여 준 것이 40주야를 시내 산에서 하나님과 함께 있었던 모세의 얼굴에 나타난 광채였다(7절). 하물며 살아 계신 하나님께서 친히 일하시는 성령의 사역은 당연히 돌에 새겨진 율법의 사역보다 영광스럽다(8절).

성경은 두 번째로 죄인들을 의롭다고 선포하시는 복음 사역은 정죄하는 사역보다 영광스럽다고 설명한다.

9-10절: "9 정죄의 직분도 영광이 있은즉, 의의 직분은 영광이 더욱 넘치리라. 10 영광되었던 것이 더 큰 영광을 인하여 이에 영광될 것이 없으나"

인생들을 구원하는 데 실패하고, 정죄와 죽음을 가져올 수밖에 없었던 율법의 사역에도 영광이 있었다면, 인생들을 하나님의 법정에서 의롭다는 선고를 받아내는 데 성공한 복음과 성령의 사역은 훨씬 더 영광스럽다(9절). 복음 사역의 영광이 율법 사역의 영광보다 상대적으로 너무나 더 찬란하고 영광스러워서, 이제는 율법 사역의 영광이 거의 드러나 보이지 않는다는 것이다(10절). 이것은 마치 대낮에 밝은 햇빛이 비치면, 손전등의 빛은 거의 드러나지 않는 것과 흡사한 경우이다.

율법 사역은 그 자체가 목적이 아니고, 인간들이 자신의 힘과 노력으로는 하나님의 영광에 도달하지 못하고, 하나님과 교제를 나누는 경지에 오를 수 없다는 것을 깨닫게 하는 과정으로서의 의미가 있었다. 다른 말로 하자면 율법의 우리의 깊은 죄성과 교만과 이기심과 자기중심성을 깨닫고, 예수 그리스도를 통하여 주어지는 하나님의 의와 용서와 구원을 받아들이게 하려는 수단으로 주어진 것이고, 율법의 궁극적 목적은 예수의 복음과 희생의 죽음과 용서와 구원을 드러내는 데 있는 것이다. 그렇다면 복음과 복음 사역이 율법과 율법사역보다 당연히 더 영광스러운 것이 논리적이다.

성경은 세 번째로 지속되는 영광의 사역은 일시적인 영광의 사역보다 더 영광스럽다고 설명한다.

11절: "없어질 것도 영광으로 말미암았은즉, 길이 있을 것은 더욱 영광 가운데 있느니라."

모세의 얼굴의 광채가 점점 사라져간 것처럼, 율법의 사역의 영광도 점점 그 빛이 바래며 시간적 물리적 한계가 있었다. 반면에 복음과 성령의 사역의 영광은 영원히 보존되고 지속되기 때문에 더욱 영광스럽다는 것이다.

2. 복음 안에서의 자유와 변화

성경은 복음으로 말미암는 자유와 변화가 죄악과 그로 말미암는 심판에 노예가 되어 있었던 인생들에게 어떻게 임하는지 세 단계로 설명하고 있다. 첫 번째로 인생들은 자연적인 상태에서는 예수 그리스도와 그분의 구원의 진리를 볼 수 없도록 그 얼굴에 영적인 수건이 덮여있었다(12-15절). 그들이 복음을 거부하면 이 가리는 수건이 그대로 덮여있다. 이 현상을 성경은 다른 곳에서는 "영생을 보지 못한다."(요 3:36), 혹은 "보지 못할 눈"(롬 11:8)을 받았다고 표현한다.

> 12-15절: "12 우리가 이같은 소망이 있으므로 담대히 말하노니, 13 우리는 모세가 이스라엘 자손들로 장차 없어질 것의 결국을 주목치 못하게 하려고, 수건을 그 얼굴에 쓴 것같이 아니하노라. 14 그러나 저희 마음이 완고하여 오늘까지라도 구약을 읽을 때에 수건이 오히려 벗어지지 아니하고 있으니 그 수건은 그리스도 안에서 없어질 것이라. 15 오늘까지 모세의 글을 읽을 때에 수건이 오히려 그 마음을 덮었도다."

12-13절은 출애굽기 34장 29-35절에 기록된 사건을 언급하고 있는 것이다. 모세가 쓴 수건을 비유로 하여 유대인들이 구약에 나타

난 메시아에 대한 예언과 설명을 읽을 때에 깨닫지 못하는 장애를 설명하고 있다(14절 상). 말씀을 깨닫지 못하는 이러한 장애는 예수님을 믿고 영접하고, 그분의 영이 우리 안에 들어오시면 극복이 된다고 설명한다(14절 하).

두 번째 단계로 성경은 복음 안에서 자유함이 있다고 말씀하신다.

16-17절: "16 그러나 언제든지 주께로 돌아가면 그 수건이 벗어지리라. 17 주는 영이시니, 주의 영이 계신 곳에는 자유함이 있느니라."

이 자유는 하나님 앞에서 죄책과 심판의 두려움으로부터 자유함을 누리는 것을 의미한다. 혹은 평안한 마음으로 두려움 없이 하나님을 만날 수 있는 상태를 의미한다. 유대인들은 하나님을 직접 만나고 뵙는 것을 지극히 두려워하였다. 왜냐하면 그들의 해결되지 않은 죄악들 때문에 죽음을 당할 수가 있었기 때문이다. 그러나 우리가 예수님의 십자가 보혈의 공로를 의지하고, 예수님의 영이 우리 안에 들어오시면 우리는 하나님 앞에 죄책감과 수치심과 두려움이 아니라, 담대함과 기쁨과 평강의 마음을 가지고 나아갈 수가 있다.

세 번째 단계로 성경은 복음 안에서는 영성과 인격의 변화와 발전이 있을 것임을 말씀하신다.

18절: "우리가 다 수건을 벗은 얼굴로 거울을 보는 것같이 주의 영광을 보매, 저와 같은 형상으로 화하여 영광으로 영광에 이르니, 곧 주의 영으로 말미암음이니라(성령 하나님의 감동하심과 능력으로 이런 일이 가능하다는 것이다)."

우리는 예수님과 그분의 말씀, 그리고 거기 나타난 그분의 성품과 하시는 일들을 들여다보고 있으면 예수님의 영광스러운 성품을 닮아가기 시작한다. 결혼한 부부들은 서로 닮아간다는 말을 듣는다. 그들이 서로 사랑하면 표정이 닮아가는 것이다. 2004년 숭실대학교 음성통신연구실 배명진 교수팀은 서로 사랑하는 부부들이 음성까지 닮아간다는 연구 결과를 발표하기도 하였다. 우리는 예수님과 약혼한 예비 신부(新婦) 들이다(고후 11:2, 엡 5:25).

자연적인 상태에서 인간들은 인생을 오래 살면 살수록 더 많은 죄악을 저지르며 그 성품이 어두워지기 쉽다. 그러나 그리스도인들에게는 그들의 성품이 긍정적인 방향으로 변화되어가는 것이 가능하다. 그리스도인들이 성품이 예수님의 성품을 닮아가고 고양되는 것은 성령 하나님의 감동하심과 능력이 함께 하시기 때문에 가능한 것이다(18절 하).

결론

우리는 은혜의 구원을 받아들이고 있는가? 율법과 행위의 구원을 받아들이고 있는가? 예수님을 믿고 우리 마음속에 주인으로 받아들임으로써 구원받는 사람들은 죄악의 궁극적 결과인 미래에 다가오는 영혼의 파멸을 피할 수 있다. 그뿐만 아니라, 현재 생활 속에서도 예수님과 성령 하나님의 능력을 덧입어서 여러 가지 죄악의 습관들을 하나하나 극복해나가는 영적 도덕적 승리의 체험을 한다. 그러나 스스로 율법과 도덕법을 지키고, 선행과 자기 수행으로 구원받으려는 종교적 가르침을 따르는 사람들은 자신들의 깊은 죄성과 죄악의 습관들을 극복하기 힘들다. 우리는 은혜의 종교를 따르고 있는가? 아니면 행위의 종교를 가지고 있는가?

물론 우리의 신앙생활에 올바른 행위와 선행이 전혀 없다는 말은 아니다. 이것은 순서의 문제이다. 예수님을 통하여 하나님의 은혜를 받아들이면, 선행과 도덕적 행위가 가능해진다. 하지만 은혜를 받아들이지 않은 상태에서의 행위는 잦은 실패와 함께 늘 죄책감과 수치심과 갈등을 불러일으키기 쉽다.

우리는 다음과 같은 질문을 자신에게 던져 볼 필요가 있다. 나에게 영적인 자유가 있는가? 죄악으로부터의 자유, 하나님의 임재 안에서의 자유가 있는가? 나에게 죄책감과 수치심과 두려움과 불편함이 아니라, 평안과 기쁨이 있는가? 나는 현재의 나의 영적 도덕적 상태에 만족할 수가 있는가? 나는 계속해서 예수의 영광스러운 성품을 조금씩 닮아가고 있는가? 혹은 변하지 않는 자신의 모습을 보며, 좌절감과 실망감만 쌓고 있는가?

이러한 질문들은 우리가 은혜의 복음을 제대로 받아들였는가? 혹은 예수님을 믿은 다음에, 그 은혜의 복음에 대한 이해가 올바른 방향으로 깊어지고 있는가? 하는 사항들을 점검 확인하는 데 도움이 될 것이다.

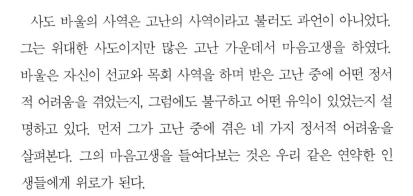

제34장
고난의 사역
고린도후서 4장 1-12절

사도 바울의 사역은 고난의 사역이라고 불러도 과언이 아니었다. 그는 위대한 사도이지만 많은 고난 가운데서 마음고생을 하였다. 바울은 자신이 선교와 목회 사역을 하며 받은 고난 중에 어떤 정서적 어려움을 겪었는지, 그럼에도 불구하고 어떤 유익이 있었는지 설명하고 있다. 먼저 그가 고난 중에 겪은 네 가지 정서적 어려움을 살펴본다. 그의 마음고생을 들여다보는 것은 우리 같은 연약한 인생들에게 위로가 된다.

첫째로 그는 많은 스트레스를 받았다. 8절 상반 절에서 그가 "우리가 사방으로 우겨 쌈을 당하여도 싸이지 아니하며…"라고 고백하는 것은 많은 스트레스를 받았음을 설명하고 있는 것이다. 그럼에도 불구하고 그는 압박감(Pressure)에 눌려 압도되지 않았다. 둘째로 그는 여러 번 궁지에 몰렸다. 8절 하반 절에서 "답답한 일을 당하여도 낙심하지 아니하며…"라고 기록하는데, 사면초가의 어려움을 겪었다는 의미이다. 그러나 그는 절망하지 않았다. 셋째로 그

말썽 많은 교회의 회복

는 자주 핍박을 받았다. 9절 상반 절에서 "핍박을 받아도 버린바 되지 아니하며…"라고 기록한다. 그러나 그는 핍박받고 쫓겨 다녀도 결코 하나님께 버림받지 않았다고 선언한다. 넷째로 그는 슬프고 무기력한 감정을 느낀 적도 있었다. 9절 하반 절에 "거꾸러뜨림을 당하여도 망하지 아니하고…"라는 기록은 그가 우울한 감정에 시달렸음을 드러내고 있다. 그러나 그는 우울증 환자가 되지는 않았다.

사도 바울의 사역은 고난의 사역이었다. 사도 바울은 그러한 고난들과 정서적 어려움들 속에서도 자신이 겪은 고난이 가져온 여러 가지 유익을 설명하고 있다(8-18절). 먼저 성경은 고난이 있으면 생명력이 나타난다고 가르친다(10-12절).

사도 바울이 거의 죽음에 가까워지는 것 같은 고난을 받음으로써, 그에게는 사역의 생명력과 열매가 왕성하게 나타났다. 성경은 10절에서 독특한 비유를 제시하고 있다.

10절: "우리가 항상 예수 죽인 것을 몸에 짊어짐은, 예수의 생명도 우리 몸에 나타나게 하려 함이라."

이 비유는 당시의 처참한 사형 집행 방식 중의 하나였다. 어떤 범죄자를 처벌하고 처형하기 위하여 죽은 사람의 시체를 사형수의 몸에 밀착시켜서 매어놓는 경우가 있었다. 그러면 죽음 사람의 시체가 썩어가는 가운데, 살아있던 사형수도 서서히 죽어가는 방식이었다.

사도 바울은 자신이 서서히 죽어가는 것 같은 고난을 겪었음을 시사한다. 그러나 그의 경우에는 그래서 죽음의 길로 간 것이 아니라, 오히려 예수님의 생명력이 자신에게 나타났다고 간증한다. 계속해서 그는 자신의 연약한 몸을 통하여 예수님의 생명과 능력이 나타났다고 설명한다. 사도 바울은 육체적인 연약함을 가지고 있었으므로, 이 일은 그에게 적지 않은 감동을 주는 사건이었다(고후 12:7-9).

11절: "우리 산 자가 항상 예수를 위하여 죽음에 넘기움은, 예수의 생명이 또한 우리 죽을 육체에 나타나게 하려 함이니라."

바울은 계속해서 예수님의 생명력이 자신을 통하여 나타날 뿐 아니라, 자신이 사역했던 고린도 교회 성도들 속에 나타남에 주목하였다.

12절: "그런즉 사망은 우리 안에서 역사하고, 생명은 너희 안에서 하느니라."

사도 바울은 고난이 많았다. 그러나 그 고난들 때문에 그의 사역에 예수님의 생명력이 강력하게 나타났다. 그 자신이 하나님의 능력을 체험할 뿐 아니라, 자신이 돌보았던 고린도 교회 성도들에게도 하나님의 능력이 나타남을 보고 확인할 수 있었다.

우리는 주님과 교회를 섬기다가, 조금 어려운 일이 생기면 자기 믿음 생활이나 교회에 무엇인가가 잘못되었다는 생각을 할 수도 있

말썽 많은 교회의 회복

다. 그러나 복음과 말씀의 사역에서 많은 경우에 당연히 적당한 어려움이 있어야 한다. 그리고 사역자들과 성도들은 그 어려움과 씨름하며 기도하고 극복하는 가운데, 개인의 믿음도 자라고 그들의 사역에도 생명력과 열매가 나타나는 것이다. 모든 사역자들과 성도들은 주님의 멍에를 메고, 주님의 짐을 짊어져야 한다(마 11:28).

결론

우리 대부분이 스트레스, 궁지에 몰림, 쫓겨 다님, 우울함 등을 다 겪어 보았을 것이다. 그러나 우리는 그러한 경험을 통하여 영적 능력과 생명력을 체험한다.

모든 인생에는 많은 고난과 고통이 필연적으로 따라온다. 예수님께서 하늘나라를 떠나서 죄 많은 인간들이 살고 있는 탕자의 벌, 지구로 내려오신다는 결정과 행위는 이미 그에게 고난의 시작이었다. 우리는 그분의 발자취를 따라가는 제자들로서 당연히 일정한 고난을 겪는다.

우리가 자기 자신의 일로만 이런 어려움을 겪기보다는 주님과 교회와 성도들을 섬기다가 이런 어려움을 겪으며 영적 능력과 생명력을 체험하는 것이 더 영광스럽다. 만약 내 신앙생활에 별로 열매가 없다면, 내가 필요한 고난을 피하고 있는 것은 아닌가? 생각해보아야 한다.

제35장
고난의 유익

고린도후서 4장 13-18절

우리는 평범한 삶을 원하는가? 위대한 삶을 살기 원하는가? 일반적으로 우리는 항상 성공하고, 그저 잘 먹고 잘살고 편안하게 살기를 원하는 경향이 있다. 특히 우리 자녀들의 인생에 기대하는 바는 더욱 그러하다. 무사하고 무탈하고 무난하고 큰 고난이 없이 살기를 원한다. 이것은 평범한 삶이다. 그러나 하나님께서는 우리에게 위대한 삶, 열매 맺는 삶, 하늘의 왕국의 역사에 기록될 만한 삶을 주기 원하신다.

고린도후서 4장의 전반부에서는 사도 바울이 고난 중에 경험한 정서적 고통들과 오히려 그로 말미암아 겪은 예수님의 생명력 체험에 관하여 살펴보았다. 고린도후서 4장의 후반부에서는 고난으로 말미암은 유익들 세 가지를 더 살펴보고자 한다.

첫째, 고난이 있으면 부활의 승리가 나타난다. 예수 그리스도께서 십자가에서 돌아가시고 무덤에 매장되었을 때, 모든 사람들은 그분이 결정적으로 패배한 것으로 생각하였다. 아무도 그분의 부

말썽 많은 교회의 회복

활을 기대한 사람들은 없었다. 그러나 예수님께서는 부활이라는 극적인 승리를 가지고 돌아오셨다.

> 13-14절: "13 기록한 바 내가 믿는 고로 말하였다 한 것같이, 우리가 같은 믿음의 마음을 가졌으니, 우리도 믿는 고로 또한 말하노라. 14 주 예수를 다시 살리신 이가 예수와 함께 우리도 다시 살리사, 너희와 함께 그 앞에 서게 하실 줄을 아노니."

13절의 말씀은 시편 116편을 인용하고 있다(시 116:10, 개역 한글판). 시편 기자가 큰 고난과 곤란을 당했으나, 하나님의 큰 은혜로 구출되었다는 고백을 하고 있는 것이다(시 116:6-9, 12-13). 마찬가지로 바울도 큰 고난 가운데서 하나님께서 예수 그리스도의 부활의 능력으로 자신을 구출하시거나, 미래의 소망을 주셨다는 의미로서 이 구절을 사용하고 있다. 바울은 이와 비슷한 고백을 이미 한 적이 있다.

> 고후 1장 9-10절: "9 우리 마음에 사형 선고를 받은 줄 알았으니, 이는 우리로 자기를 의뢰하지 말고 오직 죽은 자를 다시 살리시는 하나님만 의뢰하게 하심이라. 10 그가 이같이 큰 사망에서 우리를 건지셨고, 또 건지시리라. 또한 이후에라도 건지시기를 그를 의지하여 바라노라."

사도 바울은 많은 고난 속에서 부활의 승리를 생각하면서 위로와 힘을 얻었다. 특히 시편 기자가 116편에서 기록한 것처럼, 죽음과 무덤의 공포 속에서도 하나님께서 다시 살리실 소망으로 새 힘을 얻었다.

시 116편 3-4절: "3 사망의 줄이 나를 두르고, 음부(무덤)의 고통이 내게 미치므로, 내가 환난과 슬픔을 만났을 때에(The cords of death entangled me, the anguish of the grave came upon me, I was overcome by trouble and sorrow), 4 내가 여호와의 이름으로 기도하기를 여호와여 주께 구하오니 내 영혼을 건지소서 하였도다."

이와 같이 성도들도 고난을 겪을 때에 예수 그리스도의 부활의 능력으로 그것을 극복하거나, 혹은 육체적으로 죽어도 다시 살아나는 부활의 승리를 체험한다는 것이다. 이것은 극적인 승리의 경험이고 신앙 체험이다.

둘째, 고난이 있으면 하나님의 영광이 나타난다. 그래서 우리는 절망하지 않는다.

15-16절 상: "15 모든 것을 너희를 위하여 하는 것은, 은혜가 많은 사람의 감사함으로 말미암아 더하여 넘쳐서, 하나님께 영광을 돌리게 하려 함이라. 16 그러므로 우리가 낙심하지 아니하노니…"

15절의 모든 것은 사도 바울의 고난을 의미한다. 사도 바울의 고난을 통하여 고린도 교회 성도들을 비롯한 더 많은 사람들이 구원을 받으며, 하나님께 영광을 돌리게 된다는 것이다. 고난이 있으면, 복음의 능력이 더 크게 나타나고, 하나님의 영광이 더 크게 드러난다.

이것을 일반화시키면, 성도들의 고난을 통하여 더 많은 사람들이 예수님의 은혜와 구원을 알게 되고, 하나님께 감사와 영광을 드리게 된다는 것이다. 그리스도인들이 고난과 사역의 열매와 하나님의 영광은 밀접하게 연결되어 있다.

셋째, 고난이 있으면 개인적 유익도 있다.

성도들의 고난은 다른 사람들에게 영적 축복을 가져올 뿐만 아니라, 자신에게 영적 축복을 가져온다. 성경은 두 가지 영적 축복을 언급한다. 첫째는 영적 성숙이다.

16절 하: "…겉 사람은 후패하나, 우리의 속은 날로 새롭도다."

겉 사람은 아직 구원이 완성되지 않은 우리의 육체를 의미한다. 이 육체는 시간이 지남에 따라 나이가 들고, 쇠약해지고, 낡아질 것이다. 그러나 "우리의 속" 즉, 이미 성령으로 거듭났고 앞으로 올 세상에 속한 우리의 영혼과 정서와 성품은 날로 성숙해지고 새로워진다. 이것은 그리스도인들이 누릴 수 있는 놀라운 축복이다. 일반적으로 인생들은 시간이 흐를수록 더 많은 죄악을 쌓게 되고 세속에 물들어가며 그 성품이 거칠어지기 쉽다. 그러나 성령 하나님을 마음에 모신 그리스도인들은 세상 풍파와 많은 고난을 거치면서도 더 경건해지고, 더 거룩해지고, 더 고상해질 수 있는 잠재력을 우리 안에 받았다.

예수님의 용서와 구원으로 말미암은 영원한 삶의 소망을 분명하게 가지지 못하면, 나이가 들고 육체적으로 약해지는 것은 불안하고 우울한 경험이다. 그러나 바울은 자신의 육체 속에서 죽음과 부패의 과정이 진행되는 동안, 같은 비율로 자신의 영혼과 성품과 정서 속에서 날로 새로워지는 과정이 진행되고 있음을 증거하며, 오히려 소망으로 흥분된 모습을 드러낸다. 우리의 영혼과 성품 속에서 재창조의 과정이 진행되고 있다. 당신도 정말 이러한 경험을 하고 있는가?

성도의 고난을 통한 두 번째 축복은 하늘의 상급이다.

> 17-18절: 17 우리의 잠시 받는 환난의 경한 것이, 지극히 크고 영원한 영광의 중한 것을 우리에게 이루게 함이니, 18 우리의 돌아보는 것은 보이는 것이 아니요, 보이지 않는 것이니, 보이는 것은 잠간이요, 보이지 않는 것은 영원함이니라.

성도들이 세상에서 받는 고난과 육체의 노쇠와 쇠약이 역설적으로 우리 영혼과 성품의 성화와 영광스런 완성을 결국은 이루게 된다. 그리고 이 성화와 영화의 과정은 완성된 하나님의 나라에서 누릴 영원한 영광과 직접적 관계가 있다(17절). 우리가 완성된 하나님의 나라에서 예수님과 함께 왕 노릇하며 온 우주를 통치하려면, 그 지위와 사역에 합당한 성품과 그릇됨을 갖추어야 한다.

그래서 우리 인생의 궁극적인 목적은 이 육체와 이 세상에서의 영광이 아니고, 우리의 영혼과 완성된 하나님의 나라에서의 영광이다(18절). 후기 현대 문화 속에서 발견되는 육체적 아름다움을 추구하고 숭배하고 우상화하는 경향과는 대단히 다른 가르침이다. 성경은 우리 육체와 세상의 영광은 잠시 있다가 사라지는 것이나, 우리 영혼과 완성된 하나님 나라의 영광은 영원한 것이라고 선언한다.

결론

육체가 부패해 가는 것과 우리 영혼 속의 죄성은 우리가 상대적으로 쉽게 볼 수 있고, 느낄 수 있다. 그러나 우리의 영혼이 주님을 닮아가며 더욱 영광스럽게 되어 가는 것과 하늘나라의 영광은 상대적으로 보고 느끼기가 힘들다. 믿음이 필요하고 고난이 필요하다. 깊어진 믿음과 밝아진 영혼의 눈이 있어야, 우리는 육체와 세상의 고난이 가볍게 느껴지고, 영혼과 천국의 영광이 더 크고 중하게 느껴진다.

그러나 우리의 육체가 점점 약해져서 죽음을 맞이할 때, 하나님께서는 이 육체라는 껍데기를 제거하시고 우리의 새로운 몸, 부활의 몸, 그리고 영광스럽고 강하고 영적인 몸으로 우리를 새로이 입혀주실 것이다.

우리에게 육체적 어려움이나 인생의 고난이 있을 때, 우리는 이 육체와 이 세상과 세상의 영광에 시야의 초점을 두지 않고, 우리 주님과 영원한 삶과 천국에 그 초점을 맞추어야 한다. 실제로 고난 가운데서 영원한 것을 보는 우리의 눈이 뜨여지기 시작하는 경우가 많다.

제36장
인생의 소망
고린도후서 5장 1–10절

인간들은 미래에 대한 소망이 없으면 살기가 힘든 존재들이다. 우리는 사랑을 먹고 살고, 또 소망을 먹고 사는 존재들이다. 날로 후패하고, 부패하고, 병들고 약해질 수밖에 없는 몸과 날로 새로워질 수 있는 영혼에 관하여 고린도후서 4장 뒷부분에서 말하고 있다. 그리고 이제 고린도후서 5장 전반부에서는, 현재의 몸과 부활의 몸의 대조를 위한 세 가지 비유를 제시하면서 미래의 소망을 불러일으키고 있다.

첫 번째 대조, 천막(장막)과 하나님께서 지으신 집

1절: "만일 땅에 있는 우리의 장막 집이 무너지면, 하나님께서 지으신 집 곧 손으로 지은 것이 아니요, 하늘에 있는 영원한 집이 우리에게 있는 줄 아나니"

말썽 많은 교회의 회복

사도 바울은 현재의 몸과 부활의 몸의 차이를 장막 집과 일반 주택의 차이에 비교한다. 현재의 세상에서 우리 인간들이 가지고 있는 몸은 장막 집 혹은 캠핑용 텐트와 흡사하다. 우리는 캠핑용 텐트에서 휴가 기간 동안 잠시 머무는 것이지 영구적으로 살려고 계획하지는 않는다. 왜냐하면 텐트는 일시적인 용도로 쓰는 것이고 여러 면으로 허술하기 때문이다. 그러나 하늘에 있는 영원한 집 즉 우리에게 주어질 부활의 육체는 영구적이고 완벽하게 갖추어져 있는 주택과 흡사하다. 천막에 살겠는가? 집에 살겠는가?

필자는 신학생 때, 그리고 목회를 하면서 열 번 이상 이사를 다녔다. 그 결과로 우리 가족들에게는 일정한 생활 습관이 생겼다. 먼저, 가능한 짐을 늘리지 않는 것이다. 꼭 필요한 것만 구입하였다. 그래야 이사 갈 때 포장할 짐이 적고 고생을 덜 하는 것이다. 또 한 가지는 거처를 별로 꾸미지 않는 것이다. 어차피 떠나야 할 거처이기 때문에, 많이 꾸미면 이사할 때 더 많은 일을 하게 된다. 자기 집이 아니기 때문에 꾸민 것들을 다시 다 원위치시켜야 한다. 그래서 가능한 약간만 꾸미게 되는 것이다.

우리 인생도 그러하다. 이 육체는 잠시 사용하는 것이다. 이 육체를 영구적으로 보존하고 사용할 수 있는 인생은 없다. 우리는 영원하고 영구적이고 영광스런 부활의 몸을 입고 살게 될 미래를 소망으로 기다리지 않을 수 없다.

두 번째 대조, (벌거벗은 것 같은) 현재의 옷과 하늘의 옷

2-5절: "2 과연 우리가 여기 있어 탄식하며 하늘로부터 오는 우리 처소로 덧입기를 간절히 사모하노니, 3 이렇게 입음은 벗은 자들로 발견되지 않으려 함이라. 4 이 장막에 있는 우리가 짐 진 것같이 탄식하는 것은 벗고자 함이 아니요, 오직 덧입고자 함이니, 죽을 것이 생명에게 삼킨 바 되게 하려 함이라. 5 곧 이것을 우리에게 이루게 하시고 보증으로 성령을 우리에게 주신 이는 하나님이시니라."

성경은 이제 우리의 몸을 옷에 비유하고 있다. 우리는 "하늘로부터 오는 우리 처소"로 옷 입기를 간절히 바라는 상태에 있다는 것이다(2절). 왜냐하면 지금의 육체로는 우리는 벌거벗은 것이나 다름없는 자들이기 때문이다(3절, 창 3:10-11). 그렇다고 해서 우리가 염세적이고 자살 충동을 가진 자들은 아니고, 단지 부활의 영광스런 육체를 입을 날을 사모하는 자들이다. 특히 주님께서 재림하실 때까지 육체의 죽음을 겪지 않은 성도들은 육체의 죽음을 거치지 않고 부활의 몸으로 바로 갈아입는 영광스런 경험을 하게 될 것이다 (4절). 그리고 이런 놀라운 경험이 우리를 기다리고 있다는 사실은 우리 안에 거하시는 성령께서 확증하신다(5절).

벌거벗고 살겠는가? 하나님께서 지으신 아름답고 완벽한 옷을 입고 살겠는가? 현재의 몸은 부활의 완전하고 아름답고 영광스런 몸에 비교하면, 벌거벗은 것 같은 상태이다. 그래서 우리 성도들은 현재 삶 속에서 최선을 다하여 살 뿐 아니라, 미래의 영광스런 삶을 기대하고 고대하며, 그 소망을 이루기에 합당한 삶을 살아가려고 노력하는 것이다.

세 번째 대조, 이 몸에 있는 것과 예수님과 함께 있는 것

6-8절: "6 이러므로 우리가 항상 담대하여 몸에 거할 때에는 주와 따로 거하는 줄을 아노니, 7 이는 우리가 믿음으로 행하고 보는 것으로 하지 아니함이로라. 8 우리가 담대하여 원하는 바는 차라리 몸을 떠나 주와 함께 거하는 그것이라."

우리가 이 몸을 입고 있는 동안에는 주님과 완벽하게 동거하고 있는 것은 아니다(6절). 하나님의 나라가 우리 속에 성령과 함께 임하셨고, 아직도 확장되고 있으며, 장차 완성될 것이다. 마찬가지로 우리가 주님과 동거하는 것도 이미 시작되었으나, 장차 부활의 육체를 입을 때에 완성될 것이다.

우리가 지금의 육체를 입은 상태에서는 우리 눈으로 우리 주님과 천국의 삶을 볼 수가 없고, 오직 믿음으로 알고 받아들인다(7절). 우리가 부활의 육체가 입을 때에라야 우리 주님과 그분의 완성된 나라를 우리 눈으로 직접 보게 될 것이다(고전 13:12). 영생의 새로운 차원으로 들어가기 위해서는 우리는 부활의 육체를 입어야 하는 것이다. 그래서 궁극적으로는 이 몸 안에서 사는 것보다, 부활의 육체를 입고 우리 주님과 천국에서 완전히 거하는 것이 낫다(8절).

결론

성경이 제시하는 세 가지 대조를 보며, 우리는 다음과 같은 질문을 자신들에게 던져 보아야 한다. 예수님과 멀리 떠나서 살겠는가? 혹은 예수님과 서로 얼굴과 얼굴을 맞대어 보며, 대화하며 살겠는가? 이 육체 안에서 영구히 사는 것을 원하는가? 아니면 다른 몸, 영원하고 아름답고 강하고 영적이고 영구적인 몸을 원하는가? 잠시 잠깐 살다가 반딧불처럼 꺼지는 인생을 원하는가? 하나님과의 만남과 교제 속에 영원하고 영광스럽고 날마다 새로워지는 삶을 원하는가?

인생들은 다 영적인 근시들이다. 영혼의 눈의 시력을 개선하고 개발하여야 한다. 영적인 라식(Spiritual LASIK) 수술을 할 필요가 있다. 영원한 삶 속에서 우리 인생을 재평가하고, 그 의미와 방향을 새롭게 조정하고 살아야 한다. 하나님의 영원한 평가와 천국의 영원한 상급을 심각하게 고려하고 날마다의 삶의 태도와 인생의 방향을 결정하여야 한다. 베드로 사도도 우리가 멀리 보고, 영원한 세계를 볼 수 있기를 소원하였다.

> 벧후 1장 8-9절: "8 이런 것이 너희에게 있어 흡족한즉, 너희로 우리 주 예수 그리스도를 알기에 게으르지 않고, 열매 없는 자가 되지 않게 하려니와, 9 이런 것이 없는 자는 소경이라, 원시치 못하고 (멀리 보지 못하고, 혹은 영적인 근시가 되어서), 그의 옛 죄를 깨끗케 하심을 잊었느니라."

참으로 부활의 소망과 천국의 소망이 있다면, 다음과 같이 살려고 할 것이다. 먼저 예수님을 기쁘시게 하려고 애쓸 것이다.

말썽 많은 교회의 회복

9절: "그런즉 우리는 거하든지 떠나든지, 주를 기쁘시게 하는 자 되기를 힘쓰노라."

예수님께 순종과 충성, 헌신과 봉사와 희생을 드리는 삶을 살 것이다. 또한 궁극적으로 예수님의 심판대 앞에서 인정받으려 할 것이다.

10절: "이는 우리가 다 반드시 그리스도의 심판대 앞에 드러나, 각각 선악 간에 그 몸으로 행한 것을 따라 받으려 함이라."

그래서 착하고 충성된 종으로 인정받으려 할 것이다. 먹고 사는 일이 급하고, 공부가 급하고, 가정이 급해서 개인 경건의 시간, 교회의 사역을 소홀히 하는 삶은 영적 근시안적인 삶이다. 결국 못 가지고 갈 짐만 늘리고, 이사 갈 집만 열심히 꾸미고 있는 삶이다. 오히려 우리는 영성과 도덕성과 충성을 함양하고 쌓는 삶을 살아갈 것이다.

제37장
그리스도인의 복음 사역 동기
고린도후서 5장 11-21절

고린도 교인들 중에는 사도 바울의 사도적 신분과 그의 선교 사역의 동기(動機)에 의심을 품은 사람들이 있었다. 그들은 사도 바울이 자기 고향을 떠나 수천 킬로나 여행하여 와서 인종이 다르고 문화가 다른 자신들에게 예수 그리스도에 관하여 메시지를 전한다는 것이 이해되지 않았다. 바울이 미친 사람처럼 생각되기도 하였고, 어떤 다른 저의(底意)를 가지고 있는 것은 아닌지 의혹을 품었다.

그래서 이 본문에서 바울은 자신이 왜 복음을 전할 수밖에 없는지, 그리고 복음 사역이 얼마나 아름다운 의미를 가진 것인지 설명하고 있다.

첫 번째, 사도 바울은 자신의 신분에 관하여 이야기한다. 사람들에게 복음을 전하는 것을 통하여 그가 사도임을 확인할 수 있다는 것이다.

말썽 많은 교회의 회복

11절: "우리가 주의 두려우심을 알므로 사람을 권하노니, 우리가 하나님 앞에 알리어졌고, 또 너희의 양심에도 알리어졌기를 바라노라."

사도 바울은 하나님의 심판대 앞에 설 것을 생각할 때, 두려워서 복음을 전하지 않을 수가 없었다. 하나님께 알려졌다는 것은 그분으로부터 복음을 사도로 부르심을 받았다는 것이다. 그가 모든 역경을 무릅쓰고 복음을 전하는 것 자체가 그가 사도임을 증명하고 있었다.

계속해서 사도 바울은 고린도 교인들이 자신의 외모보다는 내적 성품과 태도에 주목하기를 요청한다.

12절: "12 우리가 다시 너희에게 자천하는 것이 아니요, 오직 우리를 인하여 자랑할 기회를 너희에게 주어 마음으로 하지 않고 외모로 자랑하는 자들을 대하게 하려 하는 것이라."

사도 바울의 사도로서의 자격은 인맥, 용모, 은사 등의 외적인 것보다 그의 심령 속에 있는 하나님에 대한 경외심(Reverent respect)과 사랑으로 증명되었다.

우리 마음에 하나님에 대한 경외심이 있는가? 하나님 앞에서 옷깃을 여미고, 조심하고, 존경하는 마음이 있는가? 하나님과 하나님의 심판대 앞에 설 일을 두려워하면, 하나님을 섬기고, 교회를 섬기고, 영혼 영혼들을 섬기지 않을 수가 없다. 이것은 학생이 숙제를 다하지 않으면 선생님 앞에 가는 것이 두렵고 떨리는 것과 흡사한 것이다.

두 번째, 사도 바울은 자신의 사역 동기를 직접적으로 언급한다. 자신은 그리스도께서 사랑으로 강권하심을 받아서 복음을 전하지 않을 수 없다는 것이다.

13절: "우리가 만일 미쳤어도 하나님을 위한 것이요 만일 정신이 온전하여도 너희를 위한 것이니"

인종과 문화의 차이와 먼 거리의 고된 여행을 마다하지 않고 복음을 전하는 사도 바울은 어떤 사람들에게는 미친 것처럼 보이기도 하였다. 그러나 그와 직접 만나보면 온전한 정신을 가진 사람인 것을 확인할 수가 있었다.

사도행전 19장 30절에 보면 에베소에서 폭동이 나서, 사람들이 바울은 잡아서 폭력을 가하려고 하며 야외 연극장으로 몰려들었는데, 그는 피하지 않고 오히려 그 안으로 들어가려고 한다. 사도행전 14장 19-20절을 보면, 루스드라에서 폭도들이 사도 바울을 돌로 쳐서 거의 죽게 만들어서 성 밖에 내다 버렸다. 그럼에도 불구하고 기적적으로 소생한 그는 다시 성으로 들어가려고 한다. 일견 무모해 보이는 이런 행위는 그의 판단력이 흐려지거나 정신 이상이 되어서가 아니라, 그리스도의 놀라운 사랑에 깊이 감동되어 나온 것이다.

14절: "14 그리스도의 사랑이 우리를 강권하시는도다. 우리가 생각건대 한 사람이 모든 사람을 대신하여 죽었은즉, 모든 사람이 죽은 것

말썽 많은 교회의 회복

이라."

십자가에 나타난 그리스도의 사랑을 볼 때, 사도 바울은 그리스도를 사랑하지 않을 수가 없고, 복음을 전하지 않을 수가 없었다. 예수님의 제자들은 그들의 숙제를 하여야 한다. 예수 그리스도의 제자로서 예수님께 배우고 자라야 하고, 핍박과 어려움을 무릅쓰고 복음을 전하여야 하고, 선교사역에 동참하여야 한다.

15절: "저가 모든 사람을 대신하여 죽으심은 산 자들로 하여금 다시는 저희 자신을 위하여 살지 않고 오직 저희를 대신하여 죽었다가 다시 사신 자를 위하여 살게 하려 함이니라."

더 나아가서 모든 그리스도인들은 당연히 자신을 위하여 살지 않고, 자신들을 위하여 죽으시고 부활하신 그리스도를 위하여 살아야 한다. 우리 심장에 예수 그리스도의 사랑이 강권함으로 다가오는가? 우리는 여전히 자신을 위하여 살고 있는가? 예수님을 위하여 살고 있는가? 만약 우리가 여전히 자신을 위하여 살고 있다면, 우리 자신을 심각하게 돌아보아야 한다.

사도 바울처럼 미친 듯이 주님을 위하여 살아가려면 우리는 무엇보다도 성령 충만함을 받아야 한다. 예수님을 믿고 영접한 다음에, 제일 먼저 중요한 것은—필자의 약 24년 이상의 사역 경험에 의하면— 성령 충만함이다. 성령 충만함은 하나님을 강제로 설득해서 축복으로 받는다기보다는, 내 자신 안에 성령 충만함 받는 것을 가로막는 모든 장애물들을 제거함으로써 받는다.

우리는 우리를 위하여 당신의 목숨과 함께 모든 것을 포기하고 내어놓으셨던 예수님을 주인으로 모신 사람들이다. 우리도 그러한 사랑의 주님을 위하여 모든 것을 내어놓는 것이 마땅하고 당연하다(롬 12:1). 먼저 생각나는 모든 죄악들을 고백하고 돌이키고, 모든 불순종을 순종으로 바꾸기 위하여 철저하게 주 예수님을 의지하겠다는 결단이 있어야 한다. 그리하면 성령 충만은 자연스럽게 우리 안에서 이루어지게 된다. 우리는 그분의 사랑을 더 깊이 이해하고 체험하게 되고, 그분과 그분에게 속한 영혼들을 위하여 미친 듯한 사랑으로 살아가기 시작하게 된다.

세 번째, 성경은 복음 사역의 아름다운 의미에 관하여 언급하기 시작한다. 복음 사역은 죄 많은 인생들이 새로운 피조물로 거듭나게 한다.

> 16-17절: "16 그러므로 우리가 이제부터는 아무 사람도 육체대로 알지 아니하노라. 비록 우리가 그리스도도 육체대로 알았으나, 이제부터는 이같이 알지 아니하노라. 17 그런즉 누구든지 그리스도 안에 있으면 새로운 피조물이라 이전 것은 지나갔으니 보라 새것이 되었도다."

예수 그리스도를 우리 마음속에 모시고, 또 그분 안에 들어간 우리들은 서로를 다른 시각과 다른 기준으로 평가하여야 한다. 왜냐하면 모든 그리스도인들은 새로운 피조물이기 때문이다. 새로운 피조물들은 새로운 신분을 가지고 새로운 사명을 수행하며 살아가는

말썽 많은 교회의 회복

사람들이다. 새로운 피조물들은 복음을 전하고, 영혼의 구원을 위하여 애쓰고, 주님이신 예수님과 교회와 성도들과 이웃을 섬기는 삶을 살기 시작한다.

네 번째, 성경은 복음 사역이 하나님과 그분에게 반역한 인간들을 화목하게 하는 일이라고 설명한다. 18-19절은 하나님께서 우리를 위하여 하신 일을, 20-21절은 하나님의 은혜를 입은 우리가 세상을 위하여 하여야 할 일을 기술한다. 먼저 하나님께서 하신 일이다.

18-19절: "18 모든 것이 하나님께로 났나니, 저가 그리스도로 말미암아 우리를 자기와 화목하게 하시고, 또 우리에게 화목하게 하는 직책을 주셨으니, 19 이는 하나님께서 그리스도 안에 계시사 세상을 자기와 화목하게 하시며, 저희의 죄를 저희에게 돌리지 아니하시고, 화목하게 하는 말씀을 우리에게 부탁하셨느니라."

하나님께서는 우리를 그리스도 예수를 통하여 자기와 화목하게 하시고, 또 우리도 다른 이들을 하나님 당신과 화목하게 하도록 하는 사역을 하도록 위탁하셨다(18절). 하나님께서 아직도 온 세상을 그리스도 안에서 자기와 화목하도록 노력하고 계시며 우리에게는 화목케 하는 메시지 즉 복음을 맡기셨다. 하나님께서 이 사역에서 여전히 주도권을 잡으시고 우리와 함께 일하고 계신다는 사실은 복음 사역을 맡은 우리에게 큰 용기를 불어넣는다. 이제 우리가 하여야 할 일이다.

20-21절: "20 이러므로 우리가 그리스도를 대신하여 사신이 되어, 하나님이 우리로 너희를 권면하시는 것 같이 그리스도를 대신하여 간구하노니, 너희는 하나님과 화목하라. 21 하나님이 죄를 알지도 못하신 자로 우리를 대신하여 죄를 삼으신 것은, 우리로 하여금 저의 안에서 하나님의 의가 되게 하려 하심이니라."

우리는 그리스도의 사신(使臣) 즉 대사(大使)들이다. 우리는 하나님과 그분을 대적하는 불신 세상 사이에서 중재자 역할을 하여야 한다. 하나님의 통치권을 거부하거나 무시하는 불신자들이 회개하고 돌이켜서 그분의 통치를 받아들이고 그분과 화해하도록 권면하여야 한다.

결론

성도들은 하나님으로부터 새로운 신분과 새로운 사명을 받은 사람들이다. 우리는 거룩하고 사랑이 많으시고 공평하신 하나님을 존경하고 사랑하고 두려워하여야 한다. 우리는 교회 안에서나 세상에서 함부로 말하고 행동하지 않는다. 우리는 하나님께서 우리에게 맡기신 숙제 즉 책임과 사명을 다하며 살아야 한다. 우리는 그분을 따르고 모방하며 살아가야 하고, 제자도와 전도와 선교와 섬김을 수행하는 삶을 살아야 한다.

말썽 많은 교회의 회복

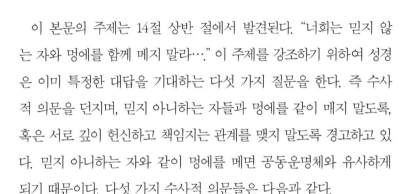

제38장
거룩하라!
고린도후서 6장 14-18절

이 본문의 주제는 14절 상반 절에서 발견된다. "너희는 믿지 않는 자와 멍에를 함께 메지 말라…." 이 주제를 강조하기 위하여 성경은 이미 특정한 대답을 기대하는 다섯 가지 질문을 한다. 즉 수사적 의문을 던지며, 믿지 아니하는 자들과 멍에를 같이 메지 말도록, 혹은 서로 깊이 헌신하고 책임지는 관계를 맺지 말도록 경고하고 있다. 믿지 아니하는 자와 같이 멍에를 메면 공동운명체와 유사하게 되기 때문이다. 다섯 가지 수사적 의문들은 다음과 같다.

첫째로 "14 (너희는 믿지 않는 자와 멍에를 같이하지 말라) 의와 불법이 어찌 함께 하며…"(14절 중).

: 이 질문에 대한 대답은 의와 불법이 함께하지 못한다는 것이다.

둘째로 "…빛과 어두움이 어찌 사귀며"(14절 하).

: 빛과 어두움이 같이 교제하지 못한다는 주장이다.

셋째로 "15 그리스도와 벨리알이 어찌 조화되며…"(15절 상).

: 그리스도의 나라와 사단의 나라가 조화를 이루지 못한다는 주장이다.

넷째로 "…믿는 자와 믿지 않는 자가 어찌 상관하며"(15절 하).

: 믿는 자와 믿지 아니하는 자가 영적으로 동감하거나 견해가 일치할 수가 없다.

다섯째로 "16 하나님의 성전과 우상이 어찌 일치가 되리요…"(16절 상).

: 하나님의 성전과 우상의 신전이 서로 어울릴 수 없다는 결론이다.

그렇다면 우리는 믿지 아니하는 자들과 전혀 관계하지 말고, 교제하지 말라는 말씀인가? 그렇지는 않다. 그리스도인들은 사소한 교리적인 이유나 윤리적인 이유로 연합을 깨뜨릴 수는 없다. 그리스도인이 예수님을 믿지 않는 사람과 결혼했다고 해서, 신앙이 다른 것이 이혼 사유가 될 수는 없다(고전 7:12-15). 불신자들도 그리스도인들의 모임이 참석하도록 허락되었다(고전 14:22-25). 그래서 믿는 자들이 믿지 아니하는 자들과 무조건적으로 관계하지 말고 교제하지 말라는 가르침이 아니라, 이 모든 질문들은 그리스도인들이 우상숭배나 그와 관련된 식사에 참여하지 않도록 강력하게 명령하고 있는 것이다.

이러한 명령의 역사적 배경은 다음과 같다. 이스무스 해협(Isthmus)을 사이에 두고 마주보고 있는 아테네가 우상으로 가득 찬 곳이었던 것처럼(행 17:16), 고린도에는 우상 숭배가 대단히 활발했다. 약 1세기 후에 고린도의 종교적 상태에 관하여 포사니아스(Pausanias)라는 사람이 기록하기를, 고린도에는 아폴로 신전과 아프로디테 신전 외에도, 20개 정도의 우상이 공공장소에 세워져 있었고, 여섯 개의 다른 그리스 신들을 위한 신전이 있었고, 신비주의자들의 신들을 위한 성스런 구역이 다섯 개나 있었다.

그래서 바울도 고린도는 많은 신들과 많은 주인들의 도시라고 불렀다(고전 8:5). 그리고 이러한 신전들에는 열두어 명 정도의 사람들이 식사를 할 수 있는 식당들이 시설의 일부로 설치되어 있었다. 그래서 어떤 제사의 호스트들은 손님들을 이런 식당(Dining room)에 초청해서 우상 앞에 바쳐졌던 음식들을 같이 먹곤 하였다.

우상 숭배의 유혹이 상존하는 상황 속에서 살고 있는 고린도 교인들에게 다시는 우상 숭배의 죄악으로 돌아가서는 안 되는 이유 세 가지를 성경은 16절 하반 절에서부터 18절까지 제시하고 있다.

첫 번째 이유, 하나님께서 우리와 함께하시고, 함께 사시고 계시기 때문이다.

16절 중: "…우리는 살아 계신 하나님의 성전이라."

성전은 하나님께서 거하시는 장소이다. 구약 시대의 성도들은 건물로 세워진 성전에서 하나님을 만나고 그분과 교제하였다. 구약 시대의 성전은 신약 시대의 참 성전의 그림자였다.

성전은 신약 시대에 와서 예수 그리스도의 몸(요 2:19, 2:21)과 교회(고전 3:16-17)와 성도들의 몸(고전 6:15, 6:19)으로 완성되었다. 신약 시대에는 하나님께서 교회 공동체와 각 성도들의 몸을 성전으로 삼으시고 그 안에 거하신다. 또한 신약 시대 성도들은 교회 공동체와 각 성도들의 몸과 영혼 안에 거하시는 하나님을 만나고 그분과 교제한다.

그런데 어떻게 하나님의 성전인 성도들의 몸으로 하나님의 원수인 마귀와 악령들에게 경배를 하며 그들과 교제할 수가 있겠는가? 결코 불가하다는 것이다.

두 번째 이유, 하나님께서 우리의 주인이시기 때문이다.

> 16절 하: "이와 같이 하나님께서 가라사대, 내가 저희 가운데 거하며 두루 행하여, 나는 저희 하나님이 되고 저희는 나의 백성이 되리라 하셨느니라."

이 말씀은 레위기 26장 11-12절을 인용하고 있다.

> 레 26장 11-12절: "11 내가 내 장막을 너희 중에 세우리니, 내 마음이 너희를 싫어하지 아니할 것이며, 12 나는 너희 중에 행하여 너희 하나님이 되고, 너희는 나의 백성이 될 것이니라."

창조주께서 우리의 하나님, 우리의 경배와 섬김의 대상, 우리의 주인이 되어주셨다. 우리는 그분의 백성이 되었고, 그분 앞에서 무릎을 꿇고 굴복할 수밖에 없다. 우리의 하나님은 우리를 지으신 분이고, 그분을 떠났던 우리를 위하여 자기의 독생자의 목숨을 주셨고, 그 독생자의 핏값으로 우리를 사시고 해방시키셨고, 그래서 우리에 대한 이중 소유권을 가지신 분이시고, 장차 우리를 심판하시는 분이시다. 그래서 우리는 우리 마음대로가 아니라, 하나님의 마음대로 살아야 한다. 그런데 어떻게 우상숭배를 하며, 마귀와 악령들 앞에 제사를 드리고, 경배를 드릴 수 있겠는가?

세 번째 이유, 하나님께서는 우리의 아버지이시기 때문이다.

18절: "그러므로 주께서 말씀하시기를, 내가 너희를 영접하여 너희에게 아버지가 되고, 너희는 내게 자녀가 되리라. 전능하신 주의 말씀이니라 하셨느니라."

이 말씀은 호세아서 1장 10절을 인용한 것으로 보인다.

호 1장 10절: "그러나 이스라엘 자손의 수가 바닷가의 모래같이 되어서 측량할 수도 없고, 셀 수도 없을 것이며, 전에 저희에게 이르기를 너희는 내 백성이 아니라 한 그곳에서 저희에게 이르기를, 너희는 사신 하나님의 자녀라 할 것이라."

이 구절은 타락하여 하나님에게서 떨어져 나갔던 백성이 다시 돌이켜서 하나님께 돌아오며 그분의 자녀로 다시 인정받는 사건을 예언하고 있다. 우리 모든 그리스도인들도 비슷한 처지에 처하였다. 우리의 죄와 허물로 하나님으로부터 떨어져 있는 인생들이었다가, 예수님의 부르심을 받고 돌아온 사람들이다. 새 언약은 근거로 하여 부르심을 받은 우리들은 하나님과 다시는 끊으려야 끊을 수가 없는 사이가 되었다(렘 31:33).

부자간에 혹은 부녀간의 관계는 끊을 수가 없고, 변화시킬 수가 없다(눅 15:11-32). 그런데 하나님의 자녀가 된 우리가 어떻게 하늘 아버지의 뜻을 거스를 수가 있겠는가? 결코 불가하다는 것이다. 하나님께서는 당신을 아버지로 부르는 아들과 딸들로부터 순종을 기대하신다(신 32:19-21, 삼하 7:14, 시 89:30-34). 그래서 우리는 내 마음대로가 아니라, 하나님의 마음대로 살아야 한다. 특히 하나님의 자녀들은 우상숭배를 하거나, 우상들의 배후에 있는 하늘 아버지의 원수인 마귀와 악령들과 교제할 수는 없는 것이다.

결론

성도들은 우상 숭배와 관계된 죄악들을 멀리하여야 한다.

고후 6장 17절: "그러므로 주께서 말씀하시기를 너희는 저희 중에서 나와서 따로 있고, 부정한 것을 만지지 말라."

사 52장 11절: "너희는 떠날지어다, 떠날지어다. 거기서 나오고 부정한 것을 만지지 말지어다. 그 가운데서 나올지어다. 여호와의 기구를 메는 자여 스스로 정결케 할지어다."

성도들은 하나님께서 우리 가운데 계시며 우리의 아버지가 되어주신 약속을 가진 자녀로서 거룩하고 깨끗하게 살아야 한다.

말썽 많은 교회의 회복

고후 7장 1절: "그런즉 사랑하는 자들아 이 약속을 가진 우리가 하나님을 두려워하는 가운데서 거룩함을 온전히 이루어 육과 영의 온갖 더러운 것에서 자신을 깨끗케 하자."

특히 하나님의 자녀들이 그분의 임재를 느끼고 즐기려면 개인적 거룩함이 있어야 한다.

제39장
종과 종들의 관계 2
고린도후서 7장 2-7절

사도 바울과 고린도 교회 성도들 간의 사이가 벌어졌다. 소위 지극히 큰 사도라는 자들이 고린도 교인들에게 바울에 대한 의혹을 계속 제기한 것이 영향을 끼쳤던 것이다. 오늘의 본문 말씀은 사도 바울이 이 관계를 회복하려고 노력하고 있는 모습을 보여준다.

첫째, 사도 바울은 고린도 교인들에게 자신을 향한 사랑을 회복하도록 권면한다. 사도 바울은 자신을 의심하고 심지어는 배신한 고린도 교인들을 정죄하기보다는 그들에게 남은 사랑의 불씨를 다시 키우려고 노력하고 있다.

> 2-3절 상: "2 마음으로 우리를 영접하라. 우리가 아무에게도 불의를 하지 않고, 아무에게도 해롭게 하지 않고, 아무에게도 속여 빼앗은 일이 없노라. 3 내가 정죄하려고 이 말을 하는 것이 아니라.."

2절은 아마도 사도 바울이 예루살렘 교회의 성도들을 위하여 고린도 교회에서 헌금을 걷은 일을 트집 잡아서 사도 바울이 그들에게 해를 끼쳤고 착취했다고 참소하는 사람들에게 해명하고 있는 것으로 보인다. 그리고 이 말은 자신을 참소하는 사람들의 말을 믿은 고린도 교인들의 허물을 드러내고자 하는 것이 아니라고 설명한다(3절 상). 바울은 단지 사실 여부를 확인해 주고 있는 것이다.

사도 바울은 고린도 교인들에 대하여 여전히 품고 있는 사랑과 확신과 자부심 때문에 그들을 정죄하기보다는 자신에 대한 사랑을 회복하라고 권면하고 있다.

> 3절 하-4절: "...이전에 말하였거니와 너희로 우리 마음에 있어 함께 죽고 함께 살게 하고자 함이라. 4 내가 너희를 향하여 하는 말이 담대한 것도 많고, 너희를 위하여 자랑하는 것도 많으니, 내가 우리의 모든 환난 가운데서도 위로가 가득하고 기쁨이 넘치는도다."

바울은 과거에 이미 자신은 고린도 교회 성도들과 함께 죽을 수도 있고 살 수도 있는 열정과 각오가 있었다고 고백한다(3절 하). 자신을 의심하는 고린도 교회 성도들을 향하여 바울은 현재에도 여전히 그들에 대한 확신과 신뢰가 있다고 말한다(4절 상). 그리고 그들을 여전히 자랑스럽게 생각한다고 말한다(4절 하). 바울의 이러한 태도와 확신은 하나님께서 고린도 교인들을 포기하지 않고 계속해서 그들 가운데서 일하신다는 믿음이 있기에 가능하다.

사도 바울이 이런 말들은 하는 것은 고린도 교회 성도들의 잘못을 끄집어내려는 것보다는, 자신이 그들을 여전히 신뢰함을 드러내며, 그들을 격려하는 가운데 이 관계를 회복하기 위한 것이다.

사도 바울과 고린도 교회 성도들 간에 사이가 갈라진 것은 두 가지 이유 때문이었다. 하나는 고린도 교회 안에 사소하지 않은 심각한 죄 문제가 있었는데, 이 문제를 고린도 교회 성도들이 다루지 않고 간과하거나 심지어는 자신들의 "관용"을 자랑스럽게 생각한 것이었다. 두 번째 이유는 고린도 교회 안에 거짓 사도들이 들어와서 사도 바울에 대하여 거짓 증거와 참소들을 한 것을 고린도 교회 성도들이 받아들인 것이었다.

이제 사도 바울은 고린도 교회 성도들에게 자신을 향한 신뢰와 사랑을 회복하도록 권면하고 있다.

둘째, 사도 바울은 디도를 통하여 받은 고린도 교회 성도들이 자신에 준 위로에 관하여 기록한다. 사도 바울은 3차 전도 여행 중에 소아시아의 에베소에서 3년 정도 사역한 후 육로로 마게도냐로 이동하였다. 에베소에 일어난 데메드리오 폭동 때문에 쫓겨난 그가 마게도냐에 왔을 때 그곳에서도 처음에는 큰 환란과 피곤과 두려움으로 고통받았다.

> 5절: "5 우리가 마게도냐에 이르렀을 때에도 우리 육체가 편치 못하고, 사방으로 환난을 당하여(심한 압박감), 밖으로는 다툼(핍박)이요, 안으로는 두려움(근심과 걱정)이라."

마게도냐는 사도 바울이 2차 전도 여행 중에 복음을 전하였던 빌립보, 데살로니가, 베레아 등이 위치한 로마 제국의 속주(屬州)이다. 3차 전도 여행 중에 바울은 그곳을 다시 방문하였다. 그의 육체가

말썽 많은 교회의 회복

편하지 않았다는 것은 불면증에 시달렸다는 의미로 보인다. "환란"은 심한 압박감을, "다툼"은 박해를, "두려움"은 근심과 걱정을 겪었음을 의미한다. 아마도 바울은 마게도냐에서 받은 박해뿐만 아니라, 고린도 교인들을 위한 걱정으로 많은 어려움을 겪은 것으로 보인다. 그러나 이때 사도 바울의 지시로 고린도 교회를 방문하고 돌아온 디도와의 만남과 디도가 가져온 소식이 사도 바울과 그 일행들에게 큰 위로가 되었다.

> 6-7절: "6 그러나 비천한 자들을 위로하시는 하나님이 디도의 옴으로 우리를 위로하셨으니, 7 저의 온 것뿐 아니요, 오직 저가 너희에게 받은 그 위로로 위로하고, 너희의 사모함과 애통함과 나를 위하여 열심 있는 것을 우리에게 고함으로, 나로 더욱 기쁘게 하였느니라."

사도 바울이 언급하는 "위로하시는 하나님"은 자신의 체험뿐만 아니라, 이사야서 40장 1-2절에 근거한 것이다. 바울이 받은 기쁜 소식은 고린도 교회 성도들의 회개와 슬픔과 사모함이었다. 즉, 고린도 교회 성도들이 교회 안에 발생한 심각한 죄 문제를 다루지 않으며 사도 바울에게 근심을 끼친 것에 대하여 슬퍼하고, 회개하고, 다시 그를 사모하고 있다는 소식이 큰 위로가 된 것이다.

그러나 디도가 가져온 소식은 좋은 소식과 그저 그런 소식과 나쁜 소식이 섞여 있었다. 좋은 소식은 고린도 교회 성도들이 교회의 권징 문제에서 회개하고, 심각한 죄악의 문제를 올바르게 다루기 시작했다는 것이다. 그저 그런 소식은 고린도 교회 성도들이 예루살렘 교회에 대한 헌금을 제대로 하지 않고 있지만, 아마도 다시 시작할 수 있을 것이라는 소식이었다. 나쁜 소식은 거짓 사도들이 들어와서 고린도 교회 성도들에게 거짓 복음을 가르치고, 사도 바울에 대한 인신공격을 점점 강화하고 있다는 것이었다.

그럼에도 불구하고 사도 바울은 여기서 가장 좋은 소식에 집중하며, 적극적이고 긍정적이고 낙천적인 모습을 보이고 있다. 그저 그런 소식(8-9장)과 나쁜 소식에 관해서는 고린도후서의 뒷부분(10-12장)에서 다루고 있다. 하나님에 대한 믿음에 근거한 사도 바울의 긍정적이고 낙천적인 태도와 확신이 엿보이는 부분이다. 계속 사람과 사건의 부정적인 면에만 집중하고 드러내는 데 몰두하는 사람들은 하나님을 깊이 신뢰하고 의지하는 신앙생활을 제대로 하지 못한다.

결론

사도 바울에게 있어서 왜 고린도 교회 성도들이 자신에 대하여 의심하거나 오해하는 것을 푸는 것이 그토록 중요했는가? "너희들 마음대로 생각하라, 나는 하나님 앞에서 떳떳하다."라는 식으로 무시할 수는 없었겠는가?

아마도 이것이 사도 바울의 개인적인 문제라면 그럴 수도 있었을 것이다. 그런데 사도 바울과 고린도 교회 성도들과의 좋은 관계는 단지 개인적인 감정의 문제일 뿐이 아니라, 고린도 교회 성도들에 대한 사역의 성패가 달린 문제이기에 이렇게 관심과 노력을 기울인 것으로 생각된다. 더 나아가서 거짓 사도들의 영향을 받기 시작한 고린도 교회의 영적인 사활이 달린 문제였기에 사도

말썽 많은 교회의 회복

바울은 이렇게 애를 썼던 것이다.

교회 안에서 사람과 사람들 간의 관계가 원만하여야 교회의 일들이 원활하게 돌아간다. 중요한 교리적 차이나 심각한 죄 문제가 아니면, 모든 관계를 원만하게 유지하도록 노력하여야 한다. 그래서 목회자와 교인들은 서로의 관계를 위하여 기도하여야 한다. 목사는 성도들을 위하여 기도하고, 성도들은 목사를 위하여 기도하여야 한다. 성도와 성도들 간에도 특히 가까운 사람들을 위하여 기도하여야 한다. 그렇지 않으면 꼭 악령들이 틈을 타고, 갈등이 생기고, 교회 사역이 어려워진다.

교회 안에서 서로 간에 등 뒤에서 부정적인 말을 하는 것을 조심하여야 한다. 고린도 교회에 들어온 거짓 사도들이 바울의 등 뒤에서 험담을 한 것이 교회에 부정적인 영향을 크게 끼쳤다. 그래서 솔로몬은 다음과 같이 충고하였다.

잠 17장 9절: "허물을 덮어 주는 자는 사랑을 구하는 자요, 그것을 거듭 말하는 자는 친한 벗을 이간하는 자니라."

교회 안에서 성도들을 이간하는 행위는 하나님께서 상당히 싫어하시는 죄이다.

잠 6장 16-19절: "16 여호와의 미워하시는 것, 곧 그 마음에 싫어하시는 것이 육칠 가지니, 17 곧 교만한 눈과 거짓된 혀와 무죄한 자의 피를 흘리는 손과, 18 악한 계교를 꾀하는 마음과, 빨리 악으로 달려가는 발과, 19 거짓을 말하는 망령된 증인과 및 형제 사이를 이간하는 자니라."

성도들은 늘 서로를 위하여 기도하며 좋은 관계를 유지하도록 힘써야 한다. 우리는 이간하는 자가 아니라, 화평하게 하는 자가 되어야 한다.

말썽 많은 교회의 회복

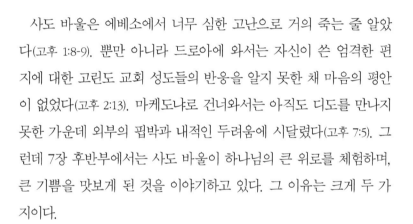

제40장
경건한 근심과 슬픔
고린도후서 7장 8-16절

사도 바울은 에베소에서 너무 심한 고난으로 거의 죽는 줄 알았다(고후 1:8-9). 뿐만 아니라 드로아에 와서는 자신이 쓴 엄격한 편지에 대한 고린도 교회 성도들의 반응을 알지 못한 채 마음의 평안이 없었다(고후 2:13). 마케도냐로 건너와서는 아직도 디도를 만나지 못한 가운데 외부의 핍박과 내적인 두려움에 시달렸다(고후 7:5). 그런데 7장 후반부에서는 사도 바울이 하나님의 큰 위로를 체험하며, 큰 기쁨을 맛보게 된 것을 이야기하고 있다. 그 이유는 크게 두 가지이다.

첫째, 고린도 교회 성도들의 회개하였다.

8-9절: "8 그러므로 내가 편지로 너희를 근심하게 한 것을 후회하였으나, 지금은 후회하지 아니함은, 그 편지가 너희로 잠시만 근심하게 한 줄을 앎이라. 9 내가 지금 기뻐함은 너희로 근심하게 한 까닭이 아니요, 도리어 너희가 근심함으로 회개함에 이른 까닭이라. 너희가 하나

님의 뜻대로 근심하게 된 것은 우리에게서 아무 해도 받지 않게 하려 함이라."

사도 바울은 고린도전서와 고린도후서 사이에 회개하지 않는 고린도 교인들을 책망하는 엄격한 편지를 썼다(2:4, 2:9). 이 편지를 썼던 것을 후회할 정도로 엄격한 글이었던 것으로 보인다(8절). 그러나 하나님께서는 그 엄격한 편지를 통하여 고린도 교회 성도들에게 영적인 유익이 있도록 하는 놀라운 은혜를 베푸셨다. 그래서 사도 바울은 고린도 교인들이 회개하게 된 것이 큰 기쁨이라고 말하고 있다. 여기서 우리는 두 가지 근심 혹은 두 가지 슬픔을 보게 된다.

> 10절: "하나님의 뜻대로 하는 근심은 후회할 것이 없는 구원에 이르게 하는 회개를 이루는 것이요, 세상 근심은 사망을 이루는 것이니라."

세상 근심, 혹은 세상 슬픔은 얕은 후회가 마음의 쓴 뿌리와 자기 연민으로 발전하면서 영적인 죽음 혹은 영적으로 약화되는 상태에 이르는 것이다. 마음의 쓴 뿌리는 분노와 미움이 차갑게 응어리지는 것을 의미한다. 영적인 근심 혹은 영적 후회는 회개로 발전하면서, 여러 가지 영적 열매를 맺는다.

그래서 성도들에게는 불필요한 근심도 있고 필요한 근심도 있다. 우리는 죄악에 빠지거나 하나님을 슬프시게 해드리는 일에 관하여 근심할 필요가 있다. 그러나 그 외의 모든 일에 대하여는 하나님을 신뢰하고 의지하며 담대하여야 한다.

말썽 많은 교회의 회복

이어서 성경은 경건한 근심의 표증과 열매에 관하여 기록한다.

11절: "보라 하나님의 뜻대로 하게 한 이 근심이 너희로 얼마나 간절하게 하며, 얼마나 변명하게 하며, 얼마나 분하게 하며, 얼마나 두렵게 하며, 얼마나 사모하게 하며, 얼마나 열심 있게 하며, 얼마나 벌하게 하였는가? 너희가 저 일에 대하여 일절 너희 자신의 깨끗함을 나타내었느니라."

바울의 엄격한 편지를 받은 고린도 교인들은 그들 중에 있는 죄 문제를 해결하려는 마음이 간절해졌다. 자신들과 죄악과의 관계를 깨끗하고 분명하게 정리하려고 애썼다. 자신들이 죄악에 속고, 마귀에게 속고, 거짓 사도들에게 속은 것을 분하게 여겼다. 죄악에 대항하는 데 있어서 자신들이 소극적 태도를 지녔던 것과 죄악의 파괴적 결과에 무감각했던 것에 대하여 두려움과 경각심을 품게 되었다. 그들은 자신들의 영적 아비인 사도 바울에 대한 사모를 회복하였다. 그들은 영적으로 좀 더 조심하고 더 열심을 내게 되었다. 그들은 교회 안에서 억울한 일을 당한 사람의 문제를 해결해 주었다.

이미 7절에서도 성경은 진정한 회개는 애통함, 사모함, 새로운 열심 등의 표증이 있다고 기록했다. 더불어 바울의 주요 관심은 자신과 고린도 교회 전체 성도들과의 관계의 회복이었다.

12절: "그런즉 내가 너희에게 쓴 것은 그 불의 행한 자를 위한 것도 아니요, 그 불의 당한 자를 위한 것도 아니요, 오직 우리를 위한 너희의 간절함이 하나님 앞에서 너희에게 나타나게 하려 함이로라."

사역자들이 하나님보다 더 기억되는 것은 잘못된 것이다. 사역자들이 지나치게 높임을 받는 것도 조심스러운 일이다. 그러나 사역자들이 성도들로부터 적절한 사모함을 받는 것이 필요하다. 성경은 사역자들이 성도들로부터 적절한 관심과 사모를 받는 것이 필요함을 암시하고 있다.

8-12절의 주요 가르침은 경건한 슬픔 혹은 회개의 중요함이다. 다루지 않은 심각한 죄 문제가 해결되지 않는 한, 사도 바울과 고린도 교회 성도들 간의 관계의 회복에 장애가 있었다. 그리고 고린도 교인들이 바울의 사도로서의 권위를 거부하는 것은 하나님의 권위를 거부하는 것과 밀접한 관계가 있어서 사도 바울은 더욱 애타하였다. 이제 바울은 고린도 교인들의 회개 외의 다른 기쁨의 이유를 이야기하기 시작한다.

둘째, 고린도 교회 성도들에 관한 디도의 보고였다.

> 13절: "이로 인하여 우리가 위로를 받았고, 우리의 받은 위로 위에 디도의 기쁨으로 우리가 더욱 많이 기뻐함은, 그의 마음이 너희 무리를 인하여 안심함을 얻었음이니라."

디도는 사도 바울의 파견을 받아 고린도 교회를 방문하였다. 그는 고린도 교회의 회개와 사도 바울에 대한 사모함이 회복된 것을 보고 크게 기뻐하고 안심하였고, 이것을 마게도냐에 있던 사도 바울을 만나서 보고하였다.

디도는 고린도 교회를 방문하고 사도 바울이 기대한 고린도 교인

말썽 많은 교회의 회복

들의 최상의 모습을 보고 확인할 수 있었던 것이다.

14절: "내가 그에게 너희를 위하여 자랑한 것이 있더라도 부끄럽지 아니하니, 우리가 너희에게 이른 말이 다 참된 것같이, 디도 앞에서 우리의 자랑한 것도 참되게 되었도다."

디도는 고린도 교인들에게 환영을 받았다. 뿐만 아니라 고린도 교인들은 사도 바울의 전령으로서 방문한 그를 두려워하고 그의 지시에 순종하였다. 디도는 고린도 교인들에게 큰 애정을 품게 되었다.

15-16절: "15 저가 너희 모든 사람들이 두려워하고 떪으로 자기를 영접하여 순종한 것을 생각하고, 너희를 향하여 그의 심정이 더욱 깊었으니, 16 내가 너희를 인하여 범사에 담대한 고로 기뻐하노라."

사실 고린도 전·후서 사이에 있었던 사도 바울의 고통스런 방문은 고린도 교회 성도들의 저항과 반발을 일으켰다. 그런데 사도 바울이 엄격한 편지를 쓴 이후에, 고린도 교회 성도들의 태도가 변하고 사도 바울과의 교제가 회복되기 시작한 것이 사도 바울에게 큰 위로와 기쁨이 된 것이다. 사역자들과 성도들의 좋은 관계는 서로에게 기쁨을 가져온다. 그리고 성도들 간의 깨어졌던 관계의 회복은 큰 기쁨을 가져온다.

결론

하나님께서는 올바른 회개를 기뻐하신다. 진정한 회개는 일반
적으로 애통함과 하나님과 그 은혜를 간절히 사모함과 새로운 열
심 등을 동반한다. 하나님께서는 경건한 교제의 회복을 기뻐하신
다. 이러한 회복은 경건과 거룩함을 기초로 한다. 예수를 신실하
게 믿고 열심히 섬겨도, 가끔 죽을 것같이 어려울 때도 있다. 그러
나 끝까지 인내하면 큰 위로와 평강과 새 힘이 주어진다.

말썽 많은 교회의 회복

제41장
헌금의 원리 1
고린도후서 8장

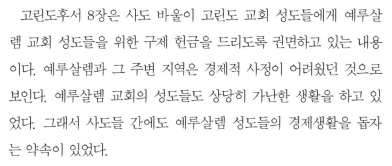

고린도후서 8장은 사도 바울이 고린도 교회 성도들에게 예루살렘 교회 성도들을 위한 구제 헌금을 드리도록 권면하고 있는 내용이다. 예루살렘과 그 주변 지역은 경제적 사정이 어려웠던 것으로 보인다. 예루살렘 교회의 성도들도 상당히 가난한 생활을 하고 있었다. 그래서 사도들 간에도 예루살렘 성도들의 경제생활을 돕자는 약속이 있었다.

사도 바울은 일차 전도 여행 후에 예루살렘에 올라가서 다른 사도들을 만났다. 그들은 선교 사역에 있어서 사역 대상지를 대략 구분하고 할당하였다. 그리고 구제 사역에 관하여 합의하였다.

갈 2장 8-10절: "8 베드로에게 역사하사 그를 할례자의 사도로 삼으신 이가, 또한 내게 역사하사, 나를 이방인에게 사도로 삼으셨느니라. 9 또 내게 주신 은혜를 알므로 기둥같이 여기는 야고보와 게바와 요한도 나와 바나바에게 교제의 악수를 하였으니, 이는 우리는 이방인에게로, 저희는 할례자에게로 가게 하려 함이라. 10 다만 우리에게 가난한 자들 생각하는 것을 부탁하였으니, 이것을 나도 본래 힘써 행하노라."

사도 바울이 설립한 소아시아 지방의 교회, 마케도냐 지방의 교회, 그리고 그리스 반도의 교회들은 예루살렘 교회의 성도들을 위한 구제 헌금에 동참하였다. 그리고 고린도 교회도 이 구제 헌금을 하기를 원하고 또 약속하고 이미 시작하였다 그런데 문제는 이 고린도 교회 성도들이 사도 바울이 떠난 다음에 마음이 변하고 머뭇거리기 시작한 것이다. 아마도 사도 바울 이후에 들어온 거짓 사도들이 사도 바울에 대한 거짓 참소하는 말들을 퍼뜨림으로써 이런 일이 벌어진 것으로 짐작한다. 그래서 사도 바울은 이 구제 헌금에 관하여 세 가지 권면을 하고 있다.

첫째, 균형 잡힌 신앙에 대하여 권면한다.

6-7절: "6 이러므로 우리가 디도를 권하여, 너희 가운데서 시작하였은 즉, 이 은혜를 그대로 성취케 하라 하였노라. 7 오직 너희는 믿음과 말 (구변)과 지식과 모든 간절함과 우리를 사랑하는 이 모든 일에 풍성한 것같이, 이 은혜에도 풍성하게 할지니라."

바울은 고린도 교회가 시작한 구제 헌금을 마무리짓도록 권면한다(6절). 고린도 교인들은 믿음과 지식을 가졌을 뿐만 아니라 바울에 대한 일정한 사랑을 계속 간직하고 있었다. 고린도 교회 성도들은 믿음의 은사, 언변의 은사, 지식의 은사 등 여러 가지 은사가 많았고, 바울을 향한 일정한 사랑도 간직하고 있었다. 그러나 유독

말썽 많은 교회의 회복

헌금을 드리는 일에서는 탁월하지 못했다. 그래서 사도 바울은 이드리는 은사에서도 다른 은사와 같은 수준을 드러내도록 권면하고 있다. 바울은 이 구제 헌금을 드리는 일이 하나님께서 주신 은혜로 가능한 은사와 특권이라고 말한다(7절).

바울은 이어서 마게도냐 성도들의 예를 설명한다.

> 1-5절: "1 형제들아 하나님께서 마게도냐 교회들에게 주신 은혜를 우리가 너희에게 알게 하노니, 2 환난의 많은 시련 가운데서, 저희 넘치는 기쁨과 극한 가난이, 저희로 풍성한 연보를 넘치도록 하게 하였느니라. 3 내가 증거하노니 저희가 힘대로 할 뿐 아니라, 힘에 지나도록 자원하여, 4 이 은혜와 성도 섬기는 일에 참여함에 대하여 우리에게 간절히 구하니, 5 우리의 바라던 것뿐 아니라, 저희가 먼저 자신을 주께 드리고, 또 하나님 뜻을 좇아 우리에게 주었도다."

마게도냐 성도들의 구제 헌금은 대단히 역설적인 상황 속에서 이루어진 역설적 반응이었다. 그들은 재정적으로 넉넉한 형편 속에서 구제 헌금을 한 것이 아니고, 자신들도 상당히 가난한 가운데 예루살렘 성도들을 위하여 헌금하였다(2절). 이들은 많은 환난과 시련을 겪는 중에도 넘치는 기쁨을 경험하고 있었다. 그래서 심한 가난 가운데서도 이 구제 헌금에 자발적으로 동참하였다. 사도 바울은 별로 기대하지 않았던 것으로 보인다(3절). 성경은 이것이 하나님께서 마게도냐 성도들에게 주신 은혜라고 규정한다(1절). 사도 바울이 권한 것이 아니라, 마게도냐 성도들이 예루살렘 교회 성도들의 사정을 알고는 스스로 자원하여 이 헌금에 동참하게 해달라고 바울에게 요청한 것이다(4절). 마게도냐 성도들은 십자가에서 너무나 큰 것을 자신들에게 주신 주 예수님께 먼저 헌신하고 다른 형제자매들에게도 나누어 주었다(5절). 구원과 생명을 주신 하나님께 감사함을 느낄 때, 물질로 다른 성도들을 구제하고 섬기는 것을 당연하게 여겼던 것이다. 마게도냐 성도들이 그러했다면 고린도 교인들이 구제 헌금을 하지 못할 이유가 없다는 것이 사도 바울의 주장이다.

둘째, 헌금이 소유에 비례하도록 권면한다.

10-12절: "10 이 일에 내가 뜻만 보이노니, 이것은 너희에게 유익함이라. 너희가 일 년 전에 행하기를 먼저 시작할 뿐 아니라 원하기도 하였은즉, 11 이제는 행하기를 성취할지니, 마음에 원하던 것과 같이 성취하되, 있는 대로 하라. 12 할 마음만 있으면 있는 대로 받으실 터이요, 없는 것을 받지 아니하시리라."

사도 바울은 구제 헌금에 관해서는 고린도 교인들에게 강요하거나 명령하지 않고, 뜻만 보임으로써 충고하였다(10절 상). 그리고 약속한 헌금을 하는 것이 고린도 교회 성도들에게 축복이 된다고 설명하며 긍정적인 동기를 부여하였다(10절 중). 고린도 교인들이 이 구제 헌금에 동참할 것을 스스로 원하고 결정하였음을 상기시킨다(10절 하). 그 약속한 것을 이루라고 권하며, 마음의 원함과 행위로 실천함이 결합하여야 온전한 신앙 행위임을 가르친다(11절). 하나님께서는 우리의 드릴 만한 능력에 따라 받으시는 것이지, 없는 가운데서 억지로 헌금하는 것을 요구하시는 분이 아니라고 말하며 하나님의 너그럽고 온유하심을 기억하게 한다(12절).

사도 바울은 예수님의 예를 들며 그분이 먼저 우리에게 어떻게 베푸셨는가를 설명한다.

> 8-9절: "8 내가 명령으로 하는 말이 아니요, 오직 다른 이들의 간절함을 가지고 너희의 사랑의 진실함을 증명코자 함이로라. 9 우리 주 예수 그리스도의 은혜를 너희가 알거니와, 부요하신 자로서 너희를 위하여 가난하게 되심은, 그의 가난함을 인하여 너희로 부요케 하려 하심이니라."

예수님의 성육신 자체가 스스로 가난해지심이다. 그분은 우리를 부요하게 만드시려고 스스로 가난해지기까지 자기 자신을 우리에게 나누어 주셨다. 빌립보서에서는 예수님께서 자신의 부요함을 포기하시고 어떻게 자신을 우리에게 주셨는가를 설명한다.

> 빌 2장 5-8절: "5 너희 안에 이 마음을 품으라. 곧 그리스도 예수의 마음이니. 6 그는 근본 하나님의 본체시나, 하나님과 동등됨을 취할 것으로 여기지 아니하시고, 7 오히려 자기를 비어 종의 형체를 가져 사람들과 같이 되었고, 8 사람의 모양으로 나타나셨으매, 자기를 낮추시고 죽기까지 복종하셨으니, 곧 십자가에 죽으심이라."

물론 예수님께서 가난해지심이 우리의 경제적 부요해짐을 보장하는 것은 아니다. 여기서는 주로 우리의 구원과 영적 부요해짐에 초점을 맞추고 있는 것이다. 우리의 경제적 부요함은 혹은 이 세상에서도 이루어지는 경우도 있지만, 궁극적으로 완성되는 하나님의 나라에서 이루어질 것이다. 사도 바울 자신도 이 땅에서 살면서 경제적으로 부유하게 생활하지는 않았다.

셋째, 성도들의 평균된 생활을 권면한다.

> 13-15절: "13 이는 다른 사람들은 평안하게 하고, 너희는 곤고하게 하려는 것이 아니요, 평균케 하려 함이니, 14 이제 너희의 유여한 것으로, 저희 부족한 것을 보충함은, 후에 저희 유여한 것으로 너희 부족한 것을 보충하여 평균하게 하려 함이라. 15 기록한 것같이 많이 거둔 자도 남지 아니하였고, 적게 거둔 자도 모자라지 아니하였느니라."

사도 바울은 고린도 교인들의 구제 헌금으로 그들의 경제생활이 어려워지는 가운데 예루살렘 성도들만 경제적으로 평안하게 살게 하려는 것이 아니라고 말한다, 단지 예루살렘 교회 성도들과 고린도 교회 성도들 사이에 경제적으로 서로 비슷한 수준을 유지하게 하려는 것이 그의 의도였다(13절). 지금은 고린도 교회 성도들의 풍부한 것으로 예루살렘 성도들의 가난함을 돕고, 후에 상황이 변하여 예루살렘 성도들의 경제 사정이 더 좋아지면, 그들의 풍부한 것으로 고린도 교인들의 부족한 것을 채우는 것이 사도 바울의 계획이었다. 물론 교인들이 똑같은 생활 수준을 유지하도록 하려는 것이 아니었을 것이다. 그는 성도들 간에 빈부의 격차가 벌어지지 않도록 조치를 취하고 있는 것이다(13-14절). 15절의 말씀은 출애굽기

말썽 많은 교회의 회복

16장 18절을 인용하고 있다. 하나님께서 내려주신 만나는 독특한 성격을 가졌다. 이스라엘인들 중에서 많이 거둔 자나 적게 거둔 자나 결국은 자신들에게 필요한 분량만 자기 용기에서 발견하였다. 마찬가지로 신약 시대의 성도들도 재정 문제에 관해서는 자신들에게 필요한 분량 이상을 군이 가질 필요는 없는 것이다.

결론

구제 헌금을 하도록 성도들에게 강요할 수는 없다. 그러나 적절한 충고와 권면은 하여야 한다. 성경은 강제로 빼앗아서 나누는 공산주의가 아니라, 그리스도인들의 사랑에서 우러나오는 자발적 헌금을 가르치고 있다. 성도들은 믿음의 다른 요소와 함께 헌금의 은혜(고후 8:7)도 자라야 한다. 그들의 소유나 수입에 비례한 헌금이 바람직하다. 수입이 별로 없을 때는 생활비에 비례한 헌금이 바람직하다. 성도들은 다른 성도들이나 다른 교회의 경제적 곤란에 관심이 갖고, 도움을 실천하여야 한다.

제42장
헌금의 원리 2
고린도후서 9장

헌금을 왜 해야 하는가에 관하여, 고린도후서 8장이 신앙생활 전반의 균형이라는 맥락 혹은 전 세계적 교회라는 맥락에서 그 이유를 제시하였다면, 고린도후서 9장은 헌금을 하는 각 개인의 신앙과 생활이라는 맥락에서 그 이유를 제시한다. 9장에서 결론적으로 가르치는 것은 구제 헌금을 하는 것이, 본인에게도 좋고, 도움을 받는 이에게도 좋다는 것이다. 그 이유를 세 가지 제시하고 있다.

구제 헌금이 자신에게 축복이 되는 이유 첫 번째는, 심는 것이 있어야 거두는 것이 있기 때문이다.

6절: "이것이 곧 적게 심는 자는 적게 거두고, 많이 심는 자는 많이 거둔다 하는 말이로다."

헌금 혹은 구제 헌금은 축복의 씨를 뿌리는 것이고, 씨를 뿌려야 하나님의 축복의 수확을 거둘 수가 있다. 즉, 헌금이나 구제 헌금을 하면 본인에게도 축복이 있다는 것이다. 사도 바울은 시편 126편 5절을 인용하고 있다.

> 시 126편 5절: "눈물을 흘리며 씨를 뿌리는 자는 기쁨으로 거두리로다."

헌금을 하는 것이 축복의 씨앗을 뿌리는 것이라고 생각하면, 자발적으로 기쁨으로 하는 것이 가능해진다.

> 7절: "각각 그 마음에 정한 대로 할 것이요, 인색함으로나 억지로 하지 말지니, 하나님은 즐겨 내는 자를 사랑하시느니라."

구제 헌금이 자신에게 축복이 되는 이유 두 번째는, 헌금이나 구제헌금에는 하나님의 보상이 있기 때문이다.

> 8절: "하나님이 능히 모든 은혜를 너희에게 넘치게 하시나니, 이는 너희로 모든 일에 항상 모든 것이 넉넉하여, 모든 착한 일을 넘치게 하게 하려 하심이라."

8절의 "모든 은혜"는 우리가 가진 모든 것, 즉 영적인 것과 물질적인 것 전부가 하나님께서 우리에게 선물로 주신 것이라는 의미를 내포한다. 앞에서 이야기한 축복의 씨앗을 뿌린다는 생각 외에도, 성도들이 하나님의 것을 하나님께 드린다고 생각하는 것이 필요하다. 우리가 소유한 모든 것은 하나님의 것을 우리가 잠시 맡은 것이다. 여러 종류들의 헌금은 하나님의 소유권에 대한 청지기들의 행위 고백이다. 우리가 하나님의 것을 하나님께 드리지 않으면 오히려 불편하거나 불안해질 수가 있다.

우리가 가진 모든 것이, 영적인 것과 물질적인 것을 다 포함하여, 하나님께서 은혜로, 혹은 선물로 우리에게 주신 것이라는 것을 안다면, 적정 헌금이나 구제 헌금을 하는 것이 쉬워진다. 우리의 모든 선행에 폭이 넓어지고, 깊이가 깊어지게 된다.

또한 성도들은 착한 일을 하도록 부르심을 받았다. 우리가 가진 영적, 정서적, 물질적인 모든 자산은 우리만의 즐거움과 누림을 위한 것이 아니라, 다른 성도들을 섬기기 위하여 주어진 것이라는 의미이다. 사도 바울은 고린도 교인들에게 이 섬김을 강조하고 격려하기 위하여 시편 112편 9절을 인용한다.

> 9절: "기록한 바 '저가 흩어 가난한 자들에게 주었으니, 그의 의가 영원토록 있느니라' 함과 같으니라."

시편 112편의 주제는 가난한 사람들을 돌보는 성도들의 자손을 하나님께서 축복하신다는 것이다. 이어서 사도 바울은 베푸는 자들에게 하나님께서 어떤 축복을 주실 것인가를 설명한다.

> 10절: "심는 자에게 씨와 먹을 양식을 주시는 이가, 너희 심을 것을 주사 풍성하게 하시고, 너희 의의 열매를 더하게 하시리니."

선행을 베푸는 자들에게 선행 베풀 것을 계속 더하신다는 의미

　　　　　　　말썽 많은 교회의 회복

이다. 뿐만 아니라 재정적인 것으로 혹은 물질적인 것으로 뿌렸는데, "의의 열매" 혹은 영적인 열매를 거두는 것으로 이야기한다. 구제를 많이 하는 사람은 그 성품이 의로워지고, 예수 그리스도의 성품을 더욱 닮아간다는 의미이다.

심고 거두는 비유에서 씨 한 알을 뿌리면, 30배, 50배, 100배의 결실을 거둔다(마 13:8). 씨 100알을 뿌리면, 하나님의 보호와 축복을 조건으로 하여, 100 X 30, 50, 100의 수확을 거둔다. 하나님께서는 우리가 생각하는 것보다 훨씬 더 의로운 성품의 축복을 귀한 것으로 여기신다. 예수 그리스도를 닮아가는 성도들은 성령께서 부어주시는 아름다운 사랑의 교제를 많은 관계에서 누리게 된다.

농부는 수확한 것에서, 가장 먼저 내년에 뿌릴 씨를 따로 떼어놓고, 식량으로 할 것은 식량으로 하고, 저장할 것은 저장한다. 만약 씨를 뿌릴 것을 남겨 두지 않으면, 다음 해부터 굶게 된다. 그리스도인들은 자신의 수입에서 일정한 양을 교회의 헌금과 그 위의 구제헌금으로 떼어놓고, 자신들의 용도대로 쓸 것과 혹은 저축할 것을 적절하게 정하여야 한다. 만약 뿌리는 것 즉, 적정의 헌금과 구제 헌금이 없으면, 수확을 거두지 못하는 날들이 올 수도 있다. 이 수확은 일차적으로는 영적인 수확이고, 이차적으로는 재정적인 것까지 포함할 수도 있다.

바울은 이제 고린도 교회 성도들에게 하나님의 축복이 있을 것임을 선언한다. 이것은 고린도 교인들이 자신의 권면을 받아들일 것을 확신함에 근거한 것이다.

11절: "너희가 모든 일에 부요하여, 너그럽게 연보를 함은, 저희로 우리로 말미암아 하나님께 감사하게 하는 것이라."

고린도 교인들이 영적, 정서적, 재정적, 모든 면으로 부요해지는 축복이 있을 것이다. 사도 바울은 대단한 영성과 확신으로 고린도 교인들을 격려하며 동기를 유발하고 있다. 또한 고린도 교회가 사도 바울의 중개로 구제 헌금을 하는 가운데, 예루살렘 교회 성도들의 감사가 넘치게 될 것이다.

우리는 우리의 헌금과 구제가 우리에게 재정적인 보상으로 돌아올 것인가에 많은 관심이 있다. 우리가 재정적으로 어려울 때는 당연히 우리의 관심사가 거기로 향할 수가 있다. 재정적으로 크게 어렵지 않아도, 현대인들의 문화가 대단히 물질주의적이기 때문에 어쨌든 더 큰 재정적 축복을 원할 수가 있다.

그러한 심리적 배경에서, 우리는 성경이 헌금, 구제 헌금, 십일조 등이 재정적 축복과 직접적 연관 관계가 있는가 없는가를 말해주기를 기대한다. 그러나 특히 신약 성경은 각 구절별로 영적 축복인지, 물질적 축복인지 명확한 대답을 주시지 않는다. 대체로 포괄적으로 보이는 8, 10, 11절 중에서 특히 10절이 그러하다. 왜 그러할까? 필자가 짐작하는 바로는, 그것이 물질적 축복이든 영적 축복이든, 금생에서의 보상이든 천국에서의 보상이든 하나님의 보상이 분명하므로, 성경과 사도 바울과 하나님께서는 우리가 축복의 수확을 거두는 것보다, 얼마나 축복의 씨앗을 뿌리는가에 더 관심을 두도록 권면하는 것으로 보인다.

구제 헌금이 자신에게 축복이 되는 이유 세 번째는, 성도 간이나

교회 간의 연합이나 하나 됨이 깊어지고, 서로를 향한 감사와 축복 기도가 하늘 보좌로 올라가게 되기 때문이다.

> 12-15절: "12 이 봉사의 직무가 성도들의 부족한 것만 보충할 뿐 아니라, 사람들의 하나님께 드리는 많은 감사를 인하여 넘쳤느니라. 13 이 직무로 증거를 삼아 너희의 그리스도의 복음을 진실히 믿고 복종하는 것과 저희와 모든 사람을 섬기는 너희의 후한 연보를 인하여 하나님께 영광을 돌리고, 14 또 저희가 너희를 위하여 간구하며, 하나님의 너희에게 주신 지극한 은혜를 인하여 너희를 사모하느니라. 15 말할 수 없는 그의 은사를 인하여 하나님께 감사하노라."

"봉사의 직무"는 고린도 교인들이 수행할 사역 혹은 섬김을 의미한다. 이 사역이 많은 사람들로 하여금 많은 감사를 하나님께 드리게 할 것이다(12절). 사도 바울은 성도들이 풍성한 감사의 기도를 드리는 것을 대단히 기뻐하였다.

고린도 교인들의 선행이 구원의 조건은 아니나, 구원의 증거와 확증은 된다(13절). 고린도 교인들이 자신들의 선행으로 얻게 될 견고한 확신은 스스로에게 큰 영적인 축복이 되고, 그들의 성품과 모든 생활에 선한 영향을 끼칠 것이다.

무엇보다도 멀리 떨어져 있는 예루살렘 성도들과의 영적인 교제와 연합이 이루어지는 축복을 경험하게 될 것이다. 예루살렘 성도들이 고린도 교인들의 구제 헌금을 받고 하나님께 감사를 드릴 것이다. 뿐만 아니라, 고린도 교회 성도들에게 감사하는 마음 때문에, 예루살렘 성도들이 축복 기도를 드리게 될 것이다. 서로 멀리 떨어져 있어도 마음으로 가까워질 것이다(14절). 고린도 교인들의 구제 헌금으로 시작된 예루살렘 성도들과의 교제가 서로를 위한 중보와 축복 기도로 연결되며 교회 간의 연합과 하나 됨이 깊어질 것이다.

결론

씨를 뿌리고 거두는 원리는 적정의 헌금이나 구제 헌금이 우리의 영적인 축복과 성장에 일정한 영향을 끼침을 가르쳐 준다. 우리에게 물질적 여유가 있을 때는 하나님께서 우리로 하여금 가난한 형제나 자매나 이웃을 물질로 섬기기를 기대하고 계심을 확신해도 좋다.

말썽 많은 교회의 회복

제43장
진리와 영적 전투
고린도후서 10장 1-6절

사도 바울 자신과 그의 사역이, 고린도 교회에 들어온 신비주의적인 거짓 사도들과 그들의 동조자들로부터 공격을 받고 있었다. 그들은 예루살렘의 어떤 사람들로부터 추천장을 받아왔고(3:1), 특별한 영적 체험들을 강조했고(5:13, 2:1), 그들이 예루살렘으로부터 고린도까지 먼 길을 여행해서 온 것을 자랑했다(10:13-18). 그들은 사도 바울의 온유함과 겸손함을 소심함(1절)이라고 비난했고, 자신들의 큰 영적 능력과 특권을 자랑하며, 사도 바울이 복음만을 주로 강조하는 것을 세상적이라고 멸시했다.

이에 대하여 사도 바울은 자신의 영적 전투에 관하여 소개하며, 올바른 영적 능력에 관하여 가르치려고 시도한다. 사도 바울은 서두에서 자신이 이해하는 영적 전투와 사용하는 무기에 관하여 설명한다.

1-3절: "1 너희를 대하여 대면하면 겸비하고(Timid) 떠나 있으면 담대한 나 바울은 이제 그리스도의 온유와 관용으로 친히 너희를 권하고, 2

또한 우리를 육체대로 행하는 자로 여기는 자들을 대하여 내가 담대히 대하려는 것같이, 너희와 함께 있을 때에 나로 하여금 이 담대한 태도로 대하지 않게 하기를 구하노라. 3 우리가 육체에 있어 행하나 육체대로 싸우지 아니하노니"

1절에서 사도 바울은 풍자적으로 고린도 교인들을 책망하고 있다. 거짓 사도들이 바울은 편지를 쓸 때만 담대하고, 대면할 때는 소심하고 겁이 많다고 비웃었다. 그래서 바울은 소심함으로가 아니라, 온유함과 관용으로 고린도 교인들을 계속 대할 수 있게 해달라고 부탁하고 있다. 그는 자신과 동료들을 비난하는 거짓 사도들에 대하여 담대하고 엄격하게 대할 것임을 경고하고 있다(2절). 사도 바울은 거짓 사도들과의 갈등은 세상적, 육체적, 혹은 정치적 싸움이기 전에 영적 싸움이라고 이야기한다. 거짓 사도들이야말로 육체대로 행하는 세상적인 태도를 가지고 있다고 시사한다(3절). 이것은 사역자들이 사역 중에 겪는 다른 어려움들에도 적용할 수 있는 시각일 것이다. 어떤 어려움들은 단지 물질적이고 심리적인 이유에서 오는 것이 아니라, 사람들의 배후에 있는 악령들로 말미암은 것일 수 있다.

사도 바울은 자신이 이해하고 확신한 영적인 전투에 관하여 설명하며, 자신이 사용하는 무기들의 성격에 관하여 세 가지를 제시한다.

말썽 많은 교회의 회복

1. 견고한 진을 파괴하는 무기

우리는 영적 전투라고 이야기하면, 어떤 굉장한 영력으로 악령들을 쫓아내는 것이라고 생각하기가 쉽다. 그러나 사도 바울은 어떤 초자연적인 영적 능력 이전에, 진리의 싸움인 것을 이야기하고 있다.

> 4절: "우리의 싸우는 병기는 육체에 속한 것이 아니요, 오직 하나님 앞에서 견고한 진을 파하는(To demolish strongholds) 강력이라(Divine power)."

"견고한 진"은 교두보와 같은 것을 의미한다. 사람들의 사고 속에 악령들이 구축한 교두보가 있을 수 있다. 이것은 상당히 견고해서 쉽게 무너지지 않는다. 그러나 오직 하나님의 말씀으로 무너뜨릴 수가 있다. 우리 사고방식 속에 있는 비진리이면서도 고착된 잘못된 사고방식들을 고쳐야 한다.

견고한 진의 내용은 첫째로 잘못된 "모든 이론"이다. 하나님의 뜻에 어긋난 것들을 주장하는 모든 이론들이다.

> 5절 상: "모든 이론을 파하며(We demolish arguments)…"

견고한 진의 두 번째 내용은 하나님 아는 것을 대적하여 높아진 것들이다. 하나님을 인정하지 않고, 하나님을 신뢰하지 않은 태도에 대한 핑계들이다. 불신과 교만과 관련된 잘못된 사고방식과 죄악들이다.

> 5절 중: "…하나님 아는 것을 대적하여 높아진 것(Every pretension that sets itself up against the knowledge of God)을 다 파하고…"

사도 바울은 이러한 사람들이 사고방식 속에 자리 잡은 잘못된 이론과 핑계들은 파괴하는 것이 올바른 영적 전투임을 가르친다. 어떤 기적적 능력의 과시 이전에 사람들의 잘못된 사고방식들을 바로잡는 것이 먼저인 것이다. 사도 바울은 영적 전투에서 사용하는 무기의 두 번째 성격을 제시한다.

2. 모든 생각을 사로잡아 그리스도께 복종시키는 무기

> 5절 하: "…모든 생각을 사로잡아 그리스도에게 복종케 하니(We take captive every thought to make it obedient to Christ)."

영적 전투에서 바울과 우리가 사용하는 무기는 우리 머릿속을 점거하는 모든 생각이 예수 그리스도의 진리에 부합하는 것이 되도록 하는 능력이다.

"모든 이론"을 파하는 것이나, "하나님을 아는 것을 대적하여 높아진 것"이나, "모든 생각을 사로잡는 것"이나 다 우리 머리와 사고방식 속에서 일어나는 일이다. 영적 전투의 가장 중요한 전쟁터는 한 사람 한 사람의 머리와 사고와 이성 속에서 일어난다.

말썽 많은 교회의 회복

자연적인 사람들의 마음속에 깊이 뿌리 박혀 있는 하나님에 대한 불신과 반역과 교만의 죄악은, 다른 어떤 초자연적인 능력보다도 복음과 하나님의 말씀 안에 있는 하나님의 큰 능력으로 파괴되어야 한다. 바울은 이러한 방식으로 사람들의 사고방식의 변화를 가져오는 것이 중요하다는 것을 강조하며 거짓 사도들의 주장을 반박하고 있는 것이다.

뿐만 아니라, 사도 바울은 우리의 내면(Mind)에서 일하시는 하나님 말씀의 능력 외에도, 외적으로 일하시는 하나님의 능력에 관하여서도 언급한다.

3. 처벌하는 권세

6절: "너희의 복종이 온전히 될 때에 모든 복종치 않는 것을 벌하려고, 예비하는 중에 있노라."

사도 바울에게는 기본적인 영적 전투를 위한 가장 기본적이고 중요한 무기들 외에도, 불순종하는 자들을 처벌하는 권세가 있었음을 이야기하고 있다. 이것은 신비로운 이야기이다. 사도 바울은 자신이 축복하는 자들에게 축복이 임하고, 저주하는 자들에게 저주가 임함을 의식하고 말하는 것으로 추측한다. 그와 바나바가 구브로 섬에서 선교 사역을 하면서 그들을 대적한 마술사 바예수를 꾸짖었을 때 그가 얼마 동안 맹인이 된 적이 있었다(행 16:10-11).

영적 전투가 극적으로 나타나는 경우는 성도들이 귀신 들린 사람을 치료하는 것이다. 귀신 들린 사람을 치료 방식은 크게 두 가지로 나눌 수 있다. 능력 싸움(Power encounter)과 진리 싸움(Truth encounter)이다. 능력 싸움은 귀신들린 사람의 도움이 별로 없이 귀신을 쫓아내는 사람이 기도와 찬양과 명령 등으로 치료하는 방식이다. 진리 싸움은 귀신들린 사람이 복음을 받아들이고 귀신을 쫓아내는 사람과 협조하며 귀신에게 저항하고 명령하며 쫓아내는 방식이다. 진리 싸움을 방식은 제자훈련 방식이라고도 하며, 귀신들린 사람의 회심과 성경 공부를 통한 사고방식의 재정비를 그 주요 내용으로 한다. 진리 방식이 귀신에서 놓여난 사람들에게 다시 귀신이 들어오는 현상을 방지하는데 더 큰 도움이 되는 것으로 알려져 있다.

잘못된 사고방식으로 귀신이 들린 경우를 소개하고자 한다. 중국에서 겪었던 한 선교사의 경험담이다. 그가 선교하고 있었던 곳에서 한 중년의 중국인이 예수님을 믿고 영접하고 열심히 신앙생활을 하였다. 그의 믿음은 나날이 성장하는 것으로 보였고, 그의 전도의 열매들도 나타나기 시작하였다. 그래서 그가 속한 중국 교회는 그가 예수님을 믿은 지 2~3년밖에 되지 않았지만 그를 장로로 세웠다.

그러고 나서 그에게 문제가 생기기 시작했다. 특히 선교사가 내지로 전도 여행을 떠나기만 하면, 사람들에게 선교사를 모함하는 말을 퍼뜨리곤 했고, 이상한 환상이나 꿈을 보았다고 이야기하곤 하였다. 이런 현상이 점점 심해지는 가운데, 처음에 그를 대단히 신령한 사람으로 생각했던 중국 그리스도인들도 의아해하기 시작했다.

선교사가 또 다른 내지 선교 여행을 떠났을 때, 곧 한 중국인 형제가 찾아와서 그 장로가 이상한 행동들을 한다고 보고하였다. 그래서 선교사는 급히 선교 본부로 돌아왔다. 거기서 그 중국인 장로를 2층에서 만났는데, 이 중국인 장로는 선교사 앞에서는 다시 멀쩡한 사람이 되어 있었다. 그러면서 저 멀리 보이는 중국인 촌락들을 가리키면서 자기는 죽어 가는 영혼들을 생각하면 마음이 아파서 견딜 수가 없다고 눈물을 글썽이면서 이야기했다.

여러 번 이런 일을 이미 겪었던 선교사는 이번에는 이 중국인 장로를 꾸짖었다. 그러자 중국인 장로는 사나운 표정을 지으면서, 선교사에게 대들었다. 선교사는 단도직입적으로, "당신은 하나님의 사랑을 받은 자녀이지만, 마귀의 올무에 빠졌다."라고 도전하였다. 그러자 중국인 장로는 갑자기 복부를 강타 당한 것처럼, 배를 움켜지고 괴로워하였다.

얼마 후 고통에서 회복한 중국인 장로와 선교사는 긴 대화를 가졌다. 그때 이 중국인 장로가 고백하기를 자기가 전도의 열매를 많이 맺고 장로가 되었을 때, 어느 날 "이 사람들 중에서 네가 가장 신령한 사람인 것을 보여주어라." 하는 음성을 들었다고 하였다. 그러고 나서부터는 자기가 가장 신령한 사람이라는 생각에 사로잡혀서, 모든 사람 앞에서 자기가 가장 신령한 사람인 것을 증명하려고 노력하였고, 이상한 환상을 보고, 꿈을 꾸고 하는 일들을 겪었다는 것이다. 이 중국인 장로가 잘못된 생각을 자기 것으로 받아들이고, 교만한 마음을 품기 시작하였을 때, 악령들의 직접적인 공격을 받기 시작했던 것이다.

결론

　영적 전투에 있어서, 가장 중요한 것은 복음과 말씀을 통하여, 각 사람 사람들이 예수 그리스도가 구원자이시고, 우리가 순종하고 충성하여야 할 주인이신 것을 확실히 깨닫는 것이다.

　악령의 역사는 우리가 보는 것과 듣는 것을 통하여 들어온다. 우리가 잘못된 것들을 보고 들으며 잘못된 사고방식들을 구축할 때, 악한 영들이 그 사고방식들을 사용하여 우리를 공격하고 조정하기 시작한다. 그래서 빌립보서 4장 8-9절은 우리에게 다음과 같이 가르쳤다.

　　빌 4장 8-9절: "8 종말로 형제들아, 무엇에든지 참되며, 무엇에든지 경건하면, 무엇에든지 옳으며, 무엇에든지 정결하며, 무엇에든지 사랑할 만하면, 무엇에든지 칭찬할 만하며, 무슨 덕이 있든지, 무슨 기림이 있든지 이것들을 생각하라. 9 너희는 네게 배우고 받고 듣고 본 바를 행하라, 그리하면 평강의 하나님이 너희와 함께 계시리라."

　우리가 건전한 사고방식을 유지하거나 발전시키기 위해서는 성경을 많이 읽고 성구 암송을 많이 하여야 한다. 그리고 나의 모든 사고방식들이 과연 성경적인지 날마다 점검해 보아야 한다.

　예를 들자면, 이 시대의 많은 교인들이 가지고 있는 대표적인 잘못된 사고방식들은 다음과 같다. 교회는 나를 위해서 존재하고, 나의 욕구들을 채워 주어야 한다. 얼굴과 몸매가 예쁘면 모든 것이 용서된다. 교회에서 열심히 일하면 개인적으로 손해 보는 수가 많다. 초자연적인 은사가 많으면 더 신령한 사람이다. 하나님께만 순종하면, 사람들에게는 순종할 필요가 없다.

그러나 성경은 다음과 같이 가르친다. 우리는 주 예수를 위하여 존재하고 그분의 교회를 섬겨야 한다(롬 14:7-8, 요일 3:16-18). "아름다운 여인이 삼가지 아니하는 것은 마치 돼지 코에 금 고리 같으니라"(잠 11:22). 사도 바울을 여러모로 섬긴 빌립보 교인들에게 "나의 하나님이 그리스도 예수 안에서 영광 가운데 그 풍성한 대로 너희 모든 쓸 것을 채우시리라"(빌 4:19)고 약속한다. 신령한 은사를 많이 받아 누렸으나 교회 안에서 파벌을 만들고 갈등을 빚은 고린도 교인들에게 영적 어린아이라고 불렀다(고전 1:7, 3:1). "그리스도를 경외함으로 피차 복종하라"(엡 5:21). "너희를 인도하는 자들에게 순종하고 복종하라. 그들은 너희 영혼을 위하여 경성하기를 자신들이 청산할 자인 것 같이 하느니라. 그들로 하여금 즐거움으로 이것을 하게 하고 근심으로 하게 하지 말라. 그렇지 않으면 너희에게 유익이 없느니라"(히 13:17).

이와 같이 우리의 여러 사고방식들이 하나님의 말씀에 의하여 시험되고 검증되고 확증되어야 한다.

제44장
주를 위한 질투와 변명
고린도후서 11장

일반적으로 시기와 질투는 나쁜 것이다. 그러나 주를 위한 질투 혹은 경건한 질투라는 것이 있다.

> 1-2절 상: "1 원컨대, 너희는 나의 좀 어리석은 것을 용납하라. 청컨대 나를 용납하라. 2 내가 하나님의 열심으로 너희를 위하여 열심 내노니(I am jealous for you with a godly jealousy)…"

2절 상반 절에서 바울이 열심을 낸다는 것은 질투한다는 의미이다. 바울은 자신의 경건한 질투에 관하여 두 가지 요점으로 설명한다.

말썽 많은 교회의 회복

1. 사도 바울의 경건한 질투, 사도 바울의 예수 그리스도를 위한 질투

첫 번째 요점으로 바울은 자신의 질투는 세속적이고 육신적인 것이 아니고, 예수 그리스도를 위한 경건한 것이라고 주장한다. 바울은 자신이 이러한 질투를 하게 된 두 가지 이유를 제시한다.

첫째, 바울은 고린도 교회 성도들을 신랑 되신 예수 그리스도에게 약혼시켰다.

2절 하: "…내가 너희를 정결한 처녀로 한 남편인 그리스도께 드리려고 중매함이로다."

사도 바울은 자신을 고린도 교회 성도들을 예수 그리스도께 약혼시킨 중매쟁이로서 소개하고 있다. 그는 신랑 되신 예수님의 친구로서 고린도 교회 성도들이 예수 그리스도와 결혼할 때까지 지키고 보호하는 역할을 하고 있는 것으로 자신을 소개하고 있다.

둘째, 고린도 교회 성도들의 예수에 대한 사랑과 헌신이 다른 곳으로 향하기 시작하였다.

3절: "뱀이 그 간계로 이와를 미혹케 한 것같이, 너희 마음이 그리스도를 향하는 진실함과 깨끗함에서 떠나 부패할까 두려워하노라."

마치 에덴동산에서 사단이 이브를 유혹하여 하나님으로부터 멀어지게 한 것처럼, 고린도 교회 성도들의 마음이 신랑 되신 그리스도를 향한 사모함으로부터 멀어지는 것을 사도 바울은 우려하고 있다.

고린도 교인들은 나사렛 예수가 아닌 다른 예수를 받아들이고 (4절 상), 성령이 아닌 다른 영을 받고(4절 중), 변질된 복음을 받아들임으로써(4절 하) 예수님이 아닌 다른 어떤 존재를 사랑하기 시작하였다.

> 4절: "만일 누가 가서 우리의 전파하지 아니한 다른 예수를 전파하거나, 혹 너희의 받지 아니한 다른 영을 받게 하거나, 혹 너희의 받지 아니한 다른 복음을 받게 할 때에는, 너희가 잘 용납하는구나."

사도 바울은 예수 그리스도의 약혼녀인 고린도 교회 성도들이 예수 그리스도 외의 어떤 다른 이들에게 한눈을 팔고 바람이 나는 것에 경악하고 긴장하고 있는 것이다. 즉 다른 예수, 다른 영, 다른 복음을 받아들이는 것에 놀라고 긴장하고 있는 것이다. 이 다른 복음이라는 것은 "유대주의자들"로 생각되는 거짓 사도들이 전파한 믿음과 구약의 율법의 일부를 지킴으로 말미암는 구원이라는 주장을 의미한다.

여기서 우리는 복음의 변질이 단순한 지적인 문제가 아니고, 나사렛 예수가 아닌 예수란 이름만 가진 엉뚱한 존재나 악령들에게 이끌리는 것임과 그래서 성령이 아닌 악령들에게 이끌리는 심각한 문제인 것을 알게 된다.

2. 사도 바울의 경건한 질투와 경건한 변명: 사도 바울의 질투는 자신을 위한 것이 아니라 교회를 위한 것이다.

두 번째 요점으로 사도 바울은 자신이 "지극히 큰 사도들(Super-apostles)"보다 못한 것이 없다고 선언한다.

5절 상: "내가 지극히 큰 사도들보다 부족한 것이 조금도 없는 줄 생각하노라."

이 "지극히 큰 사도들"은 하나님께서 인정하신 자들이 아니고, 자신들을 스스로 그렇게 부른 자들이다. 이들은 스스로 자신들을 높이며 고린도 교인들 앞에서 사도 바울을 열등한 사역자로 폄하(貶下)한 것이다. 사도 바울은 자신이 왜 진정한 사도인지 두 가지 이유를 제시한다.

첫째, 사도 바울은 당시의 훈련된 연설가 스타일은 아닐지라도, 복음에 대한 올바른 지식을 가졌다.

6절: "내가 비록 말에는 졸하나, 지식에는 그렇지 아니하니, 이것을 우리가 모든 사람 가운데서 모든 일로 너희에게 나타내었노라."

바울이 스스로가 "말에는 졸하다"라는 것은 자신이 그리스식으로 훈련된 연설가는 아니라는 의미이다. 당시 고린도를 비롯한 그리스 사람들은 대중 연설에 관심이 많았다. 그래서 이들은 성악가

들처럼 한 번에 여러 시간 동안 발성을 연습했고, 비교법, 은유법, 직유법 등 수백 가지의 표현법을 훈련했다.

사도 바울은 당시의 기준에 비추어서는 훌륭한 대중 연설가 아닐지라도, 견고한 진을 파하는 하나님의 능력이 함께 하는 예수 그리스도의 복음에 대한 올바른 지식을 가졌고, 이것이 가장 중요하다고 주장하고 있는 것이다.

둘째, 사도 바울은 자신의 영적 능력과 권능과 이적과 기사보다는 예수 그리스도를 위한 고난에 관하여 자랑할 것이 많았다.

바울은 "지극히 큰 사도들"이 자랑하는 것도 갖추지 않은 것이 없었다.

22절: "저희가 히브리인이냐? 나도 그러하며, 저희가 이스라엘인이냐? 나도 그러하며, 저희가 아브라함의 씨냐? 나도 그러하며"

거짓 사도들은 유대인들이었다. 그래서 사도 바울도 자신이 유대인 중에서 오신 구원자 예수처럼, 자신도 유대인이라고 밝힌다.

바울은 자신이 예수님과 그분의 복음을 위하여 고난을 받은 것을 자랑할 수가 있었다.

23절: "저희가 그리스도의 일군이냐? 정신없는 말을 하거니와, 나도 더욱 그러하도다. 내가 수고를 넘치도록 하고, 옥에 갇히기도 더 많이 하고, 매도 수없이 맞고, 여러 번 죽을 뻔하였으니"

바울은 복음을 위하여 육체적 학대를 받았다.

24-25절 상: "24 유대인들에게 사십에 하나 감한 매를 다섯 번 맞았으며, 25 세 번 태장으로 맞고, 한 번 돌로 맞고…"

바울은 복음을 위하여 위험과 긴장을 감수하였다.

25절 하-26절: "25 …세 번 파선하는데, 일 주야를 깊음에서 지냈으며, 26 여러 번 여행에, 강의 위험과 강도의 위험과 동족의 위험과 이방인의 위험과 시내의 위험과 광야의 위험과 바다의 위험과 거짓 형제 중의 위험을 당하고,"

바울은 복음을 위하여 노동하고, 가난과 추위와 헐벗음을 겪었다.

27절: "또 수고하며 애쓰고, 여러 번 자지 못하고, 주리며 목마르고, 여러 번 굶고 춥고 헐벗었노라."

바울은 교회를 위한 정서적 고통을 겪었다.

28-29절: "28 이 외의 일은 고사하고, 오히려 날마다 내 속에 눌리는 일이 있으니, 곧 모든 교회를 위하여 염려하는 것이라. 29 누가 약하면, 내가 약하지 아니하며? 누가 실족하게 되면, 내가 애타지 않더냐?"

바울은 주님을 위하여 수치도 당했다.

30-32절: "30 내가 부득불 자랑할진대, 나의 약한 것을 자랑하리라. 31 주 예수의 아버지, 영원히 찬송할 하나님이 나의 거짓말 아니하는 줄을 아시느니라. 32 다메섹에서 아레다 왕의 방백이 나를 잡으려고 다메섹 성을 지킬새, 33 내가 광주리를 타고 들창문으로 성벽을 내려가, 그 손에서 벗어났노라."

21세기 초반, 대한민국에서 이단 종파들이 늘어나고 교회는 약해지고 있다. 우리 그리스도인들에게 경건한 질투심이 있어야 한다.

결론

이 시대에 대한민국의 그리스도인들에게 주어진 중요한 사명 중의 하나는 올바른 복음을 수호하고, 올바른 예수를 섬기는 것이다. 물질적 축복이 궁극적 목적이 된 번영의 복음이나 예수님의 이름을 가장한 배금주의나 스스로를 메시아로 칭하는 거짓 그리스도들에게 미혹되지 말아야 한다.

이 시대 대한민국의 그리스도인들은 주 예수를 위하여, 그리고 교회를 위해서 고생을 하고 고난을 받을 각오가 있어야 한다. 우리는 그리스도인들이 소수자가 되는 시대로 들어가고 있다. 그리스도인들이 받는 핍박과 고난을 당연한 것으로 받아들이고 당당하게 이겨내야 할 것이다. 우리가 주님과 그분의 복음과 교회를

위하여 고난을 받은 것이 있어야 하나님 앞에서 자랑할 만한 것
이 있을 것이다. 그리고 영원한 상을 받을 만한 준비가 갖춰질 것
이다.

제45장
육체의 가시
고린도후서 12장 1-10절

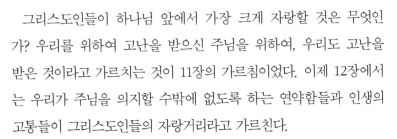

그리스도인들이 하나님 앞에서 가장 크게 자랑할 것은 무엇인가? 우리를 위하여 고난을 받으신 주님을 위하여, 우리도 고난을 받은 것이라고 가르치는 것이 11장의 가르침이었다. 이제 12장에서는 우리가 주님을 의지할 수밖에 없도록 하는 연약함들과 인생의 고통들이 그리스도인들의 자랑거리라고 가르친다.

고린도 교인들이 사도 바울의 신분에 대하여 의심하도록 미혹시킨 자칭 슈퍼 사도들은 자신들이 경험한 환상과 계시를 자랑하였다. 사도 바울은 이들의 잘못된 자랑을 반박하기 위하여 자신의 경험과 간증을 차근차근 서술한다.

1. 환상과 계시의 간접적 자랑

1-4절: "1 무익하나마 내가 부득불 자랑하노니, 주의 환상과 계시를 말하리라. 2 내가 그리스도 안에 있는 한 사람을 아노니, 십사 년 전에 그

말썽 많은 교회의 회복

가 셋째 하늘에 이끌려 간 자라. (그가 몸 안에 있었는지 몸 밖에 있었는지 나는 모르거니와 하나님은 아시느니라) 3 내가 이런 사람을 아노니, (그가 몸 안에 있었는지 몸 밖에 있었는지 나는 모르거니와 하나님은 아시느니라) 4 그가 낙원으로 이끌려 가서 말할 수 없는 말을 들었으니, 사람이 가히 이르지 못할 말이로다."

자칭 슈퍼 사도들이 자신들이 경험한 환상과 계시를 자랑함으로써 자신들의 훌륭함을 주장하였으므로, 이제 사도 바울도 자신의 경험을 마지못해서 언급하기 시작한다(1절). 그래도 사도 바울은 일인칭 즉 "나"를 차마 사용하지 못하고, 어떤 삼자에 관하여 이야기하듯 한다(2절). 바울은 이런 자랑이 허무한 것을 알면서도, 고린도 교회 성도들을 설득하기 위하여 마지못하여 하는 것이다. 사도 바울은 낙원에 이끌려 올라가서 사람의 언어로 표현할 수 없을 정도의 어떤 계시를 받고, 말들을 들었다(3절). 그는 그 누가 경험한 환상과 계시보다 더 큰 환상과 계시를 체험하였다는 것이다. 사도 바울이 굳이 이런 간증을 하는 이유는, 자신에게도 특별한 체험이 있었으나 이런 것은 자랑거리가 되지 못한다고 주장하기 위함이다. 그는 실제로 이 시점에 이르기까지는 이런 것을 자랑한 적이 없었다.

2. 더 중요한 자랑: 우리의 연약함 자랑

5-6절: "5 내가 이런 사람을 위하여 자랑하겠으나, 나를 위하여는 약한 것들 외에 자랑치 아니하리라. 6 내가 만일 자랑하고자 하여도 어

리석은 자가 되지 아니할 것은, 내가 참말을 함이라. 그러나 누가 나를 보는 바와 내게 듣는 바에 지나치게 생각할까 두려워하여, 그만두노라."

사도 바울은 마치 자신이 아닌 어떤 제3자가 놀라운 체험을 한 것을 옮기는 것처럼 말한 후, 자신은 자신의 연약함만 자랑하겠다고 선언한다. 이적과 기사와 환상과 계시를 체험한 것보다, 자신이 철저하게 하나님을 의지하게 하는 연약함이 더 큰 은혜라는 것이다(5절). 사도 바울의 간증은 진실한 것이지만, 듣는 이들이 자신을 너무 대단한 존재로 여길 것을 경계하였다(6절). 사도 바울은 과거에 어떤 환상과 계시를 체험했느냐는 것보다는 현재 사역을 어떻게 하고 있느냐가 더 중요하였다.

3. 육체의 가시: 하나님께서 주신 연약함

7절: "여러 계시를 받은 것이 지극히 크므로, 너무 자고하지 않게 하시려고, 내 육체에 가시 곧 사단의 사자를 주셨으니, 이는 나를 쳐서 너무 자고하지 않게 하려 하심이니라."

사도 바울이 겪은 놀라운 체험들과 그가 받은 큰 계시는 스스로를 우쭐해지게 만들 만한 것이었다. 그래서 그가 교만해지지 않도록 하나님께서 그의 육체에 가시를 주셨다. 이 가시는 말뚝 혹은 날카로운 가시로 번역될 수 있다. 바울은 이것이 "사단의 사자" 즉,

그의 육체에 고통을 가져오는 어떤 악령으로 이해하였다.

사도 바울에게 있었던 이 육체의 가시가 무엇인가에 관해서는 핍박, 육체적 욕망, 말더듬기, 안질(눈병), 간질 등 여러 가지 가능성들이 논의되었다. 결론은 무엇인지가 분명치 않다는 것이다. 그러나 우리가 분명하게 아는 것은 이 육체의 가시가 궁극적으로 사도 바울에게 축복이 되었다는 것이다.

큰 환상과 계시를 체험하면, 마음이 우쭐해지고 자신을 영적인 거인이나, 슈퍼맨으로 상상하기가 쉽다. 그럴 때, 하나님께서는 어떤 고통을 주셔서 말뚝같이 우리를 겸손한 자리에 박아두시거나, 가시가 살에 박힌 것처럼 괴로워하며 우리의 죄성과 연약함과 필연적 죽음을 늘 기억하고 하나님을 의지하게 하신다.

4. 기도와 거절

8-9절: "8 이것이 내게서 떠나기 위하여 내가 세 번 주께 간구하였더니, 9 내게 이르시기를, '내 은혜가 네게 족하도다. 이는 내 능력이 약한 데서 온전하여짐이라' 하신지라. 이러므로 도리어 크게 기뻐함으로 나의 여러 약한 것들에 대하여 자랑하리니, 이는 그리스도의 능력으로 내게 머물게 하려 함이라."

사도 바울은 이 육체의 가시가 너무나 괴로워서 하나님께서 제거해 주시기를 세 번이나 간구하였다. 그러나 하나님의 응답은 "아니다"였다. 왜냐하면 사도 바울의 육체에 이 정도 고통이 있어야, 그의 겸손과 하나님에 대한 의존성을 유지할 수가 있고, 그래서 하나님의 초자연적인 능력이 그를 통해서 계속해서 나타날 수가 있다는 것이다.

5. 연약함 속에서 감사와 찬양

> 9절 하-10절: "…9 이러므로 도리어 크게 기뻐함으로 나의 여러 약한 것들에 대하여 자랑하리니, 이는 그리스도의 능력으로 내게 머물게 하려 함이라. 10 그러므로 내가 그리스도를 위하여 약한 것들과 능욕과 궁핍과 핍박과 곤란을 기뻐하노니, 이는 내가 약할 그때에 곧 강함이니라."

사도 바울은 이 육체의 가시의 경험을 통하여 우리의 연약함을 통하여 일하시는 하나님의 능력이라는 섭리를 깨달았다. 이 교훈은 이제 다른 영역에서도 적용이 된다. 육체적 연약함이나 고통 외에도 사도 바울이 복음 전하다가 모욕과 수치와 가난과 정서적 육체적 학대와 어려움들에 시달릴 때에도 기뻐하겠다는 것이다. 이 모든 일들 속에서 하나님께 감사와 찬양을 드리며, 하나님의 능력이 자기와 함께 하시는 축복에 시야의 초점을 맞추고 더 귀하게 여기겠다는 것이다. 우리가 하나님의 일을 하다가 어려움을 겪으면, 뭔가 잘못된 것이 아닌가 하고 자꾸만 회의를 품는 것과는 좀 다른 모습이다. 항상 하나님께 감사를 드리며, 하나님의 뜻과 능력과 섭리를 발견하는 것이 더 성숙한 수준이다.

결론

교만은 모든 사람들의 내면에 있는 적이다. 겸손과 순종은 그리스도인들의 가장 중요한 미덕들에 속한다. 내적인 겸손이 우리의 모든 사역의 색깔과 질에 큰 영향을 끼친다. 우리로 하여금 겸손하게 하고 하나님을 의지하게 하는 가시에 대하여 감사하고 찬양하며 하나님을 더 의지할 수 있기를 바란다. 나의 가시는 무엇인가?

제46장
너희 자신을 확증하라!
고린도후서 13장

"너 자신을 알라!" 고린도후서 13장 즉, 마지막 장에서는 사도 바울이 고린도 교회 성도들이 자주 자신을 돌아보고, 스스로 시험하고, 확증하고, 올바르게 행하여야 할 것을 가르치고 있다.

고린도 교회는 말도 많고 탈도 많은 교회였다. 고린도 교회를 위한 마지막 편지를 기록하며 바울은 경고와 도전의 말들로 마무리 짓는다. 이 경고와 도전의 말들의 목적은 혹 거짓 사도들의 가르침에 여전히 미혹되어 복음을 떠난 자들을 돌이키는 것과 잠시 흔들린 자들의 믿음을 견고하게 하기 위함이다.

1. 반복되는 경고

사도 바울은 고린도 교인들에게 두 가지 경고를 발한다. 하나는 회개에 관한 것이고, 다른 하나는 하나님을 경외함에 관한 것이다.

말썽 많은 교회의 회복

첫째, 회개하고 순종하라! 죄악을 떠나라!

1-2절: "1 내가 이제 세 번째 너희에게 갈 터이니, 두세 증인의 입으로 말마다 확정하리라. 2 내가 이미 말하였거니와, 지금 떠나 있으나 두 번째 대면하였을 때와 같이, 전에 죄지은 자들과 그 남은 모든 사람에게 미리 말하노니, 내가 다시 가면 용서하지 아니하리라."

바울은 아직도 회개하지 않는 자들에 대한 징계 절차를 언급한다(1-2절). 모든 주장들을 두세 증인으로 확인하고 확증하겠다는 것이다. 이것과 상통하는 가르침을 디모데전서 5장에서도 발견할 수 있다. 바울은 장로들에 대한 고발은 두세 증인이 있어야 받아들이도록 지시한다(딤전 5:19-20). 이러한 절차는 신명기 19장 15절의 재판 과정에 근거한 것으로 보인다.

신 19장 15절: "사람이 아무 악이든지 무릇 범한 죄는 한 증인으로만 정할 것이 아니요, 두 증인의 입으로나 세 증인의 입으로 그 사건을 확정할 것이며"

고린도 교회에는 아직도 심각한 죄 문제를 회개하지 않는 거짓 사도들과 일부 교인들이 있었던 것으로 보인다. 그들이 지금이라도 회개하면 모든 죄악이 용서되고 해결되겠지만, 그렇지 않으면 적절한 절차를 거친 후 징계가 있을 것임을 예고한다(2절). 또 사도 바울에게 교회 징계의 특별한 권능이 있음을 시사한다.

예수님을 알고 있는 성도라 할지라도, 어떤 심각한 죄악에 빠져서 회개하지 않은 채 있으면, 적절한 때에 교회의 권징이 있다. 교회의 권징이 실시되지 않으면 궁극적으로 하나님의 심판이 있을 것이다.

둘째, 하나님을 두려워하라!

바울의 두 번째 경고는 하나님에 대한 적절한 두려움에 관한 것이다. 이 근거들 중의 하나는 예수 그리스도께서 지니고 계신 크신 권능이다. 그분이 온 우주의 모든 권능을 지니시고 주권자와 심판자로 우리 가운에 계시므로 그분을 두려워하여야 하는 것이다.

> 3-4절: "3 이는 그리스도께서 내 안에서 말씀하시는 증거를 너희가 구함이니, 저가 너희를 향하여 약하지 않고 도리어 너희 안에서 강하시니라. 4 그리스도께서 약하심으로 십자가에 못 박히셨으나, 오직 하나님의 능력으로 살으셨으니, 우리도 저의 안에서 약하나, 너희를 향하여 하나님의 능력으로 저와 함께 살리라."

예수님께서 처음 우리 가운데 오셨을 때는 당신의 모든 권세와 능력을 사용하지 않으시고 온유하고 겸손한 모습을 보이셨다. 그분께서는 심지어 십자가형에 넘겨져서 사형 당하실 때에도 저항하지 않으셨다. 그래서 우리는 그분이 연약하신 분으로 오해할 수 있다. 그러나 그분은 이제 우리 성도들 가운데 계시며 당신의 모든 권세와 능력을 가지고 계시는 분이시다(3절). 그분이 지니신 큰 권세와 능력은 그분의 부활로 이미 분명하게 증명되었다. 사도 바울과 그

동료들도 예수님을 본받아 주로 온유하고 연약한 모습으로 고린도 교회 성도들을 대하나, 때가 되면 큰 권세와 능력으로 대할 것이다 (4절). 그래서 예수님을 두려워하고 그분의 사도인 바울과 그 일행들에 대하여 적절한 존중을 유지하는 것이 필요한 것이다.

2. 너희 자신을 시험하라

두 가지 경고를 발한 바울은 이제 고린도 교인들이 자신들이 구원받은 것을 확증하고, 옳은 일을 행하도록 도전한다.

첫째, 바울은 고린도 교인들이 올바른 믿음을 가지고 있는지, 참으로 구원받았는지 스스로 확인하도록 도전한다.

5절: "너희가 믿음에 있는가 너희 자신을 시험하고, 너희 자신을 확증하라. 예수 그리스도께서 너희 안에 계신 줄을 너희가 스스로 알지 못하느냐? 그렇지 않으면 너희가 버리운 자니라."

이 구절을 어떻게 해석할 것인가? 신학자들은 이를 두 가지로 해석한다. 한 그룹은 구원의 문제로, 다른 그룹은 하나님의 인정 문제로 해석한다. 필자는 전자의 해석을 선호한다. 거짓 사도들이 전달한 잘못된 복음을 받아들인 자들은 제대로 구원받은 것이 아니다. 그들은 하나님께서 주신 은혜의 복음을 제대로 이해하고 체험한 것이 아니다.

예수님의 은혜의 복음을 받아들이고도, 그 복음에 합당하게 살지 못하며 흔들리는 사람들이 있다. 이들에 관해서 예수님께서는 다음과 같이 말씀하셨다.

> 막 8장 38절: "누구든지 이 음란하고 죄 많은 세대에서 나와 내 말을 부끄러워하면, 인자도 아버지의 영광으로 거룩한 천사들과 함께 올 때에 그 사람을 부끄러워하리라."

> 눅 9장 26 "누구든지 나와 내 말을 부끄러워하면, 인자도 자기와 아버지와 거룩한 천사들의 영광으로 올 때에 그 사람을 부끄러워하리라."

부끄러운 구원이 있는 것이다. 재림하시는 주님을 만나며 모든 성도들이 기뻐하게 되는 것이 아니라, 간신히 구원은 받았으나 스스로를 부끄러워할 성도들이 있는 것이다. 성도들이 거짓 복음이나 세상의 죄악된 문화에 미혹되어 영적으로나 도덕적으로 휘청거리는 인생을 살면 심판주로 재림하시는 주님 앞에서 부끄러움을 느끼게 될 것이다. 교인들은 자신이 구원받았는지, 제대로 좁은 길로 가고 있는지 스스로 가끔 점검할 필요가 있다(마 7:13-14).

어떤 목사님께서 거의 죽을 뻔한 중풍에 걸렸다. 몇 달 동안, 이 목사님은 깊은 절망감에 빠져들었다. 후에 이 목사님이 고백하기를, 마치 마귀가 자기의 영혼을 극악한 생각들로 계속 폭격하는 것 같았다고 하였다. 예수님을 믿고 나서 20년 동안은 전혀 겪어보지 못한 일이었다. 그래서 한 번은 아주 지친 가운데, "주님, 나를 이 마귀의 공격으로부터 구원해 주세요, 나를 천국으로 돌아가게 해 주세요."라고 기도하였다. 그러나 그에게 마치 예수님의 음성이 들리는 듯하였다. "이것은 마귀의 공격이 아니다. 이것은 네가 자신에 대하여 깨닫도록 내가 네게 가져온 시련이다. 네가 어떤 사람인지 스스로 깨닫게 하려는 것이고, 또 네가 나만 의지하도록 하려 함이다."

우리가 스스로의 죄성과 이기심과 교만과 불순종 속에서 살아가고 있음을 스스로 깨달아야, 스스로를 고치고 올바른 방향으로 가는 것이 가능하다.

둘째, 사도 바울은 자신과 동료들도 이러한 시험을 통과하였음을 선언한다.

6절: "우리가 버리운 자 되지 아니한 것을 너희가 알기를 내가 바라고"

사도 바울 자신과 그의 동료들이 구원받은 증거들이 분명하다는 주장이다. 또한 그들의 사역으로 세워진 고린도 교회와 그 성도들이 사도 바울이 하나님께 인정받은 증거이다.

셋째, 사도 바울은 고린도 교인들이 경건한 삶을 살기를 간절히 권면한다.

7-8절: "7 우리가 하나님께서 너희로 악을 조금도 행하지 않게 하시기를 구하노니, 이는 우리가 옳은 자임을 나타내고자 함이 아니라, 오직

우리는 버리운 자 같을지라도(사람들에게 특히 고린도 교회 성도들에게 오해
를 받아도) 너희로 선을 행하게 하고자 함이라. 8 우리는 진리를 거스려
아무것도 할 수 없고, 오직 진리를 위할 뿐이니(바울의 하나님의 말씀에
대한 심정과 태도).”

　바울은 자신과 자신의 동역자들이 사람들에게 특히 고린도 교인
들에게 오해를 받고 배척을 당하는 일이 있어도, 고린도 교인들이
올바른 믿음을 가지고 올바른 생활을 하기를 바란다고 고백한다
(7절). 물론 이것은 수사적 표현이다. 바울이 자신의 이익을 위하여
이런 소원을 가지고 있는 것이 아니라는 것을 역설법적으로 표현하
고 있는 것이다. 고린도 교인들이 바울이 전한 올바른 복음을 올바
르게 붙잡고 있으면, 그들은 바울과 그 동료들을 당연히 존중할 것
이다. 바울은 자기와 자기 동역자들이 하나님의 말씀을 결코 거스
를 수 없다고 고백한다(8절). 바울과 그의 동료들이 예수 그리스도
의 은혜와 복음과 하나님의 말씀에 철저하게 헌신 되어 있었음을
확인할 수 있다.
　사도 바울은 고린도 교회 성도들을 향하여 애틋한 심정을 품고
있었다. 바울의 깊은 사랑은 고린도 교인들이 순종의 삶을 살고,
올바르게 살기를 간절히 사모하게 하였다.

　**넷째, 사도 바울은 고린도 성도들에 대한 자신의 배려하는 마음
을 고백한다.**

　9-10절: “9 우리가 약할 때에 너희의 강한 것을 기뻐하고, 또 이것을

위하여 구하니, 곧 너희의 온전하게 되는 것이라. 10 이를 인하여 내가 떠나 있을 때에 이렇게 쓰는 것은, 대면할 때에 주께서 너희를 파하려 하지 않고, 세우려 하여 내게 주신 그 권세를 따라 엄하지 않게 하려 함이니라."

사도 바울은 자기가 육체적으로나 세상적으로 연약해지더라도, 고린도 교회 성도들이 영적으로 강해지는 것을 사모하였다(9절). 바울은 자신의 육체적 연약함과 고통과 핍박받음을 통하여 하나님의 능력이 더 크게 나타나고, 고린도 교인들에게 영적 축복이 있는 것을 보고 기뻐하였다(고후 4:10-12). 또한 바울은 하나님께서 자신에게 주신 권세를 처벌하는 데 쓰기보다는, 고린도 성도들의 믿음과 인격을 세워주고 성장시키는 데 사용하기를 원하였다(10절).

결론

예수 믿는 사람들은 자기 자신의 영적 상태에 대하여 가끔 점검해 보아야 한다. 초창기에는 '내가 참으로 구원을 받았는가?' 그 다음에는 '내가 예수님을 제대로 따르고 있는가? 나는 순종하고 있는가? 나는 하나님의 뜻대로 살고 있는가?'를 가끔 점검해 보아야 한다. 그렇지 않으면 어느 날 갑자기 하나님 앞에서 몹시 부끄러울 수 있는 것이다.

한 청소년 사역자가 많은 청소년들이 모인 집회에서 설교를 하고 있었다. 그런데 앞에 앉은 청소년들이 놀란 표정으로 그에게

손짓을 계속하였다. 그의 바지 지퍼(Zipper)가 열려 있었던 것을 그는 뒤늦게 깨달았다. 수많은 학생들 앞에서 중요한 것을 공개하고도 깨닫지 못하는 실수를 범했다. 이같이 우리는 좁은 길에서 떠난 자신들의 수치스런 모습을 의식하지 못하고 살지는 않는가?

　그리스도인들은 날마다 회개하고 자신을 돌아보고 추스르며 살아야 한다. 하나님에 대한 적절한 두려움이 있어야 한다. 그래야 죄악을 피하고, 순종의 삶을 살 수가 있다. 우리는 하나님께 인정받기를 힘써야 한다. 사람들의 눈길보다, 하나님의 눈길을 의식하고 살아야 한다.

　　　　　　　　　　　　　　　　　말썽 많은 교회의 회복